대전광역시
공공기관 통합채용

최신상식 + 일반상식 + NCS

SD에듀
(주)시대고시기획

2024 SD에듀 대전광역시 공공기관 통합채용
최신상식 + 일반상식 + NCS

Always with you

사람의 인연은 길에서 우연하게 만나거나 함께 살아가는 것만을 의미하지는 않습니다.
책을 펴내는 출판사와 그 책을 읽는 독자의 만남도 소중한 인연입니다.
SD에듀는 항상 독자의 마음을 헤아리기 위해 노력하고 있습니다. 늘 독자와 함께하겠습니다.

머리말

대전광역시 공공기관 통합채용, 합격으로 나아가도록 준비했습니다!

대전광역시가 산하 공공기관의 채용 공정성과 투명성을 높이고 종합 채용홍보를 강화하기 위해 2024년 공공기관 직원 통합채용을 실시합니다. 채용은 상반기와 하반기로 나누어 실시되며, 일반직과 공무직을 모두 채용할 예정입니다. 상세한 채용일정과 내용은 대전광역시 홈페이지 등에 공고될 예정이며, 지원서는 대전광역시의 통합채용 홈페이지에서 접수할 수 있습니다. 각 기관별 중복지원은 불가하며 하나의 기관에 1개의 분야에만 지원 가능합니다.

자세한 사항은 대전광역시 및 채용기관별 홈페이지를 통해 확인할 수 있으며, 통합채용 필기시험은 대전광역시 주관으로 시행됩니다. 필기시험 과목은 일반상식과 NCS 직업기초능력평가, 직렬별 전공과목, 인성검사로 채용기관별 모집 직렬에 따라 다르게 출제하고 있어 응시자들은 기관별 공고문을 자세히 살펴볼 필요가 있습니다. 최종 합격자는 통합채용 홈페이지 등을 통해 발표될 예정입니다.

이 한 권만 보고 합격할 수 있도록 필요한 모든 내용을 정성껏 담았습니다!

필기시험의 공통과목은 다양하고, 직렬에 따라 공부해야 할 내용도 다릅니다. 시간과 비용이 부족한 수험생들이 해당사항들을 일일이 확인하고 찾아 공부하기는 어렵습니다. 그래서 대전광역시 공공기관 통합채용을 준비하는 수험생들이 이 책 한 권만으로 필기시험 과목을 충분히 학습할 수 있도록 알차게 만들었습니다. NCS와 일반상식 최신기출문제 및 최신시사용어를 담았고, NCS 기출예상문제를 수록하여 시험 유형을 미리 파악하고 대비할 수 있도록 했습니다.

도서의 특징

❶ 주요 공공기관에서 출제되었던 NCS 직업기초능력평가와 일반상식 기출문제를 학습하며 필기시험 유형을 파악할 수 있도록 했습니다.
❷ 자주 출제되는 최신시사상식은 물론, 출제될 만한 국제 수상내역과 상식용어 등을 한눈에 확인하기 쉽도록 정리해 낯선 시사 분야도 쉽게 학습할 수 있습니다.
❸ 시험에 출제될 만한 분야별 일반상식 적중예상문제를 수록하여 일반상식 시험 대비를 더욱 탄탄하게 할 수 있도록 했습니다.
❹ 주요 공공기관 필기시험에서 치러지는 NCS 직업기초능력평가 기출예상문제를 수록해, 시험 대비에 만전을 기할 수 있도록 했습니다.

대전광역시 공공기관 통합채용을 준비하는 수험생 여러분들이 본서를 통해 합격의 길로 나아가시길 진심으로 기원합니다.

SD적성검사연구소 씀

이 책의 구성과 특징 STRUCTURES

주요 공공기관 NCS 기출문제 / 주요 공공기관 일반상식 기출문제

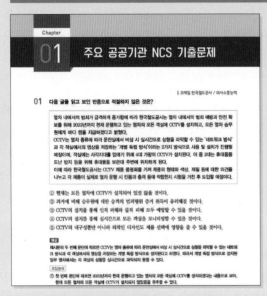

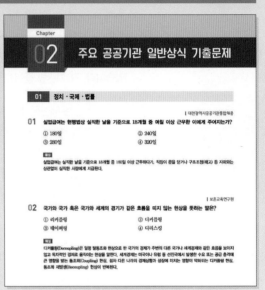

공공기관에서 최근 출제된 NCS 직업기초능력평가와 분야별 일반상식 기출문제를 선별 수록하여 최신출제경향과 트렌드를 한눈에 파악할 수 있도록 하였습니다.

주요 국제 Awards / 최신시사용어

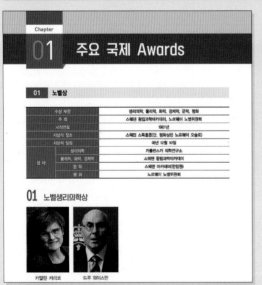

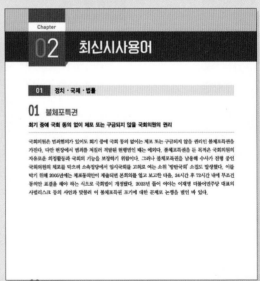

공공기관의 상식문제들은 일반상식은 물론이고 최신시사상식의 출제빈도도 높습니다. 하지만 매일 쏟아져 나오는 많은 이슈들을 다 공부할 수는 없기 때문에 단기간에 빠르게 학습할 수 있도록 꼭 필요한 최신상식만을 선별하여 정리하였습니다.

분야별 일반상식 적중예상문제

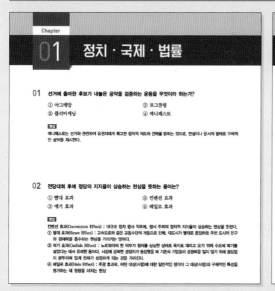

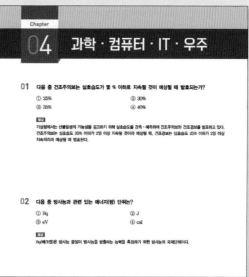

공공기관 일반상식 시험에 자주 출제되는 적중예상문제를 엄선하여 분야별로 정리하였습니다. 문제를 풀며 전 범위의 상식 출제 형태를 점검하고 유형을 충분히 익힐 수 있도록 구성했습니다.

NCS 직업기초능력평가

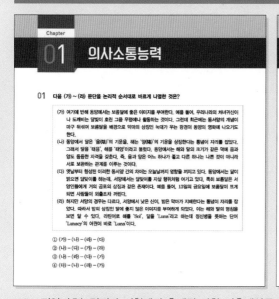

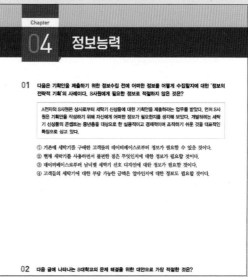

NCS 직업기초능력평가 시험에서 출제될 만한 기출예상문제를 유형별로 알차게 담아, 출제유형과 경향을 파악하고 대비할 수 있도록 하였습니다.

시험 안내 INTRODUCE

⬡ 응시자격

채용기관별 자격요건에 따름

※ 거주지 제한요건이 있으므로 응시 희망자는 반드시 채용예정기관 홈페이지에 게시된 공고문의 응시자격 요건을 확인 후 지원하여야 함

⬡ 선발예정인원

구 분	내 용
기 관	대전도시공사, 대전교통공사, 대전관광공사, 대전광역시시설관리공단, 대전세종연구원, 대전과학산업진흥원, 대전디자인진흥원, 대전정보문화산업진흥원, 대전신용보증재단, 대전일자리경제진흥원, 대전고양미술문화재단
인 원	상반기(11개 기관 총 131명), 하반기(미정)

※ 예정된 사항이며 선발기관·인원 및 채용규모는 채용공고 시 확정

⬡ 접수방법

구 분	내 용
접수처	대전광역시 통합채용 홈페이지 접속 후 접수
유의사항	각 기관별 중복지원 불가(1개 기관만 지원 가능)

⬡ 필기시험 과목

구 분	과 목
일반직	NCS 직업기초능력평가(50문항), 전공과목(과목별 20문항), 인성검사(210문항)
공무직	일반상식(20문항), 인성검사(210문항)

※ NCS 직업기초능력평가는 의사소통, 수리, 문제해결, 정보, 대인관계 등 총 5개 영역에서 출제함
※ 일반상식은 국어 25%, 한국사 25%, 시사경제문화 50%로 구성됨
※ 필기시험 장소는 대전광역시 통합채용 홈페이지에 공고 예정

◯ 시험일정

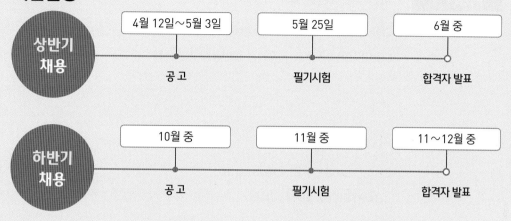

상반기 채용
- 4월 12일~5월 3일 — 공고
- 5월 25일 — 필기시험
- 6월 중 — 합격자 발표

하반기 채용
- 10월 중 — 공고
- 11월 중 — 필기시험
- 11~12월 중 — 합격자 발표

※ 필기시험 이후 서류전형, 면접시험 등은 기관별 진행

◯ 응시자 유의사항

❶ 채용기관 · 분야별 시험과목, 응시자격, 가산점 등 세부사항이 상이하므로 반드시 채용기관별 홈페이지에 게재된 공고문을 확인한 후 접수하시기 바랍니다.

❷ 동일 날짜에 시행하는 「2024 대전광역시 공공기관 통합채용 시험」의 참여기관에 중복 또는 복수로 접수할 수 없으며, 중복 또는 복수접수로 인한 불이익은 본인의 책임입니다.
   ※ 중복 접수 시 해당 접수자의 모든 접수사항이 무효처리 될 수 있음

❸ 응시원서 접수 시 연락 가능한 휴대전화 번호를 반드시 입력하시기 바라며, 착오입력으로 인한 연락 불능 및 불이익은 응시자 책임입니다.

❹ 접수완료 건에 대한 수정은 불가하므로 자격요건 등을 정확히 확인하여 지원하시기 바라며, 부득이 지원 내용을 수정 또는 취소 시 원서접수사이트 운영사로 연락하시어 조치해야 합니다.

❺ 필기시험 이후 일정(서류전형, 면접시험 등)은 채용예정기관별 일정에 따릅니다.

❻ 기타 문의사항이 있을 경우 기관별 홈페이지 게시판에 별도로 문의하시기 바랍니다.

❖ 본 시험안내는 대전광역시 공공기관 통합채용 계획을 바탕으로 정리한 내용으로 세부 내용은 변경될 수 있으니 반드시 대전광역시 홈페이지(www.daejeon.go.kr)나 대전광역시 통합채용 홈페이지(daejeon.saramin.co.kr)에서 최종 확정된 공고문을 확인하시기 바랍니다.

이 책의 차례 CONTENTS

PART1
최신기출
복원문제

남에게 이기는 방법의 하나는 예의범절로 이기는 것이다.

- 조쉬 빌링스 -

주요 공공기관 NCS 기출문제

01 다음 글을 읽고 보인 반응으로 적절하지 않은 것은?

> 열차 내에서의 범죄가 급격하게 증가함에 따라 한국철도공사는 열차 내에서의 범죄 예방과 안전 확보를 위해 2023년까지 현재 운행하고 있는 열차의 모든 객실에 CCTV를 설치하고, 모든 열차 승무원에게 바디 캠을 지급하겠다고 밝혔다.
>
> CCTV는 열차 종류에 따라 운전실에서 비상 시 실시간으로 상황을 파악할 수 있는 '네트워크 방식'과 각 객실에서의 영상을 저장하는 '개별 독립 방식'이라는 2가지 방식으로 사용 및 설치가 진행될 예정이며, 객실에는 사각지대를 없애기 위해 4대 가량의 CCTV가 설치된다. 이 중 2대는 휴대물품 도난 방지 등을 위해 휴대물품 보관대 주변에 위치하게 된다.
>
> 이에 따라 한국철도공사는 CCTV 제품 품평회를 가져 제품의 형태와 색상, 재질 등에 대한 의견을 나누고 각 제품이 실제로 열차 운행 시 진동과 충격 등에 적합한지 시험을 거친 후 도입할 예정이다.

① 현재는 모든 열차에 CCTV가 설치되어 있진 않을 것이다.

② 과거에 비해 승무원에 대한 승객의 범죄행위 증거 취득이 유리해질 것이다.

③ CCTV의 설치를 통해 인적 피해와 물적 피해 모두 예방할 수 있을 것이다.

④ CCTV의 설치를 통해 실시간으로 모든 객실을 모니터링할 수 있을 것이다.

⑤ CCTV의 내구성뿐만 아니라 외적인 디자인도 제품 선택에 영향을 줄 수 있을 것이다.

해설

제시문의 두 번째 문단에 따르면 CCTV는 열차 종류에 따라 운전실에서 비상 시 실시간으로 상황을 파악할 수 있는 네트워크 방식과 각 객실에서의 영상을 저장하는 개별 독립 방식으로 설치된다고 하였다. 따라서 개별 독립 방식으로 설치된 일부 열차에서는 각 객실의 상황을 실시간으로 파악하지 못할 수 있다.

오답분석

① 첫 번째 문단에 따르면 2023년까지 현재 운행하고 있는 열차의 모든 객실에 CCTV를 설치하겠다는 내용으로 보아, 현재 모든 열차의 모든 객실에 CCTV가 설치되지 않았음을 유추할 수 있다.

② 첫 번째 문단에 따르면 2023년까지 모든 열차 승무원에게 바디 캠을 지급하겠다고 하였다. 이에 따라 승객이 승무원을 폭행하는 등의 범죄 발생 시 해당 상황을 녹화한 바디 캠 영상이 있어 수사의 증거자료로 사용할 수 있게 되었다.

③ 두 번째 문단에 따르면 CCTV는 사각지대 없이 설치되며 일부는 휴대물품 보관대 주변에도 설치된다고 하였다. 따라서 인적 피해와 물적 피해 모두 예방할 수 있게 되었다.

⑤ 세 번째 문단에 따르면 CCTV 품평회와 시험을 통해 제품의 형태와 색상, 재질, 진동과 충격 등에 대한 적합성을 고려한다고 하였다.

02 다음 중 빈칸 (가) ~ (다)에 들어갈 접속사를 순서대로 바르게 나열한 것은?

무더운 여름 기차나 지하철을 타면 "실내가 춥다는 민원이 있어 냉방을 줄인다."라는 안내방송을 손쉽게 들을 수 있을 정도로 우리는 쾌적한 기차와 지하철을 이용할 수 있는 시대에 살고 있다. ___(가)___ 이러한 쾌적한 환경을 누리기 시작한 것은 그리 오래되지 않은 일이다. 1825년에 세계 최초로 영국의 증기기관차가 시속 16km로 첫 주행을 시작하였을 때, 이 당시까지만 해도 열차 내의 유일한 냉방 수단은 창문뿐이었다. 열차에 에어컨이 설치되기 시작된 것은 100년이 더 지난 1930년대 초반 미국에서였고, 우리나라는 이보다 훨씬 후인 1969년에 지금의 새마을호라 불리는 '관광호'부터였다. 이는 국내에 최초로 철도가 개통된 1899년 이후 70년 만으로, '관광호' 이후 국내에 도입된 특급열차들은 대부분 전기 냉난방시설을 갖추게 되었다.

___(나)___ 지하철의 에어컨 도입은 열차보다 훨씬 늦었는데, 이는 우리나라뿐만 아니라 해외도 마찬가지였으며, 실제로 영국의 경우에는 아직도 지하철에 에어컨이 없다.

우리나라는 1974년에 서울에서 지하철이 개통되었는데, 이 당시 객실에는 천장에 달린 선풍기가 전부였기 때문에 한여름에는 땀 냄새가 가득한 찜통 지하철이 되었다. ___(다)___ 1983년이 되어서야 에어컨이 설치된 지하철이 등장하기 시작하였고, 기존에 에어컨이 설치되지 않았던 지하철들은 1989년이 되어서야 선풍기를 떼어 내고 에어컨으로 교체하기 시작하였다.

	(가)	(나)	(다)
①	따라서	그래서	마침내
②	하지만	반면	마침내
③	하지만	왜냐하면	그래서
④	왜냐하면	반면	마침내
⑤	반면	왜냐하면	그래서

해설

- 빈칸 (가)를 기준으로 앞의 문장과 뒤의 문장이 상반되는 내용을 담고 있기 때문에 가장 적절한 접속사는 '하지만'이다.
- 빈칸 (나)를 기준으로 앞의 문장은 기차의 냉난방시설을, 뒤의 문장은 지하철의 냉난방시설을 다루고 있으므로, 가장 적절한 접속사는 '반면'이다.
- 빈칸 (다)의 앞뒤 내용을 살펴보면 앞선 내용의 과정들이 끝나고 난 이후의 내용이 이어지므로, 이를 이어 주는 접속사인 '마침내'가 들어가는 것이 가장 적절하다.

03 다음 글의 내용으로 가장 적절한 것은?

> 한국철도공사는 철도시설물 점검 자동화에 '스마트글라스'를 활용하겠다고 밝혔다. 스마트글라스란 안경처럼 착용하는 스마트 기기로 검사와 판독, 데이터 송수신과 보고서 작성까지 모든 동작이 음성인식을 바탕으로 작동한다. 이를 활용하여 작업자는 스마트글라스 액정에 표시된 내용에 따라 철도시설물을 점검하고, 음성 명령을 통해 시설물의 사진을 촬영한 후 해당 정보와 검사 결과를 전송해 보고서로 작성한다.
>
> 작업자들은 스마트글라스의 사용을 통해 직접 자료를 조사하고 측정한 내용을 바탕으로 시스템 속에서 여러 단계를 거쳐 수기 입력하던 기존 방식으로부터 벗어날 수 있게 되었고, 이 일련의 과정들을 중앙 서버를 통해 한 번에 처리할 수 있게 되었다.
>
> 이와 같은 스마트 기기의 도입은 중앙 서버의 효율적 종합 관리를 가능하게 할 뿐만 아니라 작업자의 안전도 향상에도 크게 기여하였다. 이는 작업자들이 음성인식이 가능한 스마트글라스를 사용함으로써 두 손이 자유로워져 추락사고를 방지할 수 있게 되었기 때문이며, 또 스마트글라스 내부 센서가 충격과 기울기를 감지할 수 있어 작업자에게 위험한 상황이 발생하면 지정된 컴퓨터에 위험 상황을 바로 통보하는 시스템을 갖추었기 때문이다.
>
> 한국철도공사는 주요 거점 현장을 시작으로 스마트글라스를 보급하여 성과 분석을 거치고 내년부터는 보급 현장을 확대하겠다고 밝혔으며, 국내 철도 환경에 맞춰 스마트글라스 시스템을 개선하기 위해 현장검증을 진행하고 스마트글라스를 통해 측정된 데이터를 총괄 제어할 수 있도록 안전점검 플랫폼 망도 마련할 예정이다.
>
> 이와 더불어 스마트글라스를 통해 기존의 인력 중심 시설점검을 간소화하여 효율성과 안전성을 향상시키고 나아가 철도에 맞춤형 스마트 기술을 도입하여 시설물 점검뿐만 아니라 유지보수 작업도 가능하도록 철도 기술 고도화에 힘쓰겠다고 전했다.

① 작업자의 음성인식을 통해 철도시설물의 점검 및 보수 작업이 가능해졌다.
② 스마트글라스의 도입으로 철도시설물 점검의 무인 작업이 가능해졌다.
③ 스마트글라스의 도입으로 철도시설물 점검 작업 시 안전사고 발생 횟수가 감소하였다.
④ 스마트글라스의 도입으로 철도시설물 작업 시간 및 인력이 감소하고 있다.
⑤ 스마트글라스의 도입으로 작업자의 안전사고 발생을 바로 파악할 수 있게 되었다.

해설

제시문의 세 번째 문단에 따르면 스마트글라스 내부 센서를 통해 충격과 기울기를 감지할 수 있어, 작업자에게 위험한 상황이 발생할 경우 통보 시스템을 통해 바로 파악할 수 있게 되었음을 알 수 있다.

오답분석

① 첫 번째 문단에 따르면 스마트글라스를 통한 작업자의 음성인식만으로 철도시설물 점검이 가능해졌음을 알 수 있지만, 다섯 번째 문단에 따르면 아직 철도시설물 보수 작업은 가능하지 않음을 알 수 있다.
② 첫 번째 문단에 따르면 스마트글라스의 도입 이후에도 사람의 작업이 필요함을 알 수 있다.
③ 세 번째 문단에 따르면 스마트글라스의 도입으로 추락사고나 그 밖의 위험한 상황을 미리 예측할 수 있어 이를 방지할 수 있게 되었음을 알 수 있지만, 실제로 안전사고 발생 횟수가 감소하였는지는 알 수 없다.
④ 두 번째 문단에 따르면 여러 단계를 거치던 기존 작업 방식에서 스마트글라스의 도입으로 작업을 한 번에 처리할 수 있게 된 것을 통해 작업 시간이 단축되었음을 알 수 있지만, 필요한 작업 인력의 감소 여부는 알 수 없다.

04 다음 글에 대한 설명으로 적절하지 않은 것은?

2016년 4월 27일 오전 7시 20분경 임실역에서 익산으로 향하던 열차가 전기 공급 중단으로 멈추는 사고가 발생해 약 50여 분간 열차 운행이 중단되었다. 바로 전차선에 지은 까치집 때문이었는데, 까치가 집을 지을 때 사용하는 젖은 나뭇가지나 철사 등이 전선과 닿거나 차로에 떨어져 합선과 단전을 일으킨 것이다.

비록 이번 사고는 단전에서 끝났지만, 고압 전류가 흐르는 전차선인 만큼 철사와 젖은 나뭇가지만으로도 자칫하면 폭발사고로 이어질 우려가 있다. 지난 5년간 까치집으로 인한 단전사고는 한 해 평균 3 ~ 4건이 발생하고 있으며, 한국철도공사는 사고방지를 위해 까치집 방지 설비를 설치하고 설비가 없는 구간은 작업자가 육안으로 까치집 생성 여부를 확인해 제거하고 있는데, 이렇게 제거해 온 까치집 수가 연평균 8,000개에 달하고 있다. 하지만 까치집은 빠르면 불과 4시간 만에 완성되어 작업자들에게 큰 곤욕을 주고 있다.

이에 한국철도공사는 전차선로 주변 까치집 제거의 효율성과 신속성을 높이기 위해 인공지능(AI)과 사물인터넷(IoT) 등 첨단 기술을 활용하기에 이르렀다. 열차 운전실에 영상 장비를 설치해 달리는 열차에서 전차선을 촬영한 화상 정보를 인공지능으로 분석해 까치집 등의 위험 요인을 찾아 해당 위치와 현장 이미지를 작업자에게 실시간으로 전송하는 '실시간 까치집 자동 검출 시스템'을 개발한 것이다. 하지만 시속 150km로 빠르게 달리는 열차에서 까치집 등의 위험 요인을 실시간으로 판단해 전송하는 것이다 보니 그 정확도는 65%에 불과했다.

이에 한국철도공사는 전차선과 까치집을 정확하게 식별하기 위해 인공지능이 스스로 학습하는 '딥러닝' 방식을 도입했고, 전차선을 구성하는 복잡한 구조 및 까치집과 유사한 형태를 빅데이터로 분석해 이미지를 구분하는 학습을 실시한 결과 까치집 검출 정확도는 95%까지 상승했다. 또한 해당 이미지를 실시간 문자메시지로 작업자에게 전송해 위험 요소와 위치를 인지시켜 현장에 적용할 수 있다는 사실도 확인했다. 현재는 이와 더불어 정기열차가 운행하지 않거나 작업자가 접근하기 쉽지 않은 차량 정비 시설 등에 드론을 띄워 전차선의 까치집을 발견 및 제거하는 기술도 시범 운영하고 있다.

① 인공지능도 학습을 통해 그 정확도를 향상시킬 수 있다.
② 빠른 속도에서 인공지능의 사물 식별 정확도는 낮아진다.
③ 사람의 접근이 불가능한 곳에 위치한 까치집의 제거도 가능해졌다.
④ 까치집 자동 검출 시스템을 통해 실시간으로 까치집 제거가 가능해졌다.
⑤ 인공지능 등의 스마트 기술 도입으로 까치집 생성의 감소를 기대할 수 있다.

해설

네 번째 문단에 따르면 인공지능 등의 스마트 기술 도입으로 까치집 검출 정확도는 95%까지 상승하였으므로, 까치집 제거율 또한 상승할 것임을 예측할 수 있으나, 근본적인 문제인 까치집 생성의 감소를 기대할 수는 없다.

오답분석

① 세 번째 문단과 네 번째 문단에 따르면, 정확도가 65%에 불과했던 인공지능의 까치집 식별 능력이 딥러닝 방식의 도입으로 95%까지 상승했음을 알 수 있다.
② 세 번째 문단에서 시속 150km로 빠르게 달리는 열차에서의 까치집 식별 정확도는 65%에 불과하다는 내용으로 보아, 빠른 속도에서 인공지능의 사물 식별 정확도는 낮음을 알 수 있다.
③ 네 번째 문단에 따르면, 작업자의 접근이 어려운 곳에는 드론을 띄워 까치집을 발견 및 제거하는 기술도 시범 운영하고 있다고 하였다.
④ 세 번째 문단에 따르면, 실시간 까치집 자동 검출 시스템 개발로 실시간으로 위험 요인의 위치와 이미지를 작업자에게 전달할 수 있게 되었다.

05 K인터넷카페의 4월 회원 수는 260명 미만이었고, 남녀의 비는 2 : 3이었다. 5월에는 남자 회원보다 여자 회원이 2배 더 가입하여 남녀의 비는 5 : 8이 되었고, 전체 회원 수는 320명을 넘었다. 다음 중 5월 전체 회원 수는?

① 322명

② 323명

③ 324명

④ 325명

⑤ 326명

해설

4월 회원 수의 남녀의 비가 2:3이므로 각각 $2a$명, $3a$명이라 하고, 5월에 더 가입한 남녀 회원의 수를 각각 x명, $2x$명으로 놓으면

$$\begin{cases} 2a+3a<260 \\ (2a+x)+(3a+2x)=5a+3x>320 \end{cases}$$

5월에 남녀의 비가 5 : 8이므로

$(2a+x):(3a+2x)=5:8 \rightarrow a=2x$

이를 연립방정식에 대입하여 정리하면

$$\begin{cases} 4x+6x<260 \\ 10x+3x>320 \end{cases} \rightarrow \begin{cases} 10x<260 \\ 13x>320 \end{cases}$$

공통 부분을 구하면 $24.6 \cdots < x < 26$이며 x는 자연수이므로 25이다.

따라서 5월 전체 회원 수는 $5a+3x=13x=325$명이다.

06 다음 자료에 대한 설명으로 가장 적절한 것은?

- **KTX 마일리지 적립**
  - KTX 이용 시 결제금액의 5%가 기본 마일리지로 적립됩니다.
  - 더블적립(×2) 열차로 지정된 열차는 추가로 5%가 적립(결제금액의 총 10%)됩니다.
    ※ 더블적립 열차는 홈페이지 및 코레일톡 애플리케이션에서만 승차권 구매 가능
  - 선불형 교통카드 Rail+(레일플러스)로 승차권을 결제하는 경우 1% 보너스 적립도 제공되어 최대 11% 적립이 가능합니다.
  - 마일리지를 적립받고자 하는 회원은 승차권을 발급받기 전에 코레일 멤버십카드 제시 또는 회원번호 및 비밀번호 등을 입력해야 합니다.
  - 해당 열차 출발 후에는 마일리지를 적립받을 수 없습니다.
- **회원 등급 구분**

구 분	등급 조건	제공 혜택
VVIP	• 반기별 승차권 구입 시 적립하는 마일리지가 8만 점 이상인 고객 또는 기준일부터 1년간 16만 점 이상 고객 중 매년 반기 익월 선정	• 비즈니스 회원 혜택 기본 제공 • KTX 특실 무료 업그레이드 쿠폰 6매 제공 • 승차권 나중에 결제하기 서비스 (열차 출발 3시간 전까지)
VIP	• 반기별 승차권 구입 시 적립하는 마일리지가 4만 점 이상인 고객 또는 기준일부터 1년간 8만 점 이상 고객 중 매년 반기 익월 선정	• 비즈니스 회원 혜택 기본 제공 • KTX 특실 무료 업그레이드 쿠폰 2매 제공
비즈니스	• 철도 회원으로 가입한 고객 중 최근 1년간 온라인에서 로그인한 기록이 있거나, 회원으로 구매실적이 있는 고객	• 마일리지 적립 및 사용 가능 • 회원 전용 프로모션 참가 가능 • 열차 할인상품 이용 등 기본서비스와 멤버십 제휴서비스 등 부가서비스 이용
패밀리	• 철도 회원으로 가입한 고객 중 최근 1년간 온라인에서 로그인한 기록이 없거나, 회원으로 구매실적이 없는 고객	• 멤버십 제휴서비스 및 코레일 멤버십 라운지 이용 등의 부가서비스 이용 제한 • 휴면 회원으로 분류 시 별도 관리하며, 본인 인증 절차로 비즈니스 회원으로 전환 가능

- 마일리지는 열차 승차 다음날 적립되며, 지연료를 마일리지로 적립하신 실적은 등급 산정에 포함되지 않습니다.
- KTX 특실 무료 업그레이드 쿠폰 유효기간은 6개월이며, 반기별 익월 10일 이내에 지급됩니다.
- 실적의 연간 적립 기준일은 7월 지급의 경우 전년도 7월 1일부터 당해 연도 6월 30일까지 실적이며, 1월 지급은 전년도 1월 1일부터 전년도 12월 31일까지의 실적입니다.
- 코레일에서 지정한 추석 및 설 명절 특별수송 기간의 승차권은 실적 적립 대상에서 제외됩니다.
- 회원 등급 기준 및 혜택은 사전 공지 없이 변경될 수 있습니다.
- 승차권 나중에 결제하기 서비스는 총 편도 2건 이내에서 제공되며, 3회 자동 취소 발생(열차 출발 전 3시간 내 미결재) 시 서비스가 중지됩니다. 리무진+승차권 결합 발권은 2건으로 간주되며, 정기권, 특가상품 등은 나중에 결제하기 서비스 대상에서 제외됩니다.

① 코레일에서 운행하는 모든 열차는 이용할 때마다 결제금액의 최소 5%가 KTX 마일리지로 적립된다.
② 회원 등급이 높아져도 열차 탑승 시 적립되는 마일리지는 동일하다.
③ 비즈니스 등급은 기업회원을 구분하는 명칭이다.
④ 6개월간 마일리지 4만 점을 적립하더라도 VIP 등급을 부여받지 못할 수 있다.
⑤ 회원 등급이 높아도 승차권을 정가보다 저렴하게 구매할 수 있는 방법은 없다.

해설

마일리지 적립 규정에 회원 등급에 관련된 내용은 없으며, 마일리지 적립은 지불한 운임의 액수, 더블적립 열차 탑승 여부, 선불형 교통카드 Rail+ 사용 여부에 따라서만 결정된다.

오답분석

① KTX 마일리지는 KTX 열차 이용 시에만 적립된다.
③ 비즈니스 등급은 기업회원 여부와 관계없이 최근 1년간의 활동내역을 기준으로 부여된다.
④ 추석 및 설 명절 특별수송 기간 탑승 건을 제외하고 4만 점을 적립하면 VIP 등급을 부여받는다.
⑤ VVIP 등급과 VIP 등급 고객은 한정된 횟수 내에서 무료 업그레이드 쿠폰으로 KTX 특실을 KTX 일반실 가격에 구매할 수 있다.

07 다음은 철도운임의 공공할인 제도에 대한 내용이다. 심하지 않은 장애를 가진 A씨가 보호자 1명과 함께 열차를 이용하여 주말여행을 다녀왔다고 할 때, 두 사람은 왕복 운임의 몇 %를 할인받았는가?(단, 열차의 종류와 노선 길이가 동일한 경우 요일에 따른 요금 차이는 없다고 가정한다)

- A씨와 보호자의 여행 일정
  - 2023년 3월 11일(토) 서울 → 부산 : KTX
  - 2023년 3월 13일(월) 부산 → 서울 : KTX
- 장애인 공공할인 제도(장애의 정도가 심한 장애인은 보호자 포함)

구 분	KTX	새마을호	무궁화호 이하
장애의 정도가 심한 장애인	50%	50%	50%
장애의 정도가 심하지 않은 장애인	30% (토·일·공휴일 제외)	30% (토·일·공휴일 제외)	

① 7.5%

② 12.5%

③ 15%

④ 25%

⑤ 30%

해설

A씨는 장애의 정도가 심하지 않으므로 KTX 이용 시 평일 이용에 대해서만 30% 할인을 받으며, 동반 보호자에 대한 할인은 적용되지 않는다. 따라서 3월 11일(토) 서울 → 부산 구간의 이용 시에는 할인이 적용되지 않고, 3월 13일(월) 부산 → 서울 구간 이용 시에는 보호자 운임을 할인 적용에서 제외하여 총 운임의 15%만 할인받는다. 따라서 두 사람은 왕복 운임을 기준으로 총 7.5% 할인받았음을 알 수 있다.

08 다음은 기념주화를 예약한 5명의 신청내역이다. 이 중 가장 많은 금액을 지불한 사람의 구매 금액은?

(단위 : 세트, 장)

구매자	3종 세트	단 품		
		은화 I - 설악산	은화 II - 치악산	은화 III - 월출산
A	2	1	–	–
B	–	2	3	3
C	2	1	1	–
D	3	–	–	–
E	1	–	2	2

- 판매 가격 : 액면 금액에 판매 부대비용(케이스, 포장비, 위탁판매수수료 등)을 부가한 가격
  - 단품 : 각 63,000원(액면가 50,000원+케이스 등 부대비용 13,000원)
  - 3종 세트 : 186,000원(액면가 150,000원+케이스 등 부대비용 36,000원)

① 558,000원
② 561,000원
③ 563,000원
④ 564,000원
⑤ 567,000원

해설

3종 세트는 186,000원, 단품은 각각 63,000원이므로 5명의 구매 금액을 계산하면 다음과 같다.
- A : (186,000×2)+63,000=435,000원
- B : 63,000×8=504,000원
- C : (186,000×2)+(63,000×2)=498,000원
- D : 186,000×3=558,000원
- E : 186,000+(63,000×4)=438,000원

따라서 가장 많은 금액을 지불한 사람은 D이며, 구매 금액은 558,000원이다.

※ S대학교에 근무하는 K씨는 전자교탁 340개를 강의실에 설치하고자 한다. 다음 자료를 보고 이어지는 질문에 답하시오. [09~10]

- K씨는 전자교탁 340개를 2월 1일 수요일에 주문할 예정이다.
- 모든 업체는 주문을 확인한 다음 날부터 제작한다.
- 2월 20일에 설치가 가능하도록 모든 업체가 2월 18일까지 모든 전자교탁을 제작하여야 한다.
- 전자교탁 제작을 의뢰할 업체는 모두 5곳이며, 각 업체에 대한 정보는 다음과 같다.

업체	1인 1개 제작 시간(시간)	제작 직원 수(명)	개당 가격(만 원)
A	4	7	50
B	5	10	50
C	4	3	40
D	2	5	40
E	6	6	30

- A, B, C업체는 월~토요일에 근무를 하고 D, E업체는 월~금요일에 근무를 하며, 모든 업체는 1일 8시간 근무를 시행한다.
- 모든 업체는 연장근무를 시행하지 않는다.

09 비용을 최소로 하여 각 업체에 전자교탁 제작을 의뢰한다고 할 때, 다음 중 E업체에 의뢰한 전자교탁의 수는?(단, 소수점 아래는 버린다)

① 24개
② 48개
③ 96개
④ 144개
⑤ 192개

해설

2월 18일까지 모든 업체가 제작을 완료해야 하므로 18일까지 각 업체의 근무 시간 및 제작 개수는 다음과 같다.

업체	1인 1개 제작 시간(시간)	2월 18일까지 근무 시간(시간)	2월 18일까지 1인 제작 수(개)	제작 직원 수(명)	2월 18일까지 총 제작 수(개)	개당 가격 (만 원)
A	4	120	30	7	210	50
B	5	120	24	10	240	50
C	4	120	30	3	90	40
D	2	96	48	5	240	40
E	6	96	16	6	96	30

개당 가격이 저렴한 업체에 최대한 많은 양을 의뢰한다. 따라서 가격이 가장 저렴한 E업체에는 2월 18일까지 제작 가능한 총 전자교탁 개수인 96개를 의뢰할 수 있다. C업체와 함께 가격이 두 번째로 저렴하면서 C업체보다 1인 1개 제작 시간이 더 짧은 D업체에 남은 240개 제작을 의뢰하고, 나머지 4개 제작을 C업체에 의뢰할 수 있다. 그리고 이때 필요한 비용이 최소가 되므로 E업체에 제작을 의뢰한 전자교탁의 수는 96개이다.

10 교내 내부 일정이 촉박해져 전자교탁 제작이 기존 예정 완료일보다 이른 2월 9일까지 완료되어야 한다고 한다. 이에 따라 비용을 최소로 하여 제작을 다시 의뢰하고자 할 때, 필요한 비용은?(단, 소수점 아래는 버린다)

① 1억 2,460만 원

② 1억 4,420만 원

③ 1억 6,480만 원

④ 1억 8,820만 원

⑤ 1억 9,860만 원

해설

2월 9일까지 모든 업체가 제작을 완료하므로 9일까지 각 업체의 근무 시간 및 제작 개수는 다음과 같다.

업체	1인 1개 제작 시간(시간)	2월 9일까지 근무 시간(시간)	2월 9일까지 1인 제작 수(개)	제작 직원 수(명)	2월 9일까지 총 제작 수(개)	개당 가격 (만 원)
A	4	56	14	7	98	50
B	5	56	11	10	110	50
C	4	56	14	3	42	40
D	2	48	24	5	120	40
E	6	48	8	6	48	30

개당 가격이 저렴한 업체에 최대한 많은 양을 의뢰한다. 먼저 개당 가격이 가장 저렴한 E업체에 전자교탁 48개 제작을 의뢰하고 그다음으로 저렴한 C업체와 D업체에 각각 42개, 120개를 의뢰한다. 남은 전자교탁은 340−(48+42+120)= 130개이고, 남은 두 업체의 개당 가격은 50만 원이다. 따라서 필요한 비용은 130×50+(42+120)×40+48×30= 14,420만 원=1억 4,420만 원이다.

11 다음 중 $1^2-2^2+3^2-4^2+\cdots+199^2$의 값은?

① 17,500

② 19,900

③ 21,300

④ 23,400

⑤ 25,700

해설

1^2-2^2, 3^2-4^2, $\cdots$, $(2n-1)^2-(2n)^2$의 수열의 합으로 생각한다.

$1^2-2^2+3^2-4^2+\cdots+199^2$

$=1^2-2^2+3^2-4^2+\cdots+199^2-200^2+200^2$

$=[\sum\limits_{n=1}^{100}\{(2n-1)^2-(2n)^2\}]+200^2$

$=\{\sum\limits_{n=1}^{100}(-4n+1)\}+200^2$

$=(-4\times\dfrac{100\times101}{2}+100)+40,000$

$=-20,200+100+40,000$

$=19,900$

12 어떤 학급에서 이어달리기 대회 대표로 A ~ E학생 5명 중 3명을 순서와 상관없이 뽑을 수 있는 경우의 수는?

① 5가지

② 10가지

③ 20가지

④ 60가지

⑤ 120가지

해설

5명 중에서 3명을 순서와 상관없이 뽑을 수 있는 경우의 수는 $_5C_3=\dfrac{5\times4\times3}{3\times2\times1}=10$가지이다.

13 X커피 300g은 A원두와 B원두의 양을 1 : 2 비율로 배합하여 만들고, Y커피 300g은 A원두와 B원두의 양을 2 : 1 비율로 배합하여 만든다. X커피와 Y커피 300g의 판매 가격이 각각 3,000원, 2,850원일 때, B원두의 100g당 원가는?(단, 판매 가격은 원가의 합의 1.5배이다)

① 500원

② 600원

③ 700원

④ 800원

⑤ 1,000원

해설

A원두의 100g당 원가를 a원, B원두의 100g당 원가를 b원이라고 하면

$\begin{cases} 1.5(a+2b)=3,000 \cdots ⊙ \\ 1.5(2a+b)=2,850 \cdots ⊙ \end{cases}$

$\begin{cases} a+2b=2,000 \cdots ⊙' \\ 2a+b=1,900 \cdots ⊙' \end{cases}$

$3a+3b=3,900 \rightarrow a+b=1,300$이므로 이를 ⊙'와 연립하면 $b=700$이다.

따라서 B원두의 100g당 원가는 700원이다.

※ 다음 글을 읽고 이어지는 질문에 답하시오. [14~15]

> 코로나19는 2019년 중국 우한에서 처음 발생한 감염병으로 전 세계적으로 확산되어 대규모의 유행을 일으켰다. 코로나19는 주로 호흡기를 통해 전파되며 기침, 인후통, 발열 등의 경미한 증상에서 심각한 호흡곤란 같이 치명적인 증상을 일으키기도 한다.
>
> 코로나19의 유행은 공공의료체계에 큰 영향을 주었다. 대부분의 국가는 코로나19 감염환자의 대량 입원으로 병상부족 문제를 겪었으며 의료진의 업무부담 또한 매우 증가되었다. 또한 예방을 위한 검사 및 검체 체취, 밀접 접촉자 추적, 격리 및 치료 등의 과정에서 많은 인력과 시간이 _____㉠_____되었다.
>
> 국가 및 지역 사회에서 모든 사람들에게 평등하고 접근 가능한 의료 서비스를 제공하기 위한 공공의료는 전염병의 대유행 상황에서 매우 중요한 역할을 담당한다. 공공의료는 환자의 치료와 예방, 감염병 관리에서 필수적인 역할을 수행하며 코로나19 대유행 당시 검사, 진단, 치료, 백신 접종 등 다양한 서비스를 국민에게 제공하여 사회 전체의 건강보호를 담당하였다.
>
> 공공의료는 국가와 지역 단위에서의 재난대응체계와 밀접하게 연계되어 있다. 정부는 공공의료 시스템을 효과적으로 운영하여 감염병의 확산을 억제하고, 병원 부족 문제를 해결하며, 의료진의 안전과 보호를 보장해야 한다. 이를 위해 예방접종 캠페인, 감염병 관리 및 예방교육, 의료 인력과 시설의 지원 등 다양한 조치를 취하고 있다.
>
> 코로나19 대유행은 공공의료의 중요성과 필요성을 다시 한 번 강조하였다. 강력한 공공의료체계는 전염병과의 싸움에서 핵심적인 역할을 수행하며, 국가와 지역 사회의 건강을 보호하는 데 필수적이다. 이를 위해서는 지속적인 투자와 개선이 이루어져야 하며, 협력과 혁신을 통해 미래의 감염병에 대비할 수 있는 강력한 공공의료 시스템을 구축해야 한다.

┃ 건강보험심사평가원 / 의사소통능력

14 다음 중 윗글에 대한 주제로 가장 적절한 것은?

① 코로나19 유행과 지역사회 전파 방지를 위한 노력

② 감염병과 백신의 중요성

③ 코로나19 격리 과정

④ 코로나19 유행과 공공의료의 중요성

⑤ 코로나19의 대표적 증상

해설

제시문은 2019년 발생한 코로나19 대유행과 이에 따른 공공의료의 중요성과 필요성에 대해 강조하는 글이다.

┃ 건강보험심사평가원 / 의사소통능력

15 다음 중 밑줄 친 ㉠에 들어갈 단어로 가장 적절한 것은?

① 대 비   ② 대 체

③ 제 공   ④ 초 과

⑤ 소 요

예방을 위한 검사 및 검체 체취, 밀접 접촉자 추적, 격리 및 치료 등의 과정에 필요한 인력과 시간이 요구된다는 내용이므로 ㉠에 들어갈 가장 적절한 단어는 소요(필요로 하거나 요구되는 바)이다.

오답분석

① 대비 : 앞으로 일어날지도 모르는 어떠한 일에 대응하기 위하여 미리 준비함
② 대체 : 다른 것으로 대신함
③ 제공 : 무엇을 내주거나 갖다 바침
④ 초과 : 일정한 수나 한도 따위를 넘음

16 5개의 임의의 양수 $a \sim e$에 대해 서로 다른 2개를 골라 더한 값 10개가 다음과 같을 때, 5개의 양수 $a \sim e$의 평균과 분산은?

| 8 | 10 | 11 | 13 | 12 | 13 | 15 | 15 | 17 | 18 |

① 평균 : 6.6, 분산 : 5.84
② 평균 : 9.6, 분산 : 5.84
③ 평균 : 6.6, 분산 : 8.84
④ 평균 : 9.6, 분산 : 8.84
⑤ 평균 : 6.6, 분산 : 12.84

해설

주어진 양수의 합을 각각 $a+b$, $a+c$, $a+d$, $\cdots$, $d+e$라고 할 때, 주어진 양수 2개의 합을 모두 더하면 $4(a+b+c+d+e)=132$이므로 $a+b+c+d+e=33$이고, 평균(m)은 $\frac{a+b+c+d+e}{5}=6.6$이다.

분산(s)은 편차의 제곱의 평균이므로

$$s = \frac{(a-m)^2+(b-m)^2+(c-m)^2+(d-m)^2+(e-m)^2}{5} \text{ 이다.}$$

이는 $\frac{a^2+b^2+c^2+d^2+e^2-2am-2bm-2cm-2dm-2em+5m^2}{5}$ 이고

$\frac{a^2+b^2+c^2+d^2+e^2}{5}-2\times m\times\frac{a+b+c+d+e}{5}+\frac{5m^2}{5}=\frac{a^2+b^2+c^2+d^2+e^2}{5}-m^2$ 이다.

따라서 분산은 (변량의 제곱의 평균)−(평균의 제곱)으로도 구할 수 있다.

주어진 양수 2개의 합의 제곱을 모두 더하면 $4(a^2+b^2+c^2+d^2+e^2)+(2ab+2ac+\cdots+2de)=1,830$이고
$(a+b+c+d+e)^2=a^2+b^2+c^2+d^2+e^2+(2ab+2ac+\cdots+2de)=1,089$이므로
$a^2+b^2+c^2+d^2+e^2=\{4(a^2+b^2+c^2+d^2+e^2)+(2ab+2ac+\cdots+2de)-(a+b+c+d+e)^2\}\div3=247$이다.

$\frac{a^2+b^2+c^2+d^2+e^2}{5}=247\div5=49.4$이므로 $\frac{a^2+b^2+c^2+d^2+e^2}{5}-m^2=49.4-6.6^2=5.84$이다.

따라서 $a \sim e$의 평균은 6.6이고, 분산은 5.84이다.

17 어느 날 민수가 사탕 바구니에 있는 사탕의 $\frac{1}{3}$을 먹었다. 그다음 날 남은 사탕의 $\frac{1}{2}$을 먹고 또 그다음 날 남은 사탕의 $\frac{1}{4}$을 먹었다. 현재 남은 사탕의 개수가 18개일 때, 처음 사탕 바구니에 들어있던 사탕의 개수는?

① 48개

② 60개

③ 72개

④ 84개

⑤ 96개

해설

처음 사탕의 개수를 x개라 하면 처음으로 사탕을 먹고 남은 사탕의 개수는 $\left(1-\frac{1}{3}\right)x=\frac{2}{3}x$개이다.

그다음 날 사탕을 먹고 남은 사탕의 개수는 $\frac{2}{3}x\times\left(1-\frac{1}{2}\right)=\frac{1}{3}x$개이고, 또 그다음 날 사탕을 먹고 남은 사탕의 개수는 $\frac{1}{3}x\times\left(1-\frac{1}{4}\right)=\frac{1}{4}x$개이다.

따라서 처음 사탕 바구니에 들어있던 사탕의 개수는 $\frac{1}{4}x=18$이므로 $x=72$이다.

18 다음은 K중학교 재학생의 2013년과 2023년의 평균 신장 변화에 대한 자료이다. 2013년 대비 2023년 신장 증가율이 큰 순서대로 바르게 나열한 것은?(단, 소수점 셋째 자리에서 반올림한다)

〈K중학교 재학생 평균 신장 변화〉

(단위 : cm)

구 분	2013년	2023년
1학년	160.2	162.5
2학년	163.5	168.7
3학년	168.7	171.5

① 1학년 – 2학년 – 3학년

② 1학년 – 3학년 – 2학년

③ 2학년 – 1학년 – 3학년

④ 2학년 – 3학년 – 1학년

⑤ 3학년 – 2학년 – 1학년

2013년 대비 2023년 각 학년의 평균 신장 증가율은 다음과 같다.

- 1학년 : $\frac{162.5 - 160.2}{160.2} \times 100 ≒ 1.44\%$

- 2학년 : $\frac{168.7 - 163.5}{163.5} \times 100 ≒ 3.18\%$

- 3학년 : $\frac{171.5 - 168.7}{168.7} \times 100 ≒ 1.66\%$

따라서 평균 신장 증가율이 큰 순서는 2학년 – 3학년 – 1학년 순서이다.

┃ 건강보험심사평가원 / 문제해결능력

19 A는 K공사 사내 여행 동아리의 회원으로 이번 주말에 가는 여행에 반드시 참가할 계획이다. 다음 〈조건〉에 따라 여행에 참가한다고 할 때, 여행에 참가하는 사람을 모두 고르면?

조건

- C가 여행에 참가하지 않으면, A도 여행에 참가하지 않는다.
- E가 여행에 참가하지 않으면, B는 여행에 참가한다.
- D가 여행에 참가하지 않으면, B도 여행에 참가하지 않는다.
- E가 여행에 참가하면, C는 여행에 참가하지 않는다.

① A, B

② A, B, C

③ A, B, D

④ A, B, C, D

⑤ A, C, D, E

제시된 조건을 논리 기호화하면 다음과 같다.

- 첫 번째 조건의 대우 : A → C
- 두 번째 조건 : ~E → B
- 세 번째 조건의 대우 : B → D
- 네 번째 조건의 대우 : C → ~E

위의 조건식을 정리하면 A → C → ~E → B → D이므로 여행에 참가하는 사람은 A, B, C, D 4명이다.

20 K유통사는 창고 내 자재의 보안 강화와 원활한 관리를 위해 국가별, 제품별로 자재를 분류하고자 9자리 상품코드 및 바코드를 제작하였다. 상품코드 및 바코드 규칙이 다음과 같을 때 8자리 상품코드와 수입 국가, 전체 9자리 바코드가 바르게 연결된 것은?

〈K유통사 상품코드 및 바코드 규칙〉

1. 상품코드의 첫 세 자릿수는 수입한 국가를 나타낸다.

첫 세 자리	000 ~ 099	100 ~ 249	250 ~ 399	400 ~ 549	550 ~ 699	700 ~ 849	850 ~ 899	900 ~ 999
국 가	한 국	독 일	일 본	미 국	캐나다	호 주	중 국	기타 국가

2. 상품코드의 아홉 번째 수는 바코드의 진위 여부를 판단하는 수로, 앞선 여덟 자릿수를 다음 규칙에 따라 계산하여 생성한다.
   ① 홀수 번째 수에는 2를, 짝수 번째 수에는 5를 곱한 다음 여덟 자릿수를 모두 합한다.
   ② 모두 합한 값을 10으로 나누었을 때, 그 나머지 수가 아홉 번째 수가 된다.

3. 바코드는 각 자리의 숫자에 대응시켜 생성한다.

구 분	코 드	구 분	코 드
0		5	
1		6	
2		7	
3		8	
4		9	

	8자리 상품코드	수입 국가	9자리 바코드
①	07538627	한 국	
②	23978527	일 본	
③	51227532	미 국	
④	73524612	호 주	
⑤	93754161	기타 국가	

해설

오답분석

① 다섯 번째 수인 '8'과 일곱 번째 수인 '2'의 코드가 잘못되었다.

② 첫 세 자리 '239'는 독일에서 온 제품이다.

④ 두 번째 수인 '3'과 다섯 번째 수인 '4'의 코드가 잘못되었다.

⑤ 아홉 번째 수는 $(18+15+14+25+8+5+12+5) \div 10 = 10.2$로, 바코드를 수정해야 한다.

21 다음은 K중학교 2학년 1반 국어, 수학, 영어, 사회, 과학에 대한 학생 9명의 성적표이다. 학생들의 평균 점수를 가장 높은 순서대로 구하고자 할 때, [H2] 셀에 들어갈 함수로 옳은 것은?(단, G열의 평균 점수는 구한 것으로 가정한다)

〈2학년 1반 성적표〉

	A	B	C	D	E	F	G	H
1		국어	수학	영어	사회	과학	평균 점수	평균 점수 순위
2	강○○	80	77	92	81	75		
3	권○○	70	80	87	65	88		
4	김○○	90	88	76	86	87		
5	김△△	60	38	66	40	44		
6	신○○	88	66	70	58	60		
7	장○○	95	98	77	70	90		
8	전○○	76	75	73	72	80		
9	현○○	30	60	50	44	27		
10	황○○	76	85	88	87	92		

① =RANK(G2,G$2:G$10,0)

② =RANK(G2,$G2$:G10,0)

③ =RANK(G2,$B2$:G10,0)

④ =RANK(G2,$B$2:$G$10,0)

⑤ =RANK(G2,B2$:$F$F10,0)

해설

학생들의 평균 점수는 G열에 있고 가장 높은 순서대로 구해야 하므로 RANK 함수를 이용하여 오름차순으로 순위를 구하면 [H2] 셀에 들어갈 식은 「=RANK(G2,$G$2:$G$10,0)」이다. 이때, 참조할 범위는 고정해야 하므로 행과 열 앞에 '$'를 붙여야 하는데, G열은 항상 고정이므로 행만 고정시켜도 된다. 그러므로 「=RANK(G2,G$2:G$10,0)」를 사용하여도 같은 결과가 나온다.

22 다음 〈보기〉의 단어들의 관계를 토대로 할 때, 빈칸 ㉠에 들어갈 단어로 옳은 것은?

> **보기**
>
> • 치르다 – 지불하다   • 연약 – 나약
> • 가쁘다 – 벅차다   • 가뭄 – _____㉠_____

① 갈 근
② 해 수
③ 한 발
④ 안 건

해설

제시된 보기의 단어들은 유의어 관계이다. 따라서 빈칸 ㉠에 들어갈 '가뭄'의 유의어는 심한 가뭄을 뜻하는 '한발(旱魃)'이 들어가야 한다.

오답분석

① 갈근(葛根) : 칡뿌리
② 해수(海水) : 바다에 괴어 있는 짠물
④ 안건(案件) : 토의하거나 조사하여야 할 사실

(가) 경영학 측면에서도 메기 효과는 한국, 중국 등 고도 경쟁사회인 동아시아 지역에서만 제한적으로 사용되며 영미권에서는 거의 사용되지 않는다. 기획재정부의 조사에 따르면 메기에 해당하는 해외 대형 가구업체인 이케아(IKEA)가 국내에 들어오면서 청어에 해당하는 중소 가구업체의 입지가 더욱 좁아졌다고 한다. 이처럼 경영학 측면에서도 메기 효과는 제한적으로 파악될 뿐 과학적으로는 검증되지 않은 가설이다.

(나) 결국 과학적으로 증명되진 않았지만 메기 효과는 '경쟁'의 양면성을 보여 주는 가설이다. 기업의 경영에서 위협이 발생하였을 때, 위기감에 의한 성장 동력을 발현시킬 수는 있을 것이다. 그러나 무한 경쟁사회에서 규제 등의 방법으로 적정 수준을 유지하지 못한다면 거미의 등장으로 인해 폐사한 메뚜기와 토양처럼, 거대한 위협이 기업과 사회를 항상 좋은 방향으로 이끌어 나가지는 않을 것이다.

(다) 그러나 메기 효과가 전혀 시사점이 없는 것은 아니다. 이케아가 국내에 들어오면서 도산할 것으로 예상되었던 일부 국내 가구 업체들이 오히려 성장하는 현상 또한 관찰되고 있다. 강자의 등장으로 약자의 성장 동력이 어느 정도는 발현되었다는 것을 보여 주는 사례라고 할 수 있다.

(라) 그러나 최근에는 메기 효과가 과학적으로 검증되지 않았고 과장되어 사용되고 있으며 심지어 거짓이라고 주장하는 사람들이 있다. 먼저 메기 효과의 기원부터 의문점이 있다. 메기는 민물고기로 바닷물고기인 청어는 메기와 관련이 없으며, 실제로 북유럽의 어부들이 수조에 메기를 넣었을 때 청어에게 효과가 있었는지는 검증되지 않았다. 이와 비슷한 사례인 메뚜기와 거미의 경우는 과학적으로 검증된 바 있다. 2012년 『사이언스』에서 제한된 공간에 메뚜기와 거미를 두었을 때 메뚜기들은 포식자인 거미로 인해 스트레스의 수치가 증가하고 체내 질소 함량이 줄어들었으며, 죽은 메뚜기에 포함된 질소 함량이 줄어들면서 토양 미생물도 줄어들었고 토양은 황폐화되었다.

(마) 우리나라에서 '경쟁'과 관련된 이론 중 가장 유명한 것은 영국의 역사가 아놀드 토인비가 주장했다고 하는 '메기 효과(Catfish Effect)'이다. 메기 효과란 냉장시설이 없었던 과거에 북유럽의 어부들이 잡은 청어를 싱싱하게 운반하기 위하여 수조 속에 천적인 메기를 넣어 끊임없이 움직이게 했다는 것이다. 이 가설은 경영학계에서 비유적으로 사용된다. 다시 말해 기업의 경쟁력을 키우기 위해서는 적절한 위협과 자극이 필요하다는 것이다.

❙ K-water 한국수자원공사 / 의사소통능력

23 윗글의 문단을 논리적 순서대로 바르게 나열한 것은?

① (가) – (라) – (나) – (다) – (마)
② (다) – (마) – (가) – (나) – (라)
③ (마) – (가) – (라) – (다) – (나)
④ (마) – (라) – (가) – (다) – (나)

해설

제시문은 메기 효과에 대한 글이므로 가장 먼저 메기 효과의 기원에 대해 설명한 (마) 문단으로 시작해야 하고, 뒤이어 메기 효과의 기원에 대한 과학적인 검증 및 논란에 대한 (라) 문단이 오는 것이 적절하다. 이어서 경영학 측면에서의 메기 효과에 대한 내용이 와야 하는데, (다) 문단의 경우 앞의 내용과 뒤의 내용이 상반될 때 쓰는 접속 부사인 '그러나'로 시작하므로 (가) 문단이 먼저 나오고 그 다음에 (다) 문단이 이어지는 것이 적절하다. 그리고 마지막으로 메기 효과에 대한 결론인 (나) 문단으로 끝내는 것이 가장 적절하다.

24 다음 중 윗글을 이해한 내용으로 적절하지 않은 것은?

① 거대 기업의 출현은 해당 시장의 생태계를 파괴할 수도 있다.
② 메기 효과는 과학적으로 검증되지 않았으므로 낭설에 불과하다.
③ 발전을 위해서는 기업 간 경쟁을 적정 수준으로 유지해야 한다.
④ 메기 효과는 경쟁을 장려하는 사회에서 널리 사용되고 있다.

해설
메기 효과는 과학적으로 검증되지 않았지만 적정 수준의 경쟁이 발전을 이룬다는 시사점을 가지고 있다고 하였으므로 낭설에 불과하다고 하는 것은 적절하지 않다.

오답분석
① (라) 문단의 거미와 메뚜기 실험에서 죽은 메뚜기로 인해 토양까지 황폐화되었음을 볼 때, 거대 기업의 출현은 해당 시장의 생태계까지 파괴할 수 있음을 알 수 있다.
③ (나) 문단에서 성장 동력을 발현시키기 위해서는 규제 등의 방법으로 적정 수준의 경쟁을 유지해야 한다고 서술하고 있다.
④ (가) 문단에서 메기 효과는 한국, 중국 등 고도 경쟁사회에서 널리 사용되고 있다고 서술하고 있다.

25 어느 회사에 입사하는 사원 수를 조사하니 올해 남자 사원 수는 작년에 비하여 8% 증가하고 여자 사원 수는 10% 감소했다. 작년의 전체 사원 수는 820명이고, 올해는 작년에 비하여 10명이 감소하였다고 할 때, 올해의 여자 사원 수는?

① 378명
② 379명
③ 380명
④ 381명

해설
작년의 여자 사원 수를 x명이라 하면 남자 사원 수는 $(820-x)$명이므로

$$\frac{8}{100}(820-x) - \frac{10}{100}x = -10$$

$$x = 420$$

따라서 올해 여자 사원 수는 $\frac{90}{100} \times 420 = 378$명이다.

※ 다음은 보조배터리를 생산하는 K사의 시리얼 넘버에 대한 자료이다. 이어지는 질문에 답하시오.
[26~27]

〈시리얼 넘버 부여 방식〉

시리얼 넘버는 [제품 분류] – [배터리 형태][배터리 용량][최대 출력] – [고속충전 규격] – [생산날짜] 순서로 부여한다.

〈시리얼 넘버 세부사항〉

제품 분류	배터리 형태	배터리 용량	최대 출력
NBP : 일반형 보조배터리 CBP : 케이스 보조배터리 PBP : 설치형 보조배터리	LC : 유선 분리형 LO : 유선 일체형 DK : 도킹형 WL : 무선형 LW : 유선+무선	4 : 40,000mAH 이상 3 : 30,000mAH 이상 2 : 20,000mAH 이상 1 : 10,000mAH 이상	A : 100W 이상 B : 60W 이상 C : 30W 이상 D : 20W 이상 E : 10W 이상
고속충전 규격	생산날짜		
P31 : USB – PD3.1 P30 : USB – PD3.0 P20 : USB – PD2.0	B3 : 2023년 B2 : 2022년 … A1 : 2011년	1 : 1월 2 : 2월 … 0 : 10월 A : 11월 B : 12월	01 : 1일 02 : 2일 … 30 : 30일 31 : 31일

26 다음 〈보기〉 중 시리얼 넘버가 잘못 부여된 제품은 모두 몇 개인가?

> **보기**
>
> • NBP – LC4A – P20 – B2102
> • CBP – WK4A – P31 – B0803
> • NBP – LC3B – P31 – B3230
> • CNP – LW4E – P20 – A7A29
> • PBP – WL3D – P31 – B0515
> • CBP – LO3E – P30 – A9002
> • PBP – DK1E – P21 – A8B12
> • PBP – DK2D – P30 – B0331
> • NBP – LO3B – P31 – B2203
> • CBP – LC4A – P31 – B3104

① 2개
② 3개
③ 4개
④ 5개

해설

• CBP – <u>WK</u>4A – P31 – B0803 : 배터리 형태 중 WK는 없는 형태이다.
• PBP – DK1E – <u>P21</u> – A8B12 : 고속충전 규격 중 P21은 없는 규격이다.
• NBP – LC3B – P31 – B3<u>230</u> : 생산날짜의 2월에는 30일이 없다.
• <u>CNP</u> – LW4E – P20 – A7A29 : 제품 분류 중 CNP는 없는 분류이다.
따라서 보기에서 시리얼 넘버가 잘못 부여된 제품은 모두 4개이다.

27 K사 고객지원팀에 재직 중인 S주임은 보조배터리를 구매한 고객으로부터 다음과 같은 전화를 받았다. 해당 제품을 회사 데이터베이스에서 검색하기 위해 시리얼 넘버를 입력할 때, 고객이 보유 중인 제품의 시리얼 넘버로 가장 적절한 것은?

S주임 : 안녕하세요. K사 고객지원팀 S입니다. 무엇을 도와드릴까요?

고객 : 안녕하세요. 지난번에 구매한 보조배터리가 작동을 하지 않아서요.

S주임 : 네, 고객님. 해당 제품 확인을 위해 시리얼 넘버를 알려 주시기 바랍니다.

고객 : 제품을 들고 다니면서 시리얼 넘버가 적혀 있는 부분이 지워졌네요. 어떻게 하면 되죠?

S주임 : 고객님 혹시 구매하셨을 때 동봉된 제품설명서를 가지고 계실까요?

고객 : 네, 가지고 있어요.

S주임 : 제품설명서 맨 뒤에 제품 정보가 적혀 있는데요. 순서대로 불러 주시기 바랍니다.

고객 : 설치형 보조배터리에 70W, 24,000mAH의 도킹형 배터리이고, 규격은 USB − PD3.0이고, 생산날짜는 2022년 10월 12일이네요.

S주임 : 확인 감사합니다. 고객님 잠시만 기다려 주세요.

---

① PBP − DK2B − P30 − B1012

② PBP − DK2B − P30 − B2012

③ PBP − DK3B − P30 − B1012

④ PBP − DK3B − P30 − B2012

해설

고객이 설명한 제품 정보를 정리하면 다음과 같다.

• 설치형 : PBP

• 도킹형 : DK

• 20,000mAH 이상 : 2

• 60W 이상 : B

• USB − PD3.0 : P30

• 2022년 10월 12일 : B2012

따라서 S주임이 데이터베이스에 검색할 시리얼 넘버는 PBP − DK2B − P30 − B2012이다.

28 철호는 50만 원으로 K가구점에서 식탁 1개와 의자 2개를 사고, 남은 돈은 모두 장미꽃을 구매하는 데 쓰려고 한다. 판매하는 가구의 가격이 다음과 같을 때, 구매할 수 있는 장미꽃의 수는?(단, 장미꽃은 한 송이당 6,500원이다)

<K가구점 가격표>

종 류	책 상	식 탁	침 대	의 자	옷 장
가 격	25만 원	20만 원	30만 원	10만 원	40만 원

※ 30만 원 이상 구매 시 10% 할인

① 20송이　　　　　　　　　　② 21송이
③ 22송이　　　　　　　　　　④ 23송이

해설

식탁 1개와 의자 2개의 합은 20만+(10만×2)=40만 원이고 30만 원 이상 구매 시 10%를 할인받을 수 있으므로 40만× 0.9=36만 원이다.
가구를 구매하고 남은 돈은 50만−36만=14만 원이고 장미 한 송이당 가격은 6,500원이다.
따라서 구매할 수 있는 장미는 14÷0.65≒21.53이므로 21송이를 살 수 있다.

29 다음 <보기>의 전제 1에서 항상 참인 결론을 이끌어 내기 위한 전제 2로 옳은 것은?

보기

• 전제 1 : 흰색 공을 가지고 있는 사람은 모두 검은색 공을 가지고 있지 않다.
• 전제 2 : _____
• 결론 : 흰색 공을 가지고 있는 사람은 모두 파란색 공을 가지고 있다.

① 검은색 공을 가지고 있는 사람은 모두 파란색 공을 가지고 있다.
② 파란색 공을 가지고 있지 않은 사람은 모두 검은색 공도 가지고 있지 않다.
③ 파란색 공을 가지고 있지 않은 사람은 모두 검은색 공을 가지고 있다.
④ 파란색 공을 가지고 있는 사람은 모두 검은색 공을 가지고 있다.

해설

흰색 공을 A, 검은색 공을 B, 파란색 공을 C로 치환한 후 논리 기호화하면 다음과 같다.
• 전제 1 : A → ~B
• 전제 2 : _____
• 결론 : A → C
따라서 필요한 전제 2는 '~B → C' 또는 대우인 '~C → B'이므로 ③ '파란색 공을 가지고 있지 않은 사람은 모두 검은색 공을 가지고 있다.'가 전제 2로 필요하다.

오답분석

① B → C
② ~C → ~B
④ C → B

30 K하수처리장은 오수 1탱크를 정수로 정화하는 데 A ~ E 5가지 공정을 거친다고 한다. 공정당 소요 시간이 다음과 같을 때 30탱크 분량의 오수를 정화하는 데 소요되는 최소 시간은?(단, 공정별 소요 시간에는 정비 시간이 포함되어 있다)

<K하수처리장 공정별 소요 시간>

공 정	A	B	C	D	E
소요시간	4시간	6시간	5시간	4시간	6시간

① 181시간

② 187시간

③ 193시간

④ 199시간

해설

처음으로 오수 1탱크를 정화하는 데 소요되는 시간은 4+6+5+4+6=25시간이다.

그 후에는 A ~ E공정 중 가장 긴 공정 시간이 6시간이므로 남은 탱크는 6시간마다 1탱크씩 처리할 수 있다.

따라서 30탱크를 처리하는 데 소요되는 시간은 25+6×(30−1)=199시간이다.

31 다음 중 스마트 팩토리(Smart Factory)에 대한 설명으로 옳지 않은 것은?

① 공장 내 설비에 사물인터넷(IoT)을 적용한다.

② 기획 및 설계는 사람이 하고, 이를 바탕으로 인공지능(AI)이 전반적인 공정을 진행한다.

③ 정부에서는 4차 산업혁명의 시대에 맞추어 제조업 전반의 혁신 및 발전을 위해 이를 꾸준히 지원하고 있다.

④ 구체적인 전략은 국가별 제조업 특성 및 강점, 산업 구조 등에 따라 다양한 형태를 갖춘다.

해설

스마트 팩토리(Smart Factory)는 제품의 기획 및 설계 단계부터 판매까지 이루어지는 모든 공정의 일부 또는 전체에 사물인터넷(IoT), 인공지능(AI), 빅데이터 등과 같은 정보통신 기술(ICT)을 적용하여 기업의 생산성과 제품의 품질 등을 높이는 지능형 공장을 의미한다.

32 다음 중 그래핀과 탄소 나노 튜브를 비교한 내용으로 옳은 것은?

① 그래핀과 탄소 나노 튜브 모두 2차원 평면 구조를 가지고 있다.

② 그래핀과 탄소 나노 튜브 모두 탄소로 이루어져 있으므로 인장강도는 약하다.

③ 그래핀과 탄소 나노 튜브 모두 격자 형태로 불규칙적인 형태를 가지고 있다.

④ 그래핀과 탄소 나노 튜브 모두 그 두께가 1μm보다 얇다.

해설

그래핀의 두께는 10^{-10}m보다 얇고 탄소 나노 튜브의 두께는 10^{-9}m 정도로 두 가지 모두 1μm보다 얇다.

오답분석

① 그래핀은 2차원 평면 구조를 띄고 있는 반면, 탄소 나노 튜브는 원기둥 모양의 나노 구조를 띄고 있다.

② 그래핀과 탄소 나노 튜브 모두 인장강도가 강철보다 수백 배 이상 강하다.

③ 그래핀과 탄소 나노 튜브 모두 육각형 격자의 규칙적인 배열로 이루어져 있다.

33 다음은 1g당 80원인 A회사 우유와 1g당 50원인 B회사 우유를 100g씩 섭취했을 때 얻을 수 있는 열량과 단백질의 양을 나타낸 표이다. 우유 A, B를 합하여 300g을 만들어 열량 490kcal 이상과 단백질 29g 이상을 얻으면서 우유를 가장 저렴하게 구입했다고 할 때, 그 가격은 얼마인가?

〈A, B회사 우유의 100g당 열량과 단백질의 양〉

식품 ＼ 성분	열량(kcal)	단백질(g)
A회사 우유	150	12
B회사 우유	200	5

① 20,000원

② 21,000원

③ 22,000원

④ 23,000원

⑤ 24,000원

해설

A회사, B회사 우유의 1g당 열량과 단백질을 환산하면 다음과 같다.

식품 ＼ 성분	열량(kcal)	단백질(g)
A회사 우유	1.5	0.12
B회사 우유	2	0.05

A회사, B회사 우유를 각각 xg, $(300-x)$g 구매했다면

$$\begin{cases} 1.5x+2(300-x) \geq 490 \\ 0.12x+0.05(300-x) \geq 29 \end{cases}$$

$$\begin{cases} 1.5x + 600 - 2x \ge 490 \\ 0.12x + 15 - 0.05x \ge 29 \end{cases}$$

$$\begin{cases} 0.5x \le 110 \\ 0.07x \ge 14 \end{cases}$$

따라서 $200 \le x \le 220$이므로 A회사 우유를 200g, B회사 우유를 $300-200=100$g 구매하는 것이 가장 저렴하며, 그 가격은 $(80 \times 200) + (50 \times 100) = 21,000$원이다.

34 다음은 S헬스클럽의 회원들이 하루 동안 운동하는 시간을 조사하여 나타낸 도수분포표이다. 하루 동안 운동하는 시간이 80분 미만인 회원이 전체의 80%일 때, $A - B$의 값은?

〈S헬스클럽 회원 운동시간 도수분포표〉

시간(분)	회원 수(명)
0 이상 20 미만	1
20 이상 40 미만	3
40 이상 60 미만	8
60 이상 80 미만	A
80 이상 100 미만	B
합 계	30

① 2
② 4
③ 6
④ 8
⑤ 10

해설

30명의 80%는 $30 \times \dfrac{80}{100} = 24$명이므로

$1 + 3 + 8 + A = 24 \rightarrow A = 12$

$24 + B = 30 \rightarrow B = 6$

따라서 $A - B = 12 - 6 = 6$이다.

35 A가게와 B가게에서의 연필 1자루당 가격과 배송비가 다음과 같을 때, 연필을 몇 자루 이상 구매해야 B가게에서 주문하는 것이 유리한가?

<표>

〈연필 구매정보〉

구 분	가격	배송비
A가게	500원/자루	무 료
B가게	420원/자루	2,500원/건

① 30자루
② 32자루
③ 34자루
④ 36자루
⑤ 38자루

해설

연필을 x자루 구매한다면 A가게에서 주문할 때 필요한 금액은 $500x$원이고, B가게에서 주문할 때 필요한 금액은 $(420x+2,500)$원이다.

$500x \geq 420x+2,500$

$80x \geq 2,500 \rightarrow x \geq \dfrac{125}{4}=31.25$이므로

32자루 이상 구매해야 B가게에서 주문하는 것이 유리하다.

36 S마스크 회사에서는 지난달에 제품 A, B를 합하여 총 6,000개를 생산하였다. 이번 달의 생산량은 지난달에 비하여 제품 A는 6% 증가하고, 제품 B는 4% 감소하여 전체 생산량은 2% 증가하였다고 한다. 이번 달 두 제품 A, B의 생산량의 차이는 얼마인가?

① 1,500개
② 1,512개
③ 1,524개
④ 1,536개
⑤ 1,548개

해설

지난달 A, B의 생산량을 각각 x개, y개라 하면 지난달에 두 제품 A, B를 합하여 6,000개를 생산하였으므로 총 생산량은 $x+y=6,000$개이다.

이번 달에 생산한 제품 A의 양은 지난달에 비하여 6% 증가하였으므로 증가한 생산량은 $0.06x$이고, 생산한 제품 B의 양은 지난달에 비하여 4% 감소하였으므로 감소한 생산량은 $0.04y$이다.

전체 생산량은 2% 증가하였으므로 $6,000 \times 0.02=120$개가 증가했음을 알 수 있다.

이를 식으로 정리하면 다음과 같다.

$\begin{cases} x+y=6,000 \\ 0.06x-0.04y=120 \end{cases}$

x, y의 값을 구하면 $x=3,600$, $y=2,400$이다.

따라서 지난달 A의 생산량은 3,600개이고 B의 생산량은 2,400개이므로, 이번 달 A의 생산량은 6% 증가한 $3,600 \times (1+0.06)=3,816$개이고 이번 달 B의 생산량은 4% 감소한 $2,400 \times (1-0.04)=2,304$개이다. 그러므로 두 제품의 생산량의 차를 구하면 $3,816-2,304=1,512$개이다.

37 다음 중 기계적 조직의 특징으로 적절한 것을 〈보기〉에서 모두 고르면?

> **보기**
>
> ㉠ 변화에 맞춰 쉽게 변할 수 있다.
> ㉡ 상하 간 의사소통이 공식적인 경로를 통해 이루어진다.
> ㉢ 대표적으로 사내벤처팀, 프로젝트팀이 있다.
> ㉣ 구성원의 업무가 분명하게 규정되어 있다.
> ㉤ 많은 규칙과 규제가 있다.

① ㉠, ㉡, ㉢
② ㉠, ㉣, ㉤
③ ㉡, ㉢, ㉣
④ ㉡, ㉣, ㉤
⑤ ㉢, ㉣, ㉤

해설

오답분석

㉠・㉢ 유기적 조직에 대한 설명이다.

38 다음 중 글로벌화에 대한 설명으로 적절하지 않은 것은?

① 범지구적 시스템과 네트워크 안에서 기업 활동이 이루어지는 국제경영이 중요시된다.
② 글로벌화가 이루어지면 시장이 확대되어 기업 경쟁이 상대적으로 완화된다.
③ 경제나 산업에서 벗어나 문화, 정치 등 다른 영역까지 확대되고 있다.
④ 조직의 활동 범위가 세계로 확대되는 것을 의미한다.
⑤ 글로벌화에 따른 다국적 기업의 증가에 따라 국가 간 경제통합이 강화되었다.

해설

글로벌화가 이루어지면 조직은 해외에 직접 투자할 수 있고, 원자재를 보다 싼 가격에 수입할 수 있으며, 수송비가 절감되고, 무역장벽이 낮아져 시장이 확대되는 경제적 이익을 얻을 수 있다. 반면에 그만큼 세계적인 수준으로 경쟁이 치열해지기 때문에 국제적인 감각을 가지고 세계화 대응 전략을 마련해야 한다.

39 다음 중 팀워크에 대한 설명으로 적절하지 않은 것은?

① 조직에 대한 이해 부족은 팀워크를 저해하는 요소이다.

② 팀워크를 유지하기 위해 구성원은 공동의 목표의식과 강한 도전의식을 가져야 한다.

③ 공동의 목적을 달성하기 위해 상호관계성을 가지고 협력하여 업무를 수행하는 것이다.

④ 사람들이 집단에 머물도록 만들고, 집단의 멤버로서 계속 남아 있기를 원하게 만드는 힘이다.

⑤ 효과적인 팀은 갈등을 인정하고 상호신뢰를 바탕으로 건설적으로 문제를 해결한다.

해설

사람들이 집단에 머물고, 계속 남아 있기를 원하게 만드는 힘은 응집력이다. 팀워크는 단순히 사람들이 모여 있는 것이 아니라 목표달성의 의지를 가지고 성과를 내는 것이다.

40 다음은 협상과정 단계별 세부 수행 내용이다. 협상과정의 단계를 순서대로 바르게 나열한 것은?

> ⊙ 겉으로 주장하는 것과 실제로 원하는 것을 구분하여 실제로 원하는 것을 찾아낸다.
> ⓒ 합의문을 작성하고 이에 서명한다.
> ⓒ 갈등 문제의 진행상황과 현재의 상황을 점검한다.
> ⓔ 상대방의 협상의지를 확인한다.
> ⓜ 대안 이행을 위한 실행계획을 수립한다.

① ⊙ - ⓒ - ⓜ - ⓔ - ⓒ

② ⊙ - ⓜ - ⓒ - ⓔ - ⓒ

③ ⓒ - ⊙ - ⓜ - ⓔ - ⓒ

④ ⓔ - ⊙ - ⓒ - ⓜ - ⓒ

⑤ ⓔ - ⓒ - ⊙ - ⓜ - ⓒ

해설

협상과정은 '협상시작 → 상호이해 → 실질이해 → 해결대안 → 합의문서' 5단계로 진행되며, 세부 수행 내용은 다음과 같다.

단 계	세부 수행 내용
협상시작	• 협상당사자들 사이에 친근감을 쌓는다. • 간접적인 방법으로 협상의사를 전달한다. • 상대방의 협상의지를 확인한다. • 협상진행을 위한 체제를 짠다.
상호이해	• 갈등 문제의 진행상황과 현재의 상황을 점검한다. • 적극적으로 경청하고 자기주장을 제시한다. • 협상을 위한 협상대상 안건을 결정한다.
실질이해	• 겉으로 주장하는 것과 실제로 원하는 것을 구분하여 실제로 원하는 것을 찾아낸다. • 분할과 통합 기법을 활용하여 이해관계를 분석한다.
해결대안	• 협상 안건마다 대안들을 평가한다. • 개발한 대안들을 평가한다. • 최선의 대안에 대해서 합의하고 선택한다. • 대안 이행을 위한 실행계획을 수립한다.
합의문서	• 합의문을 작성한다. • 합의문상의 합의 내용, 용어 등을 재점검한다. • 합의문에 서명한다.

❙ SH 서울주택도시공사 / 대인관계능력

41 다음 중 Win – Win 전략에 의거한 갈등 해결 단계에 포함되지 않는 것은?

① 비판적인 패러다임을 전환하는 등 사전 준비를 충실히 한다.

② 갈등 당사자로서 자신의 의도를 명시한다.

③ 서로가 받아들일 수 있도록 중간지점에서 타협적으로 입장을 주고받아 해결점을 찾는다.

④ 서로의 입장을 명확히 한다.

⑤ 상호 간에 중요한 기준을 명확히 말한다.

해설

서로가 받아들일 수 있는 결정을 하기 위하여 중간지점에서 타협하여 입장을 주고받는 것은 타협형 갈등 해결방법이다.
Win – Win 전략은 통합형(협력형) 갈등 해결방안으로, 모두의 목표를 달성할 수 있는 해법을 찾는 것이다.

42 다음 중 직업이 갖추어야 할 속성과 그 의미가 옳지 않은 것은?

① 계속성 : 주기적으로 일을 하거나 계절 또는 명확한 주기가 없어도 계속 행해지며, 현재 하고 있는 일을 계속할 의지와 가능성이 있어야 한다.

② 경제성 : 직업은 경제적 거래관계가 성립되는 활동이어야 한다.

③ 윤리성 : 노력이 전제되지 않는 자연발생적인 이득 활동은 직업으로 볼 수 없다.

④ 사회성 : 모든 직업 활동이 사회 공동체적 맥락에서 의미 있는 활동이어야 한다.

⑤ 자발성 : 속박된 상태에서의 제반 활동은 직업으로 볼 수 없다.

해설

직업의 윤리성은 비윤리적인 영리 행위나 반사회적인 활동을 통한 경제적 이윤추구는 직업 활동으로 인정되지 않음을 의미한다. 노력이 전제되지 않는 자연발생적인 이득의 수취나 우연하게 발생하는 경제적 과실에 전적으로 의존하는 활동을 직업으로 인정하지 않는 것은 경제성에 해당한다.

43 다음 중 근로윤리의 판단 기준으로 적절한 것을 〈보기〉에서 모두 고르면?

보기	
㉠ 예 절	㉡ 준 법
㉢ 정직한 행동	㉣ 봉사와 책임
㉤ 근면한 자세	㉥ 성실한 태도

① ㉠, ㉡, ㉢

② ㉠, ㉡, ㉣

③ ㉡, ㉢, ㉤

④ ㉢, ㉤, ㉥

⑤ ㉣, ㉤, ㉥

해설

직업윤리는 근로윤리와 공동체윤리로 구분할 수 있으며, 근로윤리의 판단 기준으로는 정직한 행동, 근면한 자세, 성실한 태도 등이 있다.

오답분석

㉠·㉡·㉣ 공동체윤리의 판단 기준이다.

44 다음 중 직장에서의 예절로 적절한 것을 〈보기〉에서 모두 고르면?

> **보기**
> ㉠ 악수는 상급자가 먼저 청한다.
> ㉡ 명함을 받았을 때는 곧바로 집어넣는다.
> ㉢ 상급자가 운전하는 차량에 단 둘이 탑승한다면 조수석에 탑승해야 한다.
> ㉣ 엘리베이터에서 상사나 손님이 탑승하고 내릴 때는 문열림 버튼을 누르고 있어야 한다.

① ㉠, ㉡
② ㉠, ㉣
③ ㉠, ㉢, ㉣
④ ㉡, ㉢, ㉣
⑤ ㉠, ㉡, ㉢, ㉣

해설

오답분석

㉡ 명함을 받았을 때는 곧바로 집어넣지 말고 상세히 확인한 다음 명함에 대해 간단한 대화를 건네는 것이 올바른 직장예절이다.

45 K빌딩 시설관리팀에서 건물 화단 보수를 위해 인원을 두 팀으로 나누었다. 한 팀은 작업 하나를 마치는 데 15분이 걸리지만 작업을 마치면 도구 교체를 위해 5분이 걸리고, 다른 한 팀은 작업 하나를 마치는 데 30분이 걸리지만 한 작업을 마치면 도구 교체 없이 바로 다른 작업을 시작한다고 한다. 오후 1시부터 두 팀이 쉬지 않고 작업한다고 할 때, 두 팀이 세 번째로 동시에 작업을 시작하는 시각은?

① 오후 3시 30분
② 오후 4시
③ 오후 4시 30분
④ 오후 5시

해설

한 팀이 15분 작업 후 도구 교체에 걸리는 시간이 5분이므로 작업을 새로 시작하는 데 걸리는 시간은 20분이다. 다른 한 팀은 30분 작업 후 바로 다른 작업을 시작하므로 작업을 새로 시작하는 데 걸리는 시간은 30분이다. 따라서 두 팀은 60분마다 작업을 동시에 시작하므로, 오후 1시에 작업을 시작해서 세 번째로 동시에 작업을 시작하는 시각은 3시간 후인 오후 4시이다.

※ 다음은 2019년부터 2022년까지의 K농장 귤 매출액의 증감률에 대한 자료이다. 이어지는 질문에 답하시오. [46~47]

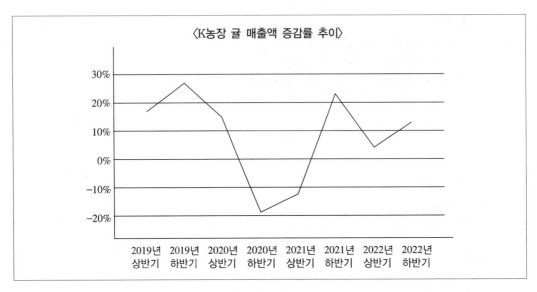

| 한국관광공사 / 수리능력

46 다음 중 자료에 대한 설명으로 옳지 않은 것은?

① 매출액은 2021년 하반기부터 꾸준히 증가하였다.
② 2019년 하반기의 매출 성장 폭이 가장 크다.
③ 2020년 하반기의 매출액은 2018년 하반기의 매출액보다 적다.
④ 2019년 상반기부터 2022년 하반기까지 매출액이 가장 적은 때는 2021년 상반기이다.

해설

2018년 하반기 매출액을 100이라 하면 2019년 상반기 매출액은 10% 이상 20% 미만 증가하였고 2019년 하반기 매출액은 20% 이상 30% 미만 증가하였다. 또한 2020년 상반기 매출액은 10% 이상 20% 미만 증가하였고, 2020년 하반기 매출액은 10% 이상 20% 미만 감소하였다. 따라서 2020년 하반기 매출액은 분기별 매출 증가가 가장 적고 매출 감소가 큰 경우인 $100 \times 1.1 \times 1.2 \times 1.1 \times 0.8 = 116.16$보다는 클 것이다.

오답분석

① 2021년 하반기 이후 매출액의 증감률이 0보다 크므로 매출액은 꾸준히 증가하였다.
② 2019년 하반기 매출액의 증감률이 가장 크므로 이때의 성장 폭이 가장 크다.
④ 2020년 하반기와 2021년 상반기는 매출액이 연속해서 감소하였고 이후로는 꾸준히 증가하였으므로 2021년 상반기 매출액이 가장 적다.

47 다음은 신문에 실린 어떤 기사의 일부이다. 이 기사의 작성 시기로 가장 적절한 것은?

> ⋯ (중략) ⋯
>
> 이 병해충에 감염되면 식물의 엽록소가 파괴되어 잎에 반점이 생기고 광합성 능력이 저하되며 결국 고사(枯死)하게 된다. 피해 지역 농민들은 감염된 농작물을 전량 땅에 묻으며 생계에 대한 걱정에 눈물을 보이고 있다. 실제로 병충해로 인해 피해 농가의 매출액이 감염 전에 비해 큰 폭으로 떨어지고 있다. 현재 피해 지역이 전국적으로 확산되고 있으며 수확을 앞둔 다른 농가에서도 이 병해충에 대한 걱정에 잠을 못 이루고 있다.
>
> ⋯ (후략) ⋯

① 2019년 상반기~2019년 하반기
② 2020년 하반기~2021년 상반기
③ 2021년 하반기~2022년 상반기
④ 2022년 상반기~2022년 하반기

해설

기사에서 매출액이 크게 감소하였다 하였으므로 자료에서 매출액 증감률이 음수인 2020년 하반기에서 2021년 상반기 사이에 작성된 기사임을 유추할 수 있다.

48 연도별 1분기 K국립공원 방문객 수가 다음과 같을 때, 2022년 1분기 K국립공원 방문객 수와 방문객 수 비율을 순서대로 바르게 나열한 것은?(단, 방문객 수는 천의 자리에서 반올림하고, 방문객 수 비율은 소수점 아래는 버리며, 증감률은 소수점 둘째 자리에서 반올림한다)

〈연도별 1분기 K국립공원 방문객 수〉

구 분	방문객 수(명)	방문객 수 비율	증감률
2018년	1,580,000	90	–
2019년	1,680,000	96	6.3%
2020년	1,750,000	100	4.2%
2021년	1,810,000	103	3.4%
2022년			−2.8%

※ 방문객 수 비율은 2020년을 100으로 한다.

	방문객 수	방문객 수 비율
①	1,760,000	103
②	1,760,000	100
③	1,780,000	101
④	1,780,000	100

해설

2022년 1분기의 방문객 수는 2021년 1분기의 방문객 수 대비 2.8% 감소하였으므로 $1,810,000 \times (1-0.028) =$ $1,759,320 ≒ 1,760,000$명이다. 2022년의 방문객 수 비율은 2020년의 방문객 수 비율이 100이므로 $\dfrac{1,760,000}{1,750,000} \times 100$ $≒ 100$이다.

※ 다음은 M공사 정보보안팀에서 배포한 사내 메신저 계정의 비밀번호 설정 규칙이다. 이어지는 질문에 답하시오. [49~50]

〈비밀번호 설정 규칙〉

- 오름차순 또는 내림차순으로 3회 이상 연이은 숫자, 알파벳은 사용할 수 없다.
  (예 123, 876, abc, jih, …)
- 쿼티 키보드에서 자판이 3개 이상 나열된 문자는 사용할 수 없다.
- 특수문자를 반드시 포함하되 같은 특수문자를 연속하여 2회 이상 사용할 수 없다.
- 숫자, 특수문자, 알파벳 소문자와 대문자를 구별하여 8자 이상으로 설정한다.
  (단, 알파벳 대문자는 반드시 1개 이상 넣는다)
- 3자 이상 알파벳을 연이어 사용할 경우 단어가 만들어지면 안 된다.
  (단, 이니셜 및 약어까지는 허용한다)

〈불가능한 비밀번호 예시〉

- 3756#DefG99
- xcv@cL779
- UnfkCKdR$$7576
- eXtra2@CL377
- ksn3567#38cA
  ⋮

┃ 한국마사회 / 정보능력

49 M공사에 근무하는 B사원은 비밀번호 설정 규칙에 따라 사내 메신저 계정 비밀번호를 새로 설정하였으나 규칙에 어긋났다고 한다. 재설정한 비밀번호가 다음과 같을 때, 어떤 규칙에 위배되었는가?

> qdfk#9685@21ck

① 숫자가 내림차순으로 3회 연달아 배치되어서는 안 된다.
② 같은 특수문자가 2회 이상 연속되어서는 안 된다.
③ 알파벳 대문자가 1개 이상 들어가야 한다.
④ 특정 영단어가 형성되어서는 안 된다.

해설

비밀번호 설정 규칙에 따르면 알파벳 대문자 1개 이상을 반드시 넣어야 하는데 'qdfk#9685@21ck'에는 알파벳 대문자가 없다.

50 B사원이 비밀번호 설정 규칙에 따라 사내 메신저 계정 비밀번호를 다시 설정할 때, 다음 중 가장 적절한 것은?

① Im#S367

② asDf#3689!

③ C8&hOUse100%ck

④ 735%#Kmpkd2R6

해설

오답분석

① Im#S367 : 비밀번호가 7자로 8자 이상 설정하라는 규칙에 어긋난다.

② asDf#3689! : 'asDf'는 쿼티 키보드에서 연속된 배열로 규칙에 어긋난다.

③ C8&hOUse100%ck : 'hOUse'는 특정 단어가 성립되므로 규칙에 어긋난다.

01 　정치 · 국제 · 법률

┃ 대전광역시공공기관통합채용

01 실업급여는 현행법상 실직한 날을 기준으로 18개월 중 며칠 이상 근무한 이에게 주어지는가?

① 180일 　　　　　　　　　　　② 240일
③ 280일 　　　　　　　　　　　④ 320일

해설

실업급여는 실직한 날을 기준으로 18개월 중 180일 이상 근무하다가, 직장이 문을 닫거나 구조조정(해고) 등 자의와는 상관없이 실직한 사람에게 지급된다.

┃ 보훈교육연구원

02 국가와 국가 혹은 국가와 세계의 경기가 같은 흐름을 띠지 않는 현상을 뜻하는 말은?

① 리커플링 　　　　　　　　　　② 디커플링
③ 테이퍼링 　　　　　　　　　　④ 디리스킹

해설

디커플링(Decoupling)은 일명 탈동조화 현상으로 한 국가의 경제가 주변의 다른 국가나 세계경제와 같은 흐름을 보이지 않고 독자적인 경제로 움직이는 현상을 말한다. 세계경제는 미국이나 유럽 등 선진국에서 발생한 수요 또는 공급 충격에 큰 영향을 받는 동조화(Coupling) 현상, 점차 다른 나라의 경제상황과 성장에 미치는 영향이 약화되는 디커플링 현상, 동조화 재발생(Recoupling) 현상이 반복된다.

┃ 보훈교육연구원

03 다음 중 입헌군주제 국가에 해당하는 나라가 아닌 것은?

① 네덜란드 　　　　　　　　　　② 덴마크
③ 태 국 　　　　　　　　　　　　④ 네 팔

해설

현대의 입헌군주제는 '군림하되 통치하지 않는다'를 기조로 국왕과 왕실은 상징적인 존재로 남고 헌법에 따르며, 실질적인 통치는 주로 내각의 수반인 총리가 맡는 정부 형태를 말한다. 현존하는 입헌군주국에는 네덜란드와 덴마크, 노르웨이, 영국, 스페인, 일본, 태국, 캄보디아 등이 있다. 네팔은 1990년에 입헌군주정을 수립했으며 2008년 다시 절대왕정으로 회귀하려다 왕정을 폐지했다.

04 일정 기간이 지나며 법률의 효력이 자동으로 사라지는 제도는?

① 종료제   ② 일몰제

③ 순환제   ④ 실효제

해설

일몰제는 시간이 흐르고 해가 지듯이 일정 시간이 지나면 법률이나 규제·조항의 효력이 자동으로 종료되는 제도를 말한다. 1976년 미국의 콜로라도주 의회에서 최초로 제정됐으며 해당 법률에 대한 행정부의 감독과 책임의식을 증대하기 위해 시작됐다.

05 다음 주요 공직자 중 임기가 가장 짧은 공직자는?

① 검찰총장   ② 감사원장

③ 국회의원   ④ 대법원장

해설

검찰총장, 국회의장, 국회부의장의 임기는 2년이다. 임기가 4년인 공직자는 감사원장, 감사위원, 국회의원이며, 5년은 대통령, 6년은 헌법재판소재판관, 중앙선거관리위원장, 대법원장, 대법관이다. 일반 법관은 10년으로 가장 길다.

06 국가가 선거운동을 관리해 자유방임의 폐해를 막고 공명한 선거를 실현하는 선거제도는?

① 선거공영제   ② 선거법정제

③ 선거관리제   ④ 선거보전제

해설

선거공영제는 국가가 나서서 선거 전반을 관리하고 여기에 소요되는 비용을 부담해 선거가 방임됨으로써 일어나는 폐단을 방지하기 위한 제도다. 비용이 부족해 선거운동에 나서지 못하는 일이 없도록 기회의 균등을 확립하기 위함이다. 우리나라는 선거공영제를 헌법으로서 기본원칙으로 삼고 있다.

07 다음 중 우리나라의 국경일에 해당하지 않는 날은?

① 한글날   ② 제헌절

③ 현충일   ④ 개천절

해설

국경일은 나라의 경사스러운 날을 기념하기 위한 날로써 3·1절(3월 1일), 제헌절(7월 17일), 광복절(8월 15일), 개천절(10월 3일), 한글날(10월 9일)이 이에 해당한다. 국토방위에 충성으로 목숨을 바친 이들을 기리는 현충일(6월 6일)은 국경일이 아닌 공휴일로 지정돼 있다.

08 국회의원의 헌법상 의무가 아닌 것은?

① 청렴의 의무
② 국익 우선의 의무
③ 품위유지의 의무
④ 겸직금지의 의무

해설

국회의원의 헌법상 의무에는 재물에 욕심을 내거나 부정을 해서는 안 된다는 청렴의 의무, 개인의 이익보다 나라의 이익을 먼저 생각하는 국익 우선의 의무, 국회의원의 신분을 함부로 남용하면 안 된다는 지위 남용금지의 의무, 법에서 금지하는 직업을 가져서는 안 되는 겸직금지의 의무 등이 있다. 품위유지의 의무는 국회법상 국회의원의 의무에 해당한다.

09 다음 중 법의 체계가 올바르게 나열된 것은?

① 헌법-법률-명령-조례-규칙
② 헌법-명령-법률-규칙-조례
③ 법률-헌법-명령-조례-규칙
④ 헌법-법률-조례-명령-규칙

해설

법의 올바른 체계는 헌법→법률→명령→지방자치법규(조례·규칙)다. 헌법은 모든 법령의 근본이 되며 다른 법률이나 명령으로는 변경할 수 없는 국가의 최상위 규범이다. 법률은 헌법이 정하는 절차에 따라 국회에서 제정하며 일반적으로 국민의 권리와 의무사항을 규정한다. 명령은 법률을 시행하기 위해서 필요한 사항에 관하여 대통령이 발하는 명령인 대통령령과 국무총리 또는 행정 각부의 장관이 법률이나 대통령의 위임에 의거하여 발하는 명령인 총리령으로 나뉜다. 조례는 지방자치단체가 지방의회의 의결에 의하여 법령의 범위 내에서 자기의 사무에 관하여 규정한 것이고, 규칙은 지방자치단체의 장이 법령 또는 조례에서 위임한 범위 내에서 그 권한에 속하는 사무에 관하여 규정한 것이다.

10 우리나라의 심급제도에 대한 설명으로 틀린 것은?

① 우리나라는 3심제를 원칙으로 하고 있다.
② 제1심 판결에 불복해 상급법원에 신청하는 것은 항소다.
③ 재판의 공정성과 개인의 권리를 보장하기 위함이다.
④ 모든 재판은 대법원의 판결로 종결된다.

해설

심급제도는 재판의 공정성과 정확성을 확보하여 국민의 기본권을 보장하기 위한 제도로 우리나라는 3심제를 원칙으로 한다. 3심급 중 제1심과 제2심은 사실심, 제3심은 법률심이다. 1심 재판(지방법원)의 재판에 불복하여 2심(고등법원)에 상소하는 것은 '항소'라고 하고, 2심 재판의 항소 재판에 불복해 3심(대법원)에 상소하는 것은 '상고'라고 한다. 그러나 판결에 불복해 항소나 상고하여도 상급법원이 이를 기각하면 상급법원의 심판을 받지 못하게 될 수도 있다. 또 재판의 종류에 따라서는 2심제나 단심제를 채택하는 경우도 있다.

11 우리나라의 기소유예 제도에 대한 설명으로 맞는 것은?

① 재판을 받지 않아도 범죄혐의는 명백하므로 유죄가 된다.

② 피의자의 반성사실, 피해자와의 합의 여부 등을 고려해 결정한다.

③ 제1심 법원이 검사의 요청에 따라 결정한다.

④ 일단 결정되면 일정 기간 동안에는 검사가 공소를 다시 제기할 수 없다.

해설

기소란 검사가 어떤 형사사건에 대해 법원에 심판해 달라 요청하는 것을 말한다. 기소유예란 범죄혐의는 명백히 인정되나 피의자의 전과기록, 피해사실과 정도, 피해자와의 합의·반성 여부 등을 고려하여 검사가 기소하지 않는 것을 말한다. 피의자에게 전과기록을 남기지 않고, 삶을 재고할 기회를 주려는 목적이다. 기소유예가 될 경우 전과기록은 남지 않으나, 검사는 언제든 공소를 제기해 피의자를 재판에 넘길 수 있다.

12 우리나라의 현행 헌법이 마지막으로 개정된 연도는?

① 1952년　　　　　　　　　　② 1960년

③ 1987년　　　　　　　　　　④ 1993년

해설

헌법은 우리나라의 최고 기본법이다. 1987년 10월 29일에 마지막으로 개정된 현행 헌법은 전문과 총강, 국민의 권리와 의무, 국회, 정부, 법원, 헌법재판소, 선거관리, 지방자치, 경제, 헌법 개정 등 본문 130개조, 부칙 6개조로 구성되어 있는 민정(民定)·경성(硬性)·성문(成文)의 단일법전이다. 인적으로는 대한민국의 국민에게 적용되고, 장소적으로는 대한민국의 영역 내에서 적용된다.

13 국회의원의 불체포특권에 대한 설명으로 옳은 것은?

① 현행범인 경우에도 체포되지 않을 권리로 인정된다.

② 국회 회기 중이 아니어도 인정된다.

③ 국회의원의 체포동의안은 국회에서 표결로 붙여진다.

④ 재적의원의 과반수 출석에 과반수가 동의안에 찬성하면 해당 의원은 즉시 구속된다.

해설

불체포특권이란 국회의원이 현행범인 경우를 제외하고는 회기 중에 국회의 동의 없이 체포 또는 구금되지 않으며, 회기 전에 체포 또는 구금된 때에는 현행범이 아닌 한, 국회의 요구가 있으면 회기 중 석방되는 특권을 말한다. 법원에서 현역 국회의원의 구속이나 체포가 필요하다고 인정할 경우, 체포동의요구서를 정부에 제출하고 정부는 다시 국회에 이를 넘긴다. 국회가 체포동의안을 표결에 붙이고 재적의원 과반수가 참석해 과반수가 찬성하게 되면 구속 전 피의자심문을 위해 해당 의원을 체포하게 된다. 체포동의안이 가결돼 체포되어도 즉시 구속되는 것이 아닌 일단 법원의 판단을 구하는 것이다.

14 대통령의 법률안 거부권에 대한 설명으로 맞는 것은?

① 법률안 재의요구권이라고도 한다.

② 대통령이 국회가 의결한 법률안에 의의가 있을 때 7일 내에 국회에 돌려보낸다.

③ 거부된 법률안을 재의결해 재적의원 과반수 출석과 과반수 찬성하면 법률이 확정된다.

④ 법률안 외에도 예산안 또한 대통령이 거부권을 행사할 수 있다.

해설

법률안 거부권은 법률안 재의요구권이라고도 불리며, 대통령이 국회에서 의결한 법률안을 거부할 수 있는 권리를 말한다. 법률안에 대해 국회와 정부 간 대립이 있을 때 정부가 대응할 수 있는 강력한 수단이다. 대통령은 15일 내에 법률안에 이의서를 붙여 국회로 돌려보내야 한다. 국회로 돌아온 법률안은 재의결해 재적의원 과반수 출석과 3분의 2 이상이 찬성해야 확정된다. 그러나 대통령은 이러한 거부권을 법률안이 아닌 예산안에는 행사할 수 없다.

15 무력과 엄격한 법으로 국가를 통치하는 정치사상을 뜻하는 것은?

① 세도정치   ② 왕도정치

③ 패도정치   ④ 척신정치

해설

왕도정치와 패도정치 논쟁은 중국 춘추전국시대부터 발생해 이어진 정치사상에 관한 논쟁이다. 왕도정치는 맹자와 순자를 필두로 한 유가(儒家)의 정신을 바탕으로 인(仁)과 의(義)로 백성을 교화하며 평화롭게 다스리는 것을 말한다. 반면 패도정치는 상앙과 한비자가 중심이 된 법가(法家)가 주장하는 정치사상으로 무력과 엄정한 법률로 국가를 강력하게 통치하는 것이다.

16 2023년 5월 확대된 외국인 계절근로자의 최대 국내 체류기간은?

① 3개월   ② 5개월

③ 6개월   ④ 8개월

해설

외국인 계절근로자는 농어촌의 농·어번기 인력부족을 해결하기 위해 단기간 외국인 근로자를 정식 고용할 수 있도록 하는 제도다. 도입을 결정한 지방자치단체는 각 지역의 계절근로자 수요를 조사하고 고용을 허가한다. 2023년 5월 정부는 기존 5개월이었던 체류기간이 다소 짧다는 지자체와 농어업 현장의 목소리를 반영해, 최대 국내 체류기간을 8개월까지 확대하기로 했다.

17 제2차 세계대전 당시 물리학자 오펜하이머가 주축이 돼 극비로 진행된 미국의 원자폭탄 개발계획은?

① 우란프로엑트

② 맨해튼 계획

③ 바루흐 계획

④ 아마다 계획

해설

미국은 제2차 세계대전 당시 독일 나치가 핵무기 개발을 계획하고 있다는 첩보를 입수하고, 1941년 이론 물리학자인 로버트 오펜하이머를 수장으로 세워 맨해튼 계획을 극비리에 진행했다. 2023년 맨해튼 계획을 소재로 한 영화 〈오펜하이머〉가 개봉되면서, 오펜하이머의 삶이 다시금 주목받았다.

18 2023년 노벨평화상을 수상한 인물은?

① 아비 아머드

② 드미트리 무라토프

③ 나르게스 모하마디

④ 알레스 발랴츠키

해설

2023년 노벨평화상 수상자는 이란의 여성 인권운동가 나르게스 모하마디이다. 그는 이란 여성에 대한 압제와 차별에 저항하고 인권과 자유를 위한 투쟁에 앞장섰다. 2003년 노벨평화상 수상자 시린 에바디가 이끄는 인권수호자 센터의 부회장을 맡으면서 여성의 인권을 비롯해 20여 년간 이란의 민주주의화와 사형제 반대운동을 이끌었다.

┃ 보훈교육연구원

19 예상보다 저조한 실적으로 기업의 주가에 영향을 미치는 현상을 뜻하는 용어는?

① 그린슈트 ② 블랙스완
③ 어닝서프라이즈 ④ 어닝쇼크

해설

어닝쇼크(Earning Shock)는 기업의 실적이 예상 기대치보다 못 미쳤을 때 실적쇼크로 인해 주가가 하락하는 것을 말한다. 반대로 영업실적이 기대보다 좋아 주가가 큰 폭으로 상승하는 것은 어닝서프라이즈(Earning Surprise)라고 한다.

┃ 보훈교육연구원

20 상대방의 행동을 변화시키는 유연한 방식의 전략을 의미하는 경제이론은?

① 낙인 이론 ② 넛지 이론
③ 비행하위문화 이론 ④ 깨진 유리창 이론

해설

넛지 이론은 2017년 노벨경제학상을 받은 행동경제학자 리처드 탈러와 하버드대학교의 캐스 선스타인 교수가 공동 집필한 〈넛지〉라는 책에서 소개되며 화제가 된 행동경제학 이론이다. 'Nudge(넛지)'는 '쿡 찌르다, 환기시키다'를 뜻하는데, 상대방의 행동을 변화시키는 유연한 방식의 전략을 의미한다. 선택은 상대방에게 맡기되 그의 행동을 특정한 방향으로 유도할 수 있는 효과적인 방식을 제안하는 것이다.

┃ 보훈교육연구원

21 우선순위로 둔 상품은 아낌없이 소비하고 후순위에 있는 상품에는 돈을 쓰지 않는 소비자는?

① 모디슈머 ② 크리슈머
③ 프로슈머 ④ 앰비슈머

해설

앰비슈머(Ambisumer)는 양면성(Ambivalent)과 소비자(Consumer)의 합성어다. 우선순위에 있는 상품에는 아낌없이 비용을 지불하지만 그렇지 않은 상품에는 돈을 아끼는 양면적인 소비자를 말한다. 이들은 기본적으로 가성비를 중점에 두고 소비하지만, 가치를 느끼는 상품은 망설임 없이 구매한다.

22 부동산 산업과 빅데이터 분석 등 하이테크 기술을 결합한 서비스는?

① 프롭테크 ② 핀테크
③ 임베디드 금융 ④ 클린빌

해설
프롭테크(Proptech)는 부동산(Property)과 기술(Technology)의 합성어로, 기존 부동산 산업과 IT의 결합으로 볼 수 있다. 프롭테크의 산업 분야는 크게 중개 및 임대, 부동산 관리, 프로젝트 개발, 투자 및 자금 조달 부분으로 구분할 수 있다. 프롭테크 산업 성장을 통해 부동산 자산의 고도화와 신기술 접목으로 편리성이 확대되고, 이를 통한 삶의 질이 향상되고 있다.

23 다음 중 클라크의 산업분류에 따른 2차 산업에 해당하지 않는 것은?

① 공 업 ② 광 업
③ 유통업 ④ 건설업

해설
영국의 경제학자 콜린 클라크는 자신의 저서에서 산업을 분류하며 이를 단계별로 나누었다. 1차 산업은 농업과 축산업, 어업, 임업과 같이 자연과 직접 상호작용하는 기초산업이다. 2차 산업은 1차를 제외한 생산업을 말하며 공업, 광업, 건설업이 이에 해당한다. 물류업의 하위인 유통업의 경우 서비스업, 연구개발 등 함께 3차 산업에 속한다.

24 스위스의 휴양도시에서 열리는 세계경제포럼은?

① 보아오 포럼 ② 다보스 포럼
③ 제네바 포럼 ④ 취리히 포럼

해설
다보스 포럼의 정확한 명칭은 세계경제포럼(WEF ; World Economic Forum)이다. 본부는 스위스 제네바에 있다. 1971년 비영리 재단으로 창설되어 '유럽인 경영 심포지엄'으로 출발했으나, 1973년에 전 세계로 넓혀져 정치인으로까지 확대됐다. 독립된 비영리 단체로 세계 각국의 정상과 장관, 재계 및 금융계 최고 경영자들이 모여 각종 정보를 교환하고, 세계경제 발전방안 등에 대해 논의한다.

25 경제지표평가 시 기준·비교시점의 상대적 차이에 따라 결과가 왜곡돼 보이는 현상은?

① 분수 효과　　　　　　　　　② 백로 효과
③ 낙수 효과　　　　　　　　　④ 기저 효과

해설
기저 효과는 어떤 지표를 평가하는 과정에서 기준시점과 비교시점의 상대적 수치에 따라 그 결과가 실제보다 왜곡돼 나타나는 현상을 말한다. 가령 호황기의 경제상황을 기준으로 현재의 경제상황을 비교할 경우, 경제지표는 실제보다 상당히 위축된 모습을 보인다. 반면 불황기가 기준시점이 되면, 현재의 경제지표는 실제보다 부풀려져 개선된 것처럼 보이는 일종의 착시현상이 일어난다. 때문에 수치나 통계작성 주체에 의해 의도된 착시라는 특징을 갖는다.

26 국가의 중앙은행이 0.50%포인트 기준금리를 인상하는 것을 뜻하는 용어는?

① 베이비스텝　　　　　　　　② 빅스텝
③ 자이언트스텝　　　　　　　④ 울트라스텝

해설
빅스텝(Big Step)이란 중앙은행이 물가를 조정하기 위해 기준금리를 0.50%포인트(p) 인상하는 것을 뜻한다. 이 밖에도 가장 통상적인 0.25%p 인상은 베이비스텝(Baby Step), 0.75%p의 상당 규모 인상은 자이언트스텝(Giant Step), 1.00%p 인상은 울트라스텝(Ultra Step)이라고 부른다. 다만 이러한 용어들은 우리나라의 국내 언론과 경제계, 증권시장에서만 사용하는 것으로 알려져 있다.

27 펀드매니저가 운용전략을 적극적으로 펴 시장수익률을 초과하는 수익을 노리는 펀드는?

① 액티브펀드　　　　　　　　② 인덱스펀드
③ 사모펀드　　　　　　　　　④ 헤지펀드

해설
액티브펀드는 펀드매니저가 시장 전망에 따라 과감하게 종목을 선정하고, 공격적이고 적극적인 운용전략을 수립해 시장수익률을 상회하는 수익을 노리는 펀드다. 공격적으로 투자하는 만큼 수익률은 높을 수 있으나 위험성이 크고, 장기보다는 단기투자의 수익률이 높은 편이다.

28 전략적으로 계산해 소비하는 알뜰한 소비자를 뜻하는 신조어는?

① 모디슈머   ② 엠비슈머

③ 프로슈머   ④ 체리슈머

해설

체리슈머는 기업의 상품·서비스를 구매하지 않으면서 단물만 쏙쏙 빼먹는 사람들을 뜻하는 체리피커(Cherry Picker)에서 진일보한 개념이다. 체리피커에 소비자를 뜻하는 'Consumer'를 합한 말로 '알뜰한 소비자'를 뜻한다. 체리슈머는 남들에게 폐를 끼치지 않는 선에서 극한의 알뜰함을 추구한다는 점에서 체리피커에 비해 비교적 긍정적인 의미를 지닌다. 한정된 자원을 최대한으로 활용하는 합리적 소비형태를 띠고 있다.

29 다음 중 한국은행의 기능이 아닌 것은?

① 화폐를 시중에 발행하고 다시 환수한다.
② 통화량 조절을 위해 정책금리인 기준금리를 결정한다.
③ 외화보유액을 적정한 수준으로 유지한다.
④ 금융기관에 대한 감사와 감독 업무를 수행한다.

해설

한국은행의 주요 기능
• 화폐를 발행하고 환수한다.
• 기준금리 등 통화신용 정책을 수립하고 진행한다.
• 은행 등 금융기관을 상대로 예금을 받고 대출을 해준다.
• 국가를 상대로 국고금을 수납하고 지급한다.
• 외환건전성 제고를 통해 금융안정에 기여하며, 외화자산을 보유·운용한다.
• 국내외 경제에 관한 조사연구 및 통계 업무를 수행한다.

30 제품의 가격을 인하하면 수요가 줄어들고 오히려 가격이 비싼 제품의 수요가 늘어나는 것을 무엇이라고 하는가?

① 세이의 법칙
② 파레토최적의 법칙
③ 쿠즈네츠의 U자 가설
④ 기펜의 역설

해설

기펜의 역설(Giffen's Paradox)은 한 재화의 가격 하락(상승)이 도리어 그 수요의 감퇴(증가)를 가져오는 현상이다. 예를 들어 쌀과 보리는 서로 대체적인 관계에 있는데, 소비자가 빈곤할 때는 보리를 많이 소비하나, 부유해짐에 따라 보리의 수요를 줄이고 쌀을 더 많이 소비하는 경향이 있다.

31 소비자의 기분과 감정에 호소하는 광고는?

① 티저 광고　　　　　　　　　　② 인포머셜 광고

③ 무드 광고　　　　　　　　　　④ 레트로 광고

> **해설**
>
> 무드 광고는 소비자가 기업의 상품과 서비스를 이용하면서 느낄 수 있는 만족감, 기쁨 등의 감정과 기분을 표현하는 광고를 말한다.

32 다음 중 '네 마녀의 날'에 대한 설명으로 틀린 것은?

① 쿼드러플 위칭 데이라고도 불린다.

② 네 가지 파생상품의 만기일이 겹치는 날이다.

③ 우리나라는 2008년에 처음 맞았다.

④ 이 날에는 주가의 움직임이 안정을 띠게 된다.

> **해설**
>
> 네 마녀의 날은 쿼드러플 위칭 데이(Quadruple Witching Day)라고도 하며 우리나라의 경우 매년 3, 6, 9, 12월 둘째 주 목요일은 주가지수 선물·옵션과 주식 선물·옵션 만기일이 겹쳐 '네 마녀의 날'로 불린다. 해당 일에는 막판에 주가가 요동칠 때가 많아서 '마녀(파생상품)가 심술을 부린다'는 의미로 이 용어가 만들어졌다. 네 마녀의 날에는 파생상품과 관련된 숨어 있던 현물주식 매매가 정리매물로 시장에 쏟아져 나오며 예상하기 어려운 주가의 움직임을 보인다. 우리나라는 2008년 개별주식선물이 도입돼 그해 6월 12일에 첫 번째 네 마녀의 날을 맞았다.

33 국제결제나 금융거래의 중심이 되는 특정국의 통화를 무엇이라 하는가?

① 기축통화　　　　　　　　　　② 준비통화

③ 결제통화　　　　　　　　　　④ 기준통화

> **해설**
>
> 기축통화는 국제결제나 금융거래의 기축이 되는 특정국의 통화를 말한다. 국제통화라고도 하며 보통 미국 달러를 가리키기 때문에 미국을 기축통화국이라고도 부른다. 기축통화가 정해지기 전까지 영국의 파운드화가 오랫동안 기축통화로서의 자격을 확보해왔으나 제2차 세계대전 이후, 미국이 각국 중앙은행에 달러의 금태환을 약속함에 따라 달러가 기축통화로서 중심적 지위를 차지하게 됐다.

34 다음 중 유니콘 기업으로 분류되는 기업가치의 기준은?

① 5억 달러　　　　　　　　　　② 10억 달러
③ 15억 달러　　　　　　　　　　④ 20억 달러

> **해설**
> 유니콘 기업은 2013년 카우보이 벤처스를 창업한 에일린 리가 처음 사용한 용어로 '혜성처럼 나타난 기업'을 말한다. 유니콘 기업의 판단 기준은 생겨난 지 10년이 되지 않고, 주식을 상장시키지 않았지만 기업가치가 10억 달러(1조 원)를 넘는 기업을 가리킨다.

35 마케팅 분석기법 중 하나인 3C에 해당하지 않는 것은?

① Company
② Competitor
③ Coworker
④ Customer

> **해설**
> '3C'는 마케팅 전략을 수립하면서 분석해야 할 요소들을 말하는 것으로 'Customer(고객)', 'Competitor(경쟁사)', 'Company(자사)'가 해당한다. 자사의 강점과 약점, 경쟁사의 상황, 고객의 니즈 등을 종합적으로 판단해 마케팅 전략을 수립하는 데 활용한다.

36 포화되지 않고, 기존과는 다른 새로운 가치의 시장을 만드는 경영 전략은?

① 레드오션　　　　　　　　　　② 골드오션
③ 블루오션　　　　　　　　　　④ 퍼플오션

> **해설**
> '퍼플오션(Purple Ocean)'은 레드오션과 블루오션의 장점만을 따서 만든 새로운 시장을 말한다. 레드와 블루를 섞었을 때 얻을 수 있는 보라색 이미지를 사용한다. 경쟁이 치열한 레드오션에서 자신만의 차별화된 아이템으로 블루오션을 개척하는 것을 말한다.

▎한국수력원자력

37 일과 가정의 조화를 위해 근무시간과 장소를 탄력적으로 조정하여 일하는 근로자는?

① 퍼플칼라   ② 골드칼라

③ 레드칼라   ④ 블랙칼라

해설

퍼플칼라(Purple Collar)는 근무시간과 장소가 자유로워 일과 가정을 함께 돌보면서 일할 수 있는 노동자를 말한다. 적은 시간 동안 일하여 보수가 적지만, 정규직으로서의 직업안정성과 경력을 보장받는다는 점에서 파트타임이나 비정규직과는 다르다.

▎보훈교육연구원

38 이산화탄소를 배출량 이상으로 흡수하는 것을 뜻하는 용어는?

① 탄소 네거티브   ② 넷제로

③ 탄소중립   ④ 탄소발자국

해설

탄소 네거티브는 적극적인 탄소감축·친환경 정책으로 이산화탄소를 배출량 이상으로 흡수해, 실질적인 배출량을 마이너스로 만드는 것을 뜻한다. 배출량 상쇄를 넘어 이미 배출된 이산화탄소를 제거할 수 있어야 달성된다.

▎영화진흥위원회

39 하지 말라고 하면 더 하고 싶어지는 심리적 저항현상을 뜻하는 말은?

① 칼리굴라 효과

② 로미오와 줄리엣 효과

③ 칵테일파티 효과

④ 서브리미널 효과

해설

칼리굴라 효과는 하지 말라고 하면 더 하고 싶어지는, 즉 금지된 것에 끌리는 심리현상을 말한다. 1979년 로마 황제였던 폭군 칼리굴라의 일대기를 그린 영화 〈칼리굴라〉가 개봉했는데, 미국 보스턴에서 이 영화의 선정성과 폭력성을 이유로 들어 상영을 금지하자 외려 더 큰 관심을 불러일으킨 데서 유래했다.

40 대상의 한 가지 두드러진 특징이 대상을 평가하는 데 지대한 역할을 하는 효과는?

① 초두 효과
② 후광 효과
③ 대비 효과
④ 맥락 효과

해설

후광 효과(Halo Effect)는 어떤 한 대상을 평가하고 인상에 남기는 과정 속에서 대상의 두드러진 한 가지 특징이 커다란 영향력을 끼치는 것을 말한다. 그러한 특징은 대상에 대해 생각함에 있어 일반적인 견해가 되거나 좋고 나쁜 평판을 결정하는 데 영향을 준다.

41 환자의 부정적 감정이나 기대가 의학적 치료 효과를 나타나지 않게 하는 현상은?

① 스티그마 효과
② 피그말리온 효과
③ 노시보 효과
④ 플라시보 효과

해설

노시보 효과(Nocebo Effect)는 의사의 말이 환자에게 부정적인 감정이나 기대를 유발하여 환자에게 해를 입히는 현상이다. 또는 의사의 올바른 처방에도 환자가 의심을 품어 효과가 나타나지 않는 것을 뜻하기도 한다. '나는 상처를 입을 것이다'라는 뜻을 지닌 라틴어에서 유래한 노시보는 마찬가지로 라틴어에서 기원한 플라시보 효과(Placebo Effect)와 대조적인 개념이다.

42 다음 중 영국의 베버리지 보고서에서 정의한 5대 사회악에 해당하지 않는 것은?

① 불 신
② 태 만
③ 궁 핍
④ 불 결

해설

베버리지 보고서는 영국의 경제학자인 윌리엄 베버리지(William Henry Beveridge)가 사회보장에 관한 문제를 조사·연구한 보고서다. 이 보고서는 국민의 최저 생활 보장을 목적으로 5대 사회악의 퇴치를 주장하였으며 사회보장제도의 원칙을 제시했다. 베버리지는 궁핍(Want), 질병(Disease), 무지(Ignorance), 불결(Squalor), 태만(Idleness) 등 다섯 가지가 인간생활의 안정을 위협하는 사회악이라고 정의했다.

43 트렌드를 놓치거나 소외되는 것에서 불안감을 느끼는 증후군은?

① 라마 증후군

② 오셀로 증후군

③ 아스퍼거 증후군

④ 포모 증후군

해설

포모 증후군은 마케팅 용어이자 사람들의 불안심리를 표현하는 심리 용어다. 세상의 흐름에 제외되거나 소외받는 것을 두려워하고 불안해하는 심리상태를 뜻한다. 인터넷과 SNS의 발달로 트렌드와 타인의 일상을 관찰하기 쉬워지면서, 포모 증후군에 빠진 사람들이 늘어나고 있다.

44 태어나면서부터 첨단 기술을 경험한 2010년 이후에 태어난 이들을 지칭하는 용어는?

① 베타세대

② N세대

③ 알파세대

④ MZ세대

해설

알파세대는 2010년 이후에 태어난 이들을 지칭하는 용어로 다른 세대와 달리 순수하게 디지털 세계에서 나고 자란 최초의 세대로도 분류된다. 어릴 때부터 기술적 진보를 경험했기 때문에 스마트폰이나 인공지능(AI), 로봇 등을 사용하는 것에 익숙하다. 그러나 사람과의 소통보다 기계와의 일방적 소통에 익숙해 정서나 사회성 발달에 부정적인 영향이 나타날 수 있다는 우려도 있다. 알파세대는 2025년 약 22억 명에 달할 것으로 예측되고 있으며, 소비시장에서도 영향력을 확대하는 추세다.

45 다음 중 파리 협정에 대한 설명으로 옳지 않은 것은?

① 2015년 기후변화협약에서 채택됐다.

② 2020년에 만료됐다.

③ 교토 의정서를 대체한다.

④ 지구 평균기온을 산업화 이전보다 2도 이상 오르지 않게 하자는 내용이다.

해설

파리 기후변화협약(Paris Climate Change Accord)은 일명 파리 협정으로, 프랑스 파리에서 2015년 12월 12일에 열린 제21차 유엔 기후변화협약에서 195개 협약 당사국이 지구온난화 방지를 위해 채택했다. 지구 평균기온이 산업화 이전보다 2도 이상 상승하지 않도록 온실가스를 단계적으로 감축하는 방안으로서, 2020년에 만료된 교토 의정서(1997)를 대신하여 2021년부터 적용됐다.

46 다음 중 교육학의 하위 학문인 안드라고지에 대한 설명으로 잘못된 것은?

① 미국 교육학자 '노울즈'에 의해 이론으로 정립됐다.
② 아동에 대한 교육기법 등을 연구한다.
③ 패다고지와 대비되는 관점의 학문이다.
④ 학습자의 자발적인 학습참여를 전제로 한다.

해설

안드라고지(Andragogy)는 '성인교육론'이라고 번역되며, 성인에 대한 학습방법, 이론, 기법 등을 연구하는 교육학의 하위학문이다. 아동교육을 뜻하는 '패다고지(Pedagogy)'와 대비되는 개념이며, 아동과는 차별화된 성인을 대상으로 한 교육방법을 연구한다. 성인인 학습자의 자발적인 학습참여를 전제로 하고 있다. 1980년대 이후 미국의 교육학자 '노울즈'에 의해 이론으로 정립되기 시작했다.

47 사소한 것들을 방치하면 더 큰 범죄나 사회 문제로 이어진다는 사회범죄심리학 이론은?

① 깨진 유리창 이론
② 하인리히 법칙
③ 이케아 효과
④ 메디치 효과

해설

'깨진 유리창 이론(Broken Window Theory)'은 미국의 범죄학자가 1982년 '깨진 유리창'이라는 글에 처음으로 소개한 이론이다. 길거리에 있는 상점에 어떤 이가 돌을 던져 유리창이 깨졌을 때 이를 방치해두면 그 다음부터는 '해도 된다'라는 생각에 훨씬 더 큰 문제가 발생하고 범죄로 이어질 확률이 높아진다는 이론이다.

48 음식물쓰레기를 줄여 환경을 보호하고 기아인구를 돕기 위해 세계식량계획이 진행한 캠페인은?

① SAS
② ZWZH
③ Breath Life
④ The Cost

해설

유엔세계식량계획(WFP)의 ZWZH(Zero Waste Zero Hunger) 캠페인은 버려지는 음식물쓰레기를 줄여 기후위기에 대처하고 기아인구를 돕는다는 내용이다. WFP에 따르면 매년 전 세계 식량의 3분의 1은 버려지고 있는데, 이는 기아를 악화시키고 탄소를 배출해 기후위기를 심화시키고 있다. 음식물 낭비를 줄여 탄소배출을 저감하고, 여기서 발생한 비용을 기아인구가 식량을 구하도록 기부하는 것이 캠페인의 주된 내용이다.

49 국제연합의 기준으로 고령사회를 구분하는 65세 이상 노인의 비율은?

① 7%

② 10%

③ 14%

④ 20%

해설

대한민국은 현재 고령사회에 접어들었다. 국제연합(UN)의 기준에 따르면 65세 이상 노인이 전체 인구의 7% 이상을 차지하면 고령화사회(Aging Society), 14% 이상을 차지하면 고령사회(Aged Society), 20% 이상을 차지하면 초고령사회(Super-aged Society)로 구분한다.

50 영국작가 코난 도일의 소설에서 처음 등장한 말로 사건의 결정적인 단서를 뜻하는 말은?

① 마타도어

② 스모킹 건

③ 포렌식

④ 주홍글씨

해설

스모킹 건(Smoking Gun)은 사건을 해결하는 데 있어서 결정적인 단서를 뜻하는 용어다. 아서 코난 도일의 소설 〈글로리아 스콧〉에서 처음 사용한 말로, '연기 나는 총'이란 뜻이다. 사건 · 범죄 · 현상 등을 해결하는 데 사용되는 결정적이고 확실한 증거를 말하는데, 가설을 증명해주는 과학적 근거도 스모킹 건이라고 한다.

51 다음 중 님비 현상과 유사한 개념은?

① 바나나 현상

② 코쿠닝 현상

③ J턴 현상

④ 눕프 현상

해설

바나나 현상(Build Absolutely Nothing Anywhere Near Anybody)은 혐오시설이나 수익성 없는 시설이 자기 지역에 들어오는 것을 반대하는 현상인 님비(NIMBY)와 유사한 개념이다. 공해와 수질오염 등을 유발하는 공단, 댐, 원자력 발전소, 핵폐기물 처리장 등 환경오염시설의 설치에 대해 그 지역 주민들이 집단으로 거부하는 지역이기주의 현상이다.

52 교육심리학에서 학생에게 교사가 믿음과 기대를 가질 때 실제로 성적이 상승하는 효과는?

① 호손 효과   ② 헤일로 효과
③ 골렘 효과   ④ 피그말리온 효과

해설

피그말리온 효과는 어떤 것에 대한 사람의 기대와 믿음이 실제로 그 일을 현실화하는 경향을 말하는 것으로, 교육심리학에서는 학생에 대한 교사의 기대와 예측, 믿음이 학생의 성적을 향상시키는 현상이다. 1964년 미국의 교육심리학자인 로버트 로젠탈과 레노어 제이콥슨이 실험을 통해 확인했다.

53 실제로는 환경에 유해한 활동을 하면서 마치 친환경적인 것처럼 광고하는 행위는?

① 업사이클링   ② 비치코밍
③ 고프코어   ④ 그린워싱

해설

그린워싱(Greenwashing)은 실제로는 환경에 해롭지만, 마치 친환경적인 것처럼 광고하는 것을 말한다. 기업들이 자사의 상품을 환경보호에 도움이 되는 것처럼 홍보하는 '위장환경주의'를 뜻하기도 한다. 기업이 상품을 생산하는 과정에서 일어나는 환경오염 문제는 축소시키고 재활용 등의 일부 과정만을 부각시켜 마치 친환경인 것처럼 포장하는 것이 이에 해당한다.

54 한 여성이 가임기간 동안 낳을 것으로 예상되는 평균 출생아 수를 뜻하는 용어는?

① 합계출산율   ② 조출생률
③ 일반출산율   ④ 대체출산율

해설

오답분석

② 조출생률은 1년 동안의 총 출생아 수를 해당 년도의 총 인구로 나눈 값에 1,000을 곱한 값, ③ 일반출산율은 1년 동안의 총 출생아 수를 15~49세 여성인구의 수로 나눈 값에 1,000을 곱한 값, ④ 대체출산율은 한 국가의 현재 인구 규모가 감소하지 않고 유지되는 데 필요한 수준의 출산율을 말한다.

❙ 전라남도공무직통합채용

55 다음 문장의 밑줄 친 단어의 쓰임이 올바른 것은?

① 손을 꼭 <u>깨끗히</u> 닦아야 합니다.
② 세심하게 모든 과정을 <u>일일이</u> 챙겼다.
③ <u>오랫만에</u> 친구를 만나 반가웠다.
④ 그는 <u>희안한</u> 버릇을 갖고 있었다.

> **해설**
> ①은 '깨끗이', ③은 '오랜만에', ④는 '희한한'으로 적는 것이 올바르다. '일일이'의 경우 관련 표준어 규정에서는 '일일이'는 끝소리가 분명히 '-이'로 나는 경우이므로 '일일이'로 적는다고 명시돼 있다.

❙ 부천시공공기관통합채용

56 다음 고사의 내용과 상통하는 한자성어로 가장 적합한 것은?

> 중국 북산에 살던 우공(愚公)이라는 노인이 높은 산에 가로막혀 주민들이 왕래하는 불편을 해소하고자 두 산을 옮기기로 했다. 그의 친구가 만류하자 우공은 "나와 자식은 대를 이어나가도 산은 불어나지 않을 것"이라며 대를 이어 묵묵히 산을 옮기겠다고 했다.

① 격화소양   ② 호연지기
③ 물심양면   ④ 마부작침

> **해설**
> 위 고사는 〈열자(列子)〉 '탕문편(湯問篇)'에 등장하며, '어리석은 영감이 산을 옮긴다'는 뜻의 한자성어 '우공이산(愚公移山)'의 바탕이 되는 이야기다. 쉬지 않고 꾸준히 한 가지 일을 하면 대업을 이룰 수 있다는 뜻으로 보기에서 이와 가장 상통하는 한자성어는 ④ '마부작침(磨斧作針)'이다. '도끼의 날을 갈아 바늘을 만든다'는 의미다.

57 다음 문장에서 밑줄 친 외래어의 표기가 옳은 것은?

① 오늘 저녁식사는 <u>뷔페</u>로 제공됩니다.
② 잠시라도 좋으니 <u>앙케이트</u>에 참여해주세요.
③ 상점에는 다양한 <u>악세사리</u>가 진열돼 있었다.
④ 그는 처음 참가한 <u>콩쿨</u>에서 우승을 거뒀다.

해설

[오답분석]
② 앙케이트 → 앙케트(Enquête)
③ 악세사리 → 액세서리(Accessory)
④ 콩쿨 → 콩쿠르(Concours)

58 다음 중 밑줄 친 단어가 옳게 사용된 문장은?

① 나라를 위해 목숨을 <u>받혔다</u>.
② 아이들이 나란히 우산을 <u>받치고</u> 간다.
③ 그는 그대로 성난 소에게 <u>밭치고</u> 말았다.
④ 정성스레 술을 체에 <u>바쳤다</u>.

해설

②의 '받치다'는 '물건의 밑이나 옆에 다른 물체를 대다'라는 의미로서 문장에 옳게 쓰였다. '받다'의 사동사로 쓰인 '받히다'는 '한꺼번에 많은 양의 물품을 사게 하다'라는 뜻이며, 피동사로 쓰인 '받히다'는 '머리나 뿔 따위에 세게 부딪히다'라는 뜻으로 쓰인다. '밭치다'는 '채 같은 구멍 뚫린 물건에 국수 따위를 올려 물기를 뺀다'는 의미를 갖는다. '바치다'는 '신이나 웃어른에게 정중히 물건을 드리다', '반드시 내야 할 돈을 가져다주다'라는 의미이다.

59 다음 중 뱃사람들이 쓰는 말로 '서남풍'을 뜻하는 말은?

① 된바람   ② 샛바람
③ 하늬바람   ④ 갈마바람

해설

갈마바람은 서풍인 갈바람과 남풍인 마파람이 합쳐진 말로 뱃사람들이 '서남풍'을 이를 때 쓰는 말이다. 바람의 옛 이름은 이외에도 다양하다. 북쪽에서 부는 바람은 높바람(된바람), 동쪽에서 부는 바람은 샛바람, 남쪽에서 부는 바람은 마파람, 서쪽에서 부는 바람은 하늬바람이라 한다. 북동쪽에서 부는 바람은 높새바람이라고 한다. 높새바람은 늦은 봄에서 초여름에 걸쳐 동해로부터 태백산맥을 넘어 불어오는 고온건조한 바람을 뜻한다.

60 다음 음운현상의 설명을 참고할 때, 보기의 단어의 발음이 적절하지 않은 것은?

> 유음화란 자음 'ㄴ'이 유음 'ㄹ'의 앞이나 뒤에서 유음의 영향을 받아 'ㄹ'로 발음되는 현상이다.

① 칼날[칼랄]   ② 찰나[찰라]
③ 닳는지[달른지]   ④ 공권력[공꿸력]

해설
주로 'ㄴ'으로 끝나는 2음절 한자어의 뒤에 붙는 한자어 초성 'ㄹ'은 [ㄴ]으로 발음한다. 따라서 '공권[공꿘]' 뒤에 한자어 '력'이 결합된 '공권-력'은 [공꿘녁]으로 발음한다.

61 다음 시조의 내용과 가장 관련 깊은 사자성어는?

> 까마귀가 싸우는 골짜기에 백로야 가지 마라
> 성낸 까마귀가 흰 빛을 샘낼세라
> 맑은 물에 기껏 씻은 몸을 더럽힐까 하노라

① 거안사위(居安思危)
② 근묵자흑(近墨者黑)
③ 낭중지추(囊中之錐)
④ 이전투구(泥田鬪狗)

해설
근묵자흑(近墨者黑)은 먹을 가까이하는 사람은 검게 된다는 뜻으로, 나쁜 사람을 가까이하면 그 버릇에 물들기 쉽다는 말이다. 문제에 제시된 시조는 고려의 충신인 정몽주의 어머니가 아들에게 나쁜 이를 경계하라는 뜻에서 지었다고 알려진 〈백로가〉다.

62 다음 문장의 밑줄 친 단어의 품사가 나머지와 다른 것은?

① 그는 <u>이미</u> 학교에 도착해 있었다.
② 밤새 눈이 <u>많이</u> 내렸다.
③ 얼음장<u>같이</u> 방바닥이 차가웠다.
④ <u>설마</u> 네가 그럴 줄은 몰랐다.

해설
'같이'는 주로 격 조사 '과'나 여럿임을 뜻하는 말 뒤에 쓰여 어떤 상황이나 행동 따위와 다름이 없다는 의미로 부사로 쓰일 수 있다. 그러나 ③에서는 '얼음장'이라는 체언 뒤에 붙어 '앞말이 보이는 전형적인 어떤 특징'이라는 뜻으로서 격 조사로 쓰였다. ③을 제외한 나머지 밑줄 친 단어들은 모두 부사로 쓰였다.

63 다음 문장 중 밑줄 친 부분의 띄어쓰기가 바르게 쓰인 것은?

① 사람들에게 <u>보란듯이</u> 성공할 것이다.
② 그에게 불가능하다고 <u>몇번</u>이고 말했다.
③ <u>운전중</u>에는 전화를 받을 수 없습니다.
④ 사장님은 현재 <u>부재중</u>이십니다.

해설

④에서 부재중은 한 단어이므로 '부재중'으로 붙여 쓰는 것이 옳다. ①에서 '듯이'는 의존명사로 쓰였으므로 '보란 듯이'로 띄어 써야 하고, ②에서 단위를 나타내는 명사 '몇' 또한 '몇 명'으로 띄어 써야 한다. ③의 '중' 또한 의존명사로서 '운전 중'으로 띄어 써야 한다.

64 다음 문장의 밑줄 친 단어 중 잘못 표기된 것은?

① 할머니 <u>제삿날</u>이라 일가친척이 모두 모였다.
② 집이 <u>싯가</u>보다 비싸게 팔렸다.
③ 밤을 새는 것은 이제 <u>예삿일</u>이 되어 버렸다.
④ 고기를 <u>깻잎</u>에 싸서 먹었다.

해설

②에서 '싯가'가 아닌 '시가(市價)'로 적어야 옳다. 사이시옷은 명사와 명사의 합성어일 경우 쓰이고, 앞 명사가 모음으로 끝나고 뒷말은 예사소리로 시작해야 한다. 또한 앞뒤 명사 중 하나는 우리말이어야 하는데, 다만, 습관적으로 굳어진 한자어인 찻간, 곳간, 툇간, 셋방, 숫자, 횟수는 예외로 한다.

65 우리나라 최초의 한문소설집은?

① 지봉유설
② 구운몽
③ 백운소설
④ 금오신화

해설

〈금오신화(金鰲新話)〉는 김시습이 지은 우리나라 최초의 한문 단편소설집이다. 〈만복사저포기〉, 〈이생규장전〉, 〈취유부벽정기〉, 〈용궁부연록〉, 〈남염부주지〉 등 5편이 수록되어 있다. 명나라 구우의 〈전등신화〉의 영향을 받았으며, 귀신·선녀·용왕·저승 등 비현실적이고 기이한 '전기적 요소'가 나타나는 것이 특징이다.

66 국어의 수사법 중 끝을 의문형으로 종결해 청자에게 생각할 여지를 남기는 방법은 무엇인가?

① 영탄법   ② 활유법

③ 도치법   ④ 설의법

해설

설의법(設疑法)은 국어의 수사법 중 '변화주기'의 일종이다. 필자 혹은 화자가 단정해도 좋을 것을 일부러 질문의 형식을 취하여 독자 혹은 청자에게 생각할 여지를 준다. 가령 '흔들리지 않고 피는 꽃이 어디 있으랴'처럼 누구나 알고 있는 사실을 질문하는 형식을 통해 상대방이 이에 대해 결론을 내릴 수 있도록 한다.

67 다음 중 30세를 한자로 이르는 말은?

① 이립(而立)   ② 종심(從心)

③ 약관(弱冠)   ④ 지학(志學)

해설

30세는 한자어로 이립(而立)으로 지칭하며, 모든 기초를 세우는 나이라는 의미이다. 종심(從心)은 70세, 약관(弱冠)은 20세, 지학(志學)은 15세를 가리킨다.

68 가사를 쓴 송강 정철과 함께 조선시대 시가의 양대산맥으로 손꼽히는 시조 시인은?

① 김수장   ② 윤선도

③ 박인로   ④ 김천택

해설

조선 중기의 문신인 윤선도는 유명한 가사(歌辭)를 다수 지은 송강 정철과 함께 조선 시가 양대산맥으로 평가되는 인물이다. 등용과 파직, 유배로 다사다난한 삶을 산 인물로 뛰어난 시조를 많이 지었으며, 특히 벼슬에 뜻을 버리고 보길도에서 지내며 지은 〈어부사시사〉가 유명하다.

│ 부산광역시공무직통합채용

69   덴마크 출신의 철학자로 실존주의 철학의 문을 연 인물은?

① 쇠렌 키에르케고르
② 마르틴 하이데거
③ 블레즈 파스칼
④ 닉 보스트롬

> **해설**
>
> 쇠렌 키에르케고르(Soören Kierkegaard)는 덴마크 출신의 종교사상가이자 철학자다. 19세기 실존주의 철학의 선구자 중 한 명으로 평가된다. 그는 실존의 측면에 비춰 인간의 삶을 3단계로 구분했다. 아직 실존의 의의를 의식하지 못하는 미적 실존, 윤리적인 사명에 따라 삶을 이어가는 윤리적 실존, 종교에 의지해 삶의 불안감을 극복하는 종교적 실존이 그것이다.

│ 광주보훈병원

70   다음 중 부산국제영화제에 대한 설명으로 옳지 않은 것은?

① 아시아 최대 규모의 국제영화제다.
② 매년 10월 첫째 주 목요일에 열린다.
③ 1996년부터 개막됐다.
④ 아시아에서 유일한 경쟁 영화제다.

> **해설**
>
> 1996년 시작된 부산국제영화제는 도쿄·홍콩국제영화제와 더불어 아시아 최대 규모의 국제영화제다. 매년 10월 첫째 주 목요일부터 10일간 진행되며, 부분경쟁을 포함한 비경쟁 영화제다. 국제영화제작자연맹의 공인을 받았다.

│ 전라남도공무직통합채용

71   다음 중 유교경전인 사서삼경에 해당하지 않는 것은?

① 중 용   ② 맹 자
③ 예 기   ④ 역 경

> **해설**
>
> 사서삼경은 유교의 기본경전이다. 사서는 〈논어(論語)〉, 〈대학(大學)〉, 〈중용(中庸)〉, 〈맹자(孟子)〉이고, 삼경은 〈역경(易經)〉, 〈서경(書經)〉, 〈시경(詩經)〉인데, 여기에 〈예기(禮記)〉, 〈춘추(春秋)〉를 더하면 사서오경이다.

72 경쟁 언론사보다 빠르게 입수하여 독점 보도하는 특종기사를 뜻하는 말은?

① 스쿠프
② 엠바고
③ 아그레망
④ 오프더레코드

해설

스쿠프(Scoop)는 일반적으로 특종기사를 다른 신문사나 방송국에 앞서 독점 보도하는 것을 말하며 비트(Beat)라고도 한다. 대기업이나 정치권력 등 뉴스 제공자가 숨기고 있는 사실을 정확하게 폭로하는 것과 발표하려는 사항을 빠르게 입수해 보도하는 것, 이미 공지된 사실이지만 새로운 문제점을 찾아내 새로운 의미를 밝혀주는 것 등을 모두 포함한다.

73 2024년 하계올림픽 개최도시는?

① 프랑스 파리
② 독일 함부르크
③ 헝가리 부다페스트
④ 미국 로스앤젤레스

해설

2012년 이후 12년 만에 올림픽 개최에 도전한 프랑스 파리는 최종 경쟁지였던 미국 로스앤젤레스(LA)와의 합의 끝에 2024년 하계올림픽을 개최하게 됐다. 언론에 따르면 2024년 올림픽은 LA가 파리에게 양보하고 다음 하계올림픽인 2028년에는 LA가 개최하는 것으로 합의가 진전됐다고 전해졌다.

74 중국의 춘추전국시대 당시 겸애를 강조하고 만민평등주의를 주창한 사상은 무엇인가?

① 법 가   ② 도 가
③ 유 가   ④ 묵 가

해설

묵가는 중국 춘추전국시대에 사상가였던 묵자를 계승하는 사상으로 실리주의와 중앙집권적인 체제를 지향하는 등 유가와 여러모로 대립적인 사상이었다. 또한 '겸애'를 강조하며 만민평등주의와 박애주의를 실천하는 것을 독려했다.

75 다음 중 미륵사지 석탑에 대한 설명으로 잘못된 것은?

① 전북 익산시에 위치한다.

② 1962년 보물로 지정됐다.

③ 백제시대 무왕 때에 건립됐다.

④ 국내에 존재하는 최대의 석탑이다.

해설

미륵사지 석탑은 전라북도 익산시 금마면 미륵사지에 있는 백제시대 석탑이다. 현존하는 석탑 중 가장 규모가 크고 오래된 백제 석탑이다. 백제 무왕 때에 건립되었으며 1962년에는 국보로 지정됐다. 2001년부터 보수 작업이 진행되어 2018년 6월 복원된 석탑이 일반에 공개됐다.

76 독특한 콧수염으로 유명한 초현실주의 화가로 〈기억의 지속〉 등의 작품을 남긴 인물은?

① 후안 미로

② 앙드레 브르통

③ 살바도르 달리

④ 르네 마그리트

해설

1904년 스페인에서 태어난 초현실주의 화가 살바도르 달리(Salvador Dalí)는 독특한 모양의 콧수염으로 유명하며, 상징주의와 무의식을 탐구했다. 20세기 미술사에 큰 족적을 남긴 달리는 다양한 예술 분야에서 활동했고, 1929년에는 초현실주의 영화 〈안달루시아의 개〉 제작에 참여하기도 했다. 시계가 녹아내리는 이미지의 작품 〈기억의 지속〉은 그의 대표작 중 하나다.

77 다음 중 피아노 3중주에 쓰이는 악기가 아닌 것은?

① 비올라

② 바이올린

③ 피아노

④ 첼 로

해설

피아노 3중주는 피아노와 다른 두 개의 악기가 모인 고전주의 실내악의 한 형태다. 일반적으로 피아노와 바이올린, 첼로로 구성된다. '피아노 트리오'라고 부르기도 한다. 대체로 소나타 형식을 취하고 있고 하이든, 모차르트, 베토벤 등 저명한 음악가들도 작곡했다. 멘델스존의 '피아노 3중주 1번'이 특히 유명하다.

78 다음 중 역사상 가장 먼저 등장한 사상·사조는?

① 계몽주의　　　　　　　　② 공리주의
③ 사실주의　　　　　　　　④ 낭만주의

해설

계몽주의는 17세기 말 영국에서 시작하여 18세기 프랑스에서 활발히 전개된 사상으로, 봉건적·신학적인 사상에서 탈피하여 이성과 인간성을 중시한다. 즉, 봉건군주나 종교와 같이 복종만을 강요하던 권위에서 벗어나, 인간이 이성을 맘껏 발휘하며 인간적으로 살아가기 위한 자유를 추구하는 것이다. 계몽주의는 몽테스키외의 〈법의 정신〉과 루소의 〈사회계약론〉에 잘 나타나 있으며, 프랑스 혁명과 미국 독립혁명에 영향을 끼쳤다.

79 프란시스 베이컨이 제시한 인간의 4가지 우상에 해당하지 않는 것은?

① 경험의 우상　　　　　　② 종족의 우상
③ 동굴의 우상　　　　　　④ 시장의 우상

해설

프란시스 베이컨은 영국의 철학자로 지식의 유용성을 강조하였다. 자연을 관찰하여 얻은 과학적 지식을 실리에 이용할 것을 주장하였다. 또한 인간의 네 가지 우상을 제시하기도 했는데, 종족의 우상, 동굴의 우상, 시장의 우상, 극장의 우상 등이 있다.

80 파키스탄에 소재한 인더스 문명의 인류 최초 계획도시 유적은?

① 카 불　　　　　　　　　② 지구라트
③ 모헨조다로　　　　　　　④ 하라파

해설

모헨조다로(Mohenjo-Daro)는 지금의 파키스탄 신드 지방에 있는 인더스 문명의 도시유적으로 유네스코 세계문화유산에 등재되어 있다. 기원전 4,000년경 건설되었을 것으로 추정되며 인류 최초의 계획도시로 평가된다. 목욕탕과 배수로, 건축의 반듯한 구획 등이 발굴되었다.

81 다음 중 한국의 전통색상인 오방색에 해당하지 않는 것은?

① 황 색　　　　　　　　　② 백 색
③ 흑 색　　　　　　　　　④ 녹 색

해설

동양의 음양오행사상을 바탕으로 하는 오방색은 우리나라의 전통색상으로, 흑색(북쪽), 적색(남쪽), 청색(동쪽), 백색(서쪽), 황색(중앙)으로 구성된다. 이 각각의 색을 결합해 녹색, 홍색, 벽색, 자색, 유황색 등 5가지의 '오간색'으로 칭하기도 한다.

82 이탈리아의 예술가 미켈란젤로의 마지막 조각품은?

① 브뤼헤의 마돈나
② 론다니니의 피에타
③ 바쿠스
④ 다비드

해설

〈론다니니의 피에타〉는 이탈리아의 예술가인 미켈란젤로가 1564년 사망하기 직전까지 조각한 미완성의 작품이다. 그는 이 작품을 1552년 처음 조각하기 시작했다가 이듬해 중단했고, 또 다른 구도로 1555년부터 두 번째 작품을 조각하다가 완성하지 못한 채 사망했다. 잘 알려진 바티칸 대성당의 〈피에타〉와 달리 수직적인 구도로 성모 마리아가 예수를 부축하는 형상을 하고 있다.

83 그림물감을 종이 등 화면에 비벼서 채색하는 회화기법은?

① 콜라주
② 프로타주
③ 데칼코마니
④ 그라타주

해설

프로타주(Frottage)는 '비비다', '마찰하다'라는 뜻의 불어 'frotter'에서 나온 용어로, 그림물감을 짜내어 종이 등 화면에 비벼 채색층을 내는 회화기법을 말한다. 독일의 예술가 막스 에른스트가 발견한 기법이다. 채색층을 낸 독특한 기법으로 조형감과 색감을 동시에 획득할 수 있다.

84 오페라 〈마술피리〉를 작곡한 음악가는?

① 자코모 푸치니
② 리하르트 바그너
③ 주세페 베르디
④ 볼프강 아마데우스 모차르트

해설

〈마술피리〉는 오스트리아의 작곡가 볼프강 아마데우스 모차르트가 1791년 작곡한 2막 오페라다. 기존의 오페라는 이탈리아어로 되어 있어 당시 서민들이 즐기기 쉽지 않았다. 그러나 〈마술피리〉는 '징슈필(Singspiel)'이라 하여 가사와 대사가 독일어로 구성되어 있고 희극적인 요소가 가미되어 민간의 서민층에게 인기를 끌었다.

┃ 보훈교육연구원

85 통신장치를 일정 시간 내에 오가는 데이터 전송량을 뜻하는 용어는?

① 핑   ② 패 킷

③ 트래픽   ④ 트랜잭션

해설

트래픽(Traffic)은 서버 등 통신장치를 일정 시간 동안 오가는 데이터의 양을 말하는 것으로 통신장치와 시스템에 걸리는 부하를 뜻한다. 트래픽양의 단위는 얼랑(erl)이다. 트래픽 전송량이 많으면 네트워크와 서버에 과부하가 걸려 데이터 송수신 장애를 일으킬 수 있다.

┃ 보훈교육연구원

86 다음 중 스마트폰의 문자메시지를 이용한 휴대폰 해킹을 뜻하는 용어는?

① 메모리피싱   ② 스피어피싱

③ 파 밍   ④ 스미싱

해설

스미싱은 문자메시지(SMS)와 피싱(Phishing)의 합성어로, 인터넷 접속이 가능한 스마트폰의 문자메시지를 이용한 휴대폰 해킹을 뜻한다.

┃ 폴리텍

87 동물의 중추신경계에 존재하며 행복을 느끼게 하고, 우울이나 불안감을 줄여주는 신경전달물질은?

① 옥시토신   ② 히스타민

③ 세로토닌   ④ 트립토판

해설

신경전달물질 중 하나인 세로토닌(Serotonin)은 아미노산인 트립토판을 통해 생성된다. 세로토닌은 동물의 뇌와 중추신경계에 존재하며, 감정에 관여해 행복감을 느끼게 하고, 우울감과 불안감을 줄여주는 역할을 하기도 한다. 세로토닌이 결핍되면 기분장애를 유발할 수 있다.

88 보일의 법칙은 일정한 온도에서 무엇을 증가시키면 부피가 줄어든다는 법칙인가?

① 질 량　　　　　　　　　　　② 고 도
③ 습 도　　　　　　　　　　　④ 압 력

> **해설**
>
> 1662년 아일랜드의 물리학자 R. 보일이 발견한 '보일의 법칙'은 일정한 온도에서 기체의 압력과 그 부피는 서로 반비례한다는 법칙이다. 온도를 일정하게 유지하는 상태에서 압력을 높이게 되면 물체의 부피는 줄어든다는 것을 실험을 통해 밝혀냈다.

89 다음 중 용연향에 대한 설명으로 틀린 것은?

① 향유고래의 창자 속에서 생성되는 물질이다.
② 바다를 부유하다가 해안가에 밀려들어 발견되곤 한다.
③ 신선한 상태에서는 좋은 향기가 난다.
④ 매우 비싸게 팔리는 것으로 유명하다.

> **해설**
>
> 용연향은 수컷 향유고래가 주식인 오징어를 섭취하고 창자에 남은 이물질이 쌓여 배설되는 것으로 알려져 있다. 막 배설된 용연향은 부드럽고 악취가 심하나, 바다에 오래 부유하면서 햇볕에 마르고 검게 변하며 악취도 점차 사라진다. 바다를 부유하다가 해안가에 떠밀려 종종 발견되곤 하는데 알코올에 녹여 고급향수의 원료로 사용한다. 그 가치가 매우 높은 것으로 유명한데, 바다에 오래 떠다닐수록 향이 좋아 고가에 거래된다.

90 다음 중 도심형 항공 교통체계를 의미하는 용어의 약자는?

① UTM　　　　　　　　　　　② UAM
③ PAV　　　　　　　　　　　④ eVTOL

> **해설**
>
> UAM은 'Urban Air Mobility'의 약자로서 도심형 항공 교통체계를 의미한다. 도시의 항공에서 사람과 화물이 오가는 교통운행 서비스를 운영하는 것으로 드론 등 소형 수직 이착륙기가 발전하면서 가시화되고 있다. UTM(Unmanned aerial system Traffic Management)은 드론의 교통관리체계, PAV(Personal Air Vehicle)는 개인용 비행체를 의미한다.

91 불법 해킹에 대항하는 선의의 해커를 뜻하는 용어는?

① 화이트 해커　　　　　　　　② 하얀 헬멧
③ 어나니머스　　　　　　　　④ 크래커

화이트 해커(White Hacker)는 불법으로 인터넷 서버나 네트워크에 침입해 파괴하고 정보를 탈취하는 해커(크래커)에 대비되는 개념이다. 해킹 능력을 활용해 네트워크에 들어가 보안상 취약한 점을 발견해 제보하거나, 불법 해킹 시도를 저지하기도 한다. 우리 정부에서도 국내외에서 자행되는 사이버테러나 해킹에 대응하기 위해 전문가를 육성하고 있다.

▎중앙보훈병원

92 제임스 웹 우주망원경에 대한 설명으로 틀린 것은?

① 허블우주망원경을 대체하는 망원경이다.
② 허블우주망원경보다 크기는 작으나 성능은 개선됐다.
③ 미국 항공우주국 국장의 이름을 땄다.
④ 차세대 우주망원경으로도 불린다.

제임스 웹 우주망원경은 허블우주망원경을 대체할 우주관측용 망원경이다. 2002년 미 항공우주국(NASA)의 제2대 국장인 제임스 웹의 업적을 기리기 위해 이러한 명칭이 붙었다. 별칭인 NGST는 'Next Generation Space Telescope'의 약자로 차세대 우주망원경이라는 의미. 이 망원경은 허블우주망원경보다 반사경의 크기가 더 커지고 무게는 더 가벼워졌다. 사상 최대 크기의 우주망원경으로 망원경의 감도와 직결되는 주경의 크기가 6.5m에 달한다. NASA와 유럽 우주국, 캐나다 우주국이 함께 제작했다. 허블우주망원경과 달리 적외선 영역만 관측할 수 있지만, 더 먼 우주까지 관측할 수 있도록 제작됐다.

▎서울시복지재단

93 도파민을 분비하는 신경세포가 만성적으로 퇴행하는 질환은?

① 파킨슨병
② 알츠하이머병
③ 루게릭병
④ 뇌전증

파킨슨병(Parkinson's Disease)은 만성 진행 신경퇴행성 질환이다. 도파민을 분비하는 신경세포가 서서히 소실되어 가는 질환으로, 서동증(운동 느림), 안정 시 떨림, 근육 강직, 자세 불안정 등의 증상이 발생한다. 연령이 증가할수록 이 병에 걸릴 위험이 점점 커져 노년층에서 많이 발생한다.

▎서울시복지재단

94 한국계 미국인 수학자인 허준이 교수가 2022년 수상한 수학계 상의 이름은?

① 필즈상
② 울프상
③ 아벨상
④ 에미상

수학계의 노벨상으로 불리는 필즈상은 세계수학자대회에서 수여하는 수학계에서는 가장 권위 있는 상이다. 매 4년마다 시상식이 열리며, 1924년 세계수학자대회 조직위원장이었던 '존 필즈'가 국제적 수학상 제정을 제안한 것을 계기로 시작되었다. 새로운 수학 분야 개척에 공헌한 40세 미만의 젊은 수학자에게 수여된다. 2022년에는 한국계 미국인 수학자인 허준이 프린스턴대 교수가 필즈상을 수상해 화제가 되었다.

95 다음 중 챗GPT에 대한 설명으로 옳은 것은?

① 구글이 개발한 대화형 인공지능이다.
② 인공지능 모델 GPT-1.0 기술을 바탕에 둔다.
③ 이미지 창작과 생성이 주요 기능이다.
④ 사용자와의 초반 대화내용을 기억해 질문에 답변할 수 있다.

해설

챗GPT(ChatGPT)는 인공지능 연구재단 오픈AI(Open AI)가 개발한 대화 전문 인공지능 챗봇이다. 사용자가 대화창에 텍스트를 입력하면 그에 맞춰 대화를 나누는 서비스로 오픈AI에서 개발한 대규모 인공지능 모델 'GPT-3.5' 언어기술을 기반으로 한다. 챗GPT는 인간과 자연스럽게 대화를 나누기 위해 수백만 개의 웹페이지로 구성된 방대한 데이터베이스에서 사전 훈련된 대량생성 변환기를 사용하고 있으며, 사용자가 대화 초반에 말한 내용을 기억해 답변하기도 한다.

96 네트워크의 보안 취약점이 공표되기도 전에 이뤄지는 보안 공격을 뜻하는 용어는?

① 스피어피싱
② APT 공격
③ 제로데이 공격
④ 디도스 공격

해설

제로데이 공격(Zero Day Attack)은 네트워크나 시스템 운영체제의 보안 취약점이 발견돼 이를 보완하기 위한 조치가 이뤄지기도 전에, 그 취약점을 이용해 네트워크에 침입하여 공격을 가하는 것을 말한다. 취약점을 뚫리지 않게 하기 위한 보안패치가 배포되기도 전에 공격을 감행해 네트워크는 속수무책으로 당할 수밖에 없다.

97 개방형 클라우드와 폐쇄형 클라우드가 조합된 클라우드 컴퓨팅 방식은?

① 온 프레미스 클라우드
② 퍼블릭 클라우드
③ 프라이빗 클라우드
④ 하이브리드 클라우드

해설

하이브리드 클라우드는 공공에게 개방된 개방형(퍼블릭) 클라우드와 개인이나 기업 자체에서 활용하는 폐쇄형(프라이빗) 클라우드가 조합되었거나, 개방형 클라우드와 서버에 직접 설치된 온 프레미스(On-premise)를 조합한 방식의 클라우드 컴퓨팅을 말한다. 기업·개인이 보유한 IT 인프라와 데이터, 보안 시스템을 한 곳에 몰아넣지 않고 그 특성과 중요도에 따라 분산하여 배치해, 업무효율성과 안전성을 획득할 수 있다.

98 다음 중 딥러닝에 대한 설명으로 틀린 것은?

① 인공지능이 스스로 문제를 해결하도록 한다.
② 인공신경망을 기반으로 한다.
③ 머신러닝 이전에 먼저 개발되었다.
④ 인공지능의 획기적 도약을 이끌었다.

해설
딥러닝(Deep Learning)은 컴퓨터가 다양한 데이터를 이용해 마치 사람처럼 스스로 학습할 수 있게 하기 위해 만든 인공신경망(ANN ; Artificial Neural Network)을 기반으로 하는 기계학습 기술이다. 이는 컴퓨터가 이미지, 소리, 텍스트 등의 방대한 데이터를 이해하고 스스로 학습할 수 있게 돕는다. 딥러닝의 고안으로 인공지능이 획기적으로 도약하게 되었다. 딥러닝은 기존 머신러닝(기계학습)의 한계를 넘어선 것으로 평가된다.

99 토마토에 함유된 붉은 색소로 항암작용을 하는 물질은?

① 안토시아닌　　② 카로틴
③ 라이코펜　　④ 루테인

해설
라이코펜(Lycopene)은 잘 익은 토마토, 수박, 감, 당근 등 붉은색의 과일·채소에 함유된 카로티노이드 색소의 일종이다. 항산화작용과 항암작용을 하는 것으로 유명하며, 산화물질을 효과적으로 제거할 수 있는 중화제로도 알려져 있다.

100 PC 사용자의 인터넷 웹사이트 방문기록이 저장되는 파일을 뜻하는 용어는?

① 쿠 키　　② 북마크
③ 캐 시　　④ 브라우저

해설
쿠키에는 PC 사용자의 ID와 비밀번호, 방문한 인터넷 웹사이트 정보 등이 담겨 하드디스크에 저장된다. 이용자들의 홈페이지 접속을 도우려는 목적에서 만들어졌기 때문에 해당 사이트를 한 번 방문하고 난 이후에 다시 방문했을 때에는 별다른 절차를 거치지 않고 빠르게 접속할 수 있다는 장점이 있다. 하지만 개인정보 유출, 사생활 침해 등 개인정보가 위협받을 수 있다는 우려가 공존한다.

| 부산광역시공무직통합채용

101 다음 석기시대의 특징에 대한 설명으로 옳은 것은?

① 구석기시대에는 가락바퀴로 실을 뽑아 뼈바늘로 옷을 지어 입었다.

② 구석기시대에는 주먹도끼, 찍개 등의 뗀석기를 사용했다.

③ 신석기시대에는 동굴이나 강가의 막집에서 생활했다.

④ 신석기시대에는 사유재산의 개념과 계급이 발생하기 시작했다.

해설

구석기시대에는 동굴이나 강가의 막집에서 생활했고, 계절에 따라 이동생활을 했다. 또한 주먹도끼, 찍개 등의 뗀석기를 사용했다. 신석기시대에는 강가나 바닷가에 움집을 지어 정착생활을 했고, 채집·수렵활동과 조·피 등을 재배하는 농경생활, 목축생활을 시작했다. 빗살무늬 토기를 이용하여 음식을 조리하거나 저장했으며, 가락바퀴로 실을 뽑아 뼈바늘로 옷을 지어 입기도 했다. 사유재산의 개념과 계급이 발생하고, 족장이 출현한 것은 청동기시대에 들어서다.

| 부산광역시공공기관통합채용

102 다음과 같은 규범으로 사회질서를 유지한 국가는?

> • 사람을 죽인 자는 사형에 처한다.
> • 남에게 상해를 입힌 자는 곡식으로 갚아야 한다.
> • 도둑질한 자는 노비로 삼되, 용서받고자 할 때에는 50만 전을 내야 한다.

① 고조선　　　　　　　　　　② 부 여

③ 금관가야　　　　　　　　　④ 동 예

해설

고조선은 사회질서를 유지하기 위해 8개 조항으로 이뤄진 범금8조를 만들었으며, 현재는 3개 조항만 전해진다. 범금8조의 내용을 통해 인간의 생명 중시, 사유재산 보호 등을 확인할 수 있다.

| 한국남부발전

103 다음 중 통일신라의 지방통치 거점이었던 서원경에 대한 설명으로 옳지 않은 것은?

① 지금의 충청북도 청주 지역으로 추정된다.

② 지방 행정구역인 5소경과는 별도로 계획된 도시였다.

③ 신라가 백제를 멸망시키고 삼국을 통일한 후 신문왕 5년에 설치되었다.

④ 서원경 인근 촌락의 정보를 기록한 문서가 일본에서 발견되었다.

서원경은 신라의 지방행정구역인 5소경의 하나로서 현재의 충청북도 청주 인근에 설치되었던 것으로 추정된다. 당시 호남과 영남을 통하는 교통의 요충지였기 때문에 지방통치의 거점으로 삼았다. 신라가 백제를 멸망시키고 삼국 통일을 이룩한 후 신문왕 5년인 685년에 설치되었다. 이 서원경 인근 촌락의 인구와 토지 등 각종 정보를 기록한 신라촌락문서가 1933년 일본 나라현의 동대사에서 발견되었다.

104 다음에서 말하는 인물에 대한 설명으로 옳은 것은?

> 이 인물은 신라 왕족 출신으로 알려졌으며, 통일신라 말에 반란을 일으킨 양길의 부하가 되어 세력을 키웠다. 이후에는 송악을 도읍으로 삼아 새로운 국가를 세웠는데 스스로를 미륵불이라 칭했다.

① 영락이라는 독자적 연호를 사용했다.
② 국호를 태봉으로 고쳤다.
③ 백제를 계승함을 내세웠다.
④ 청해진을 설치했다.

해설

신라의 왕족 출신인 궁예는 북원에서 반란을 일으킨 양길의 휘하로 들어가 세력을 키워 송악에 도읍을 정하고 후고구려를 세웠다(901). 궁예는 건국 후 영토를 확장해 철원으로 천도하고 국호를 마진으로 바꿨다가 다시 태봉으로 바꿨다. 그는 광평성을 중심으로 한 정치기구를 새롭게 마련했으나 미륵신앙을 바탕으로 한 전제정치로 인해 백성과 신하들의 원성을 사면서 왕건에 의해 축출됐다.

105 다음 고려의 왕과 업적이 올바르게 연결된 것은?

① 광종 – 전국을 5도와 양계, 경기로 나눠 지방행정제도를 확립했다.
② 성종 – 당의 제도를 모방해 2성 6부의 중앙관제를 완성했다.
③ 숙종 – 쌍성총관부를 공격해 철령 이북의 땅을 수복했다.
④ 예종 – 삼한통보, 해동통보 등의 동전과 활구를 발행했다.

해설

고려 성종은 최승로의 시무 28조를 받아들여 12목을 설치하고 지방관을 파견해 지방세력을 견제했다. 또한 유교국가의 기틀을 마련했으며 당의 제도를 모방해 2성 6부의 중앙관제를 완성했다. 또 성종 때에는 개경(개성)과 서경(평양)에 물가를 조절하는 기구인 상평창이 설치되기도 했다.

106 고려 태조 왕건이 왕실자손들에게 훈계하기 위해 남겼다고 전하는 항목은?

① 시무28조
② 훈요10조
③ 12목
④ 봉사10조

해설

고려 태조 왕건은 왕권강화를 위해 〈정계〉와 〈계백료서〉를 통해 임금에 대한 신하들의 도리를 강조했고, 후대의 왕들에게도 지켜야 할 정책방향을 훈요10조를 통해 제시했다. 또 사심관제도와 기인제도를 활용하여 지방호족을 견제하고 지방통치를 보완하려 했다.

107 고려시대 군사조직인 별무반에 대한 설명으로 틀린 것은?

① 숙종 때 윤관의 건의에 따라 설치됐다.
② 신기군, 신보군, 항마군으로 구성됐다.
③ 예종 때 별무반은 여진을 물리치고 강동 6주를 획득했다.
④ 2군 6위에 속하지 않는 별도의 임시 군사조직이었다.

해설

고려 숙종 때 부족을 통일한 여진이 고려의 국경을 자주 침입하자 윤관이 왕에게 건의하여 신기군, 신보군, 항마군으로 구성된 별무반을 조직했다(1104). 예종 때 윤관은 별무반을 이끌고 여진을 물리쳐 동북 9성을 설치하기도 했다(1107). 별무반은 고려의 정규 군사조직인 2군 6위와는 별도로 편제된 임시 군사조직이었다.

108 다음 대화의 (가)의 인물에 대한 설명으로 옳은 것은?

> 거란 소손녕 : 고려는 우리 거란과 국경을 접하고 있는데 왜 바다 건너 송을 섬기는가?
> 고려 (가) : 여진이 압록강 안팎을 막고 있기 때문에 귀국과 왕래하지 못하는 것이다. 여진을 내쫓고 우리 옛 땅을 돌려준다면 어찌 교류하지 않겠는가?

① 강동 6주를 확보했다.
② 동북 9성을 축조했다.
③ 화통도감을 설치했다.
④ 4군과 6진을 개척했다.

해설

거란은 송과의 대결에서 우위를 차지하기 위해 여러 번 고려를 침략했다. 고려 성종 때 1차 침입한 거란은 고려가 차지하고 있는 옛 고구려 땅을 내놓고 송과 교류를 끊을 것을 요구했다. 고려에서 외교관으로 나선 서희는 소손녕과의 외교담판을 통해 거란과 교류할 것을 약속하는 대신, 고려가 고구려를 계승하였음을 인정받고 압록강 동쪽의 강동 6주를 획득하는 성과를 거두었다.

109 고려시대에 실시된 전시과에 대한 설명으로 옳은 것은?

① 고려 말 공양왕 때 신진사대부의 건의로 실시됐다.

② 관직과 직역의 대가로 토지를 나눠주는 제도였다.

③ 관등에는 상관없이 균등하게 토지를 나눴다.

④ 처음 시행 이후 지급기준이 3차례 개정·정비됐다.

해설

고려 경종 때 처음 시행된 시정 전시과는 관직 복무와 직역의 대가로 토지를 나눠 주는 제도였다. 관리부터 군인, 한인까지 인품과 총 18등급으로 나눈 관등에 따라 곡물을 수취할 수 있는 전지와 땔감을 얻을 수 있는 시지를 주었고, 수급자들은 지급된 토지에 대해 수조권만 가졌다. 이후 목종 때의 개정 전시과 제도는 인품에 관계없이 관등을 기준으로 지급하였고, 문종 때의 경정 전시과는 현직 관리에게만 지급하는 등 지급기준이 점차 정비됐다.

110 다음 활동을 한 인물에 대한 설명으로 옳은 것은?

> • 위화도회군으로 권력을 장악함
> • 정도전 등과 함께 개혁을 추진함
> • 조선을 건국함

① 〈조선경국전〉을 편찬했다.

② 전민변정도감을 설치했다.

③ 우산국을 정벌했다.

④ 황산에서 왜구를 격퇴했다.

해설

고려 말 우왕 때 요동정벌을 추진했으나, 이성계는 4불가론을 제시하며 반대했다. 그러나 왕명에 따라 출병하게 됐는데, 결국 의주 부근의 위화도에서 군사를 돌려 개경으로 회군하면서 최영 등 반대파를 제거하고 권력을 장악했다. 이후 신진사대부들과 함께 유교사상을 바탕으로 개혁을 단행했으며 마침내 1392년 공양왕을 쫓아내고 조선을 건국했다.

111 조선시대에 당대 시정을 기록하는 일을 맡아보던 관청은?

① 춘추관   ② 예문관

③ 홍문관   ④ 승정원

해설

오답분석

② 예문관 : 국왕의 말이나 명령을 담은 문서의 작성을 담당하기 위해 설치한 관서

③ 홍문관 : 궁중의 경서·사적 관리와 문한의 처리, 왕의 각종 자문을 관장하던 관서

④ 승정원 : 왕명의 출납을 관장하던 관청

112 다음 인물의 업적으로 옳은 것은?

조선 후기의 대표적 중상주의 실학자인 이 인물은 상공업의 진흥과 수레
·선박의 이용 및 화폐 유통의 필요성을 강조하였다. 또한, 〈양반전〉,
〈허생전〉, 〈호질〉 등을 통해 양반의 무능과 허례를 풍자하고 비판했다.
홍대용, 박제가 등과 함께 북학론을 전개하기도 했다.

① 청나라에 다녀온 뒤 〈열하일기〉를 저술했다.
② 신분에 따라 토지를 차등 분배하는 균전론을 주장했다.
③ 단군조선과 고려 말까지를 다룬 역사서 〈동사강목〉을 저술했다.
④ 신유박해로 탄압을 받아 유배를 갔다.

해설

조선 후기 중상주의 실학자였던 연암 박지원은 상공업의 진흥과 수레·선박의 이용 및 화폐 유통의 필요성을 강조했다.
또한, 〈양반전〉, 〈허생전〉, 〈호질〉 등을 저술해 양반의 무능과 허례를 풍자하고 비판했다. 그는 청나라에 다녀온 뒤 〈열하
일기〉를 저술해 상공업과 화폐의 중요성에 대해 주장하기도 했다.

113 다음 중 조선 정조의 업적에 해당하는 것은?

① 통일법전인 대전회통을 편찬했다.
② 의정부서사제를 도입했다.
③ 직전법을 실시해 토지부족 문제를 해결하려 했다.
④ 규장각을 설치하고 인재를 등용했다.

해설

조선의 제22대 왕인 정조는 선왕인 영조의 탕평책을 이어 받아 각종 개혁정치를 펼쳤다. 왕의 친위부대인 장용영을 설치해
왕권을 강화했으며, 규장각을 설치하고 초계문신제를 시행해 훌륭한 인재를 등용하려 힘썼다. 또한 수원에 화성을 건설하
고, 시전 상인들의 금난전권을 폐지하는 신해통공을 단행했다.

114 조선시대에 발생한 다음 네 사화 중 가장 시기가 늦은 것은?

① 기묘사화
② 을사사화
③ 갑자사화
④ 무오사화

해설

사화는 조선시대 사림파와 훈구파 사이의 대립으로 사림파가 큰 피해를 입은 4가지 사건을 말한다. 1498년 무오사화, 1504년 갑자사화, 1519년 기묘사화, 1545년 을사사화로 이어진다. 을사사화는 명종 재임 당시 일어났으며 인종의 외척이던 윤임과 명종의 외척이던 윤원형 세력의 대립으로 벌어졌다.

115 다음에서 밑줄 친 전쟁 이후 발생한 사건으로 옳은 것은?

> 의정부 참정 심상훈이 아뢰기를, "지금 일본과 러시아 간에 전쟁이 시작된 이후 일본군사들이 용맹을 떨쳐 육지와 해상에서 연전연승한다는 소식이 세상에 퍼져 각기 나라 사람들과 더불어 가서 관전하는 일이 많습니다. 원수부에서 장령(將領)과 위관(尉官)을 해당 싸움터에 적절히 파견하여 관전하게 하는 것이 어떻겠습니까?"하니, 윤허하였다.

① 독립협회가 관민공동회를 개최했다.
② 평민 의병장 출신 신돌석이 을사의병을 주도했다.
③ 고종이 러시아 공사관으로 피신했다.
④ 서양국가와의 최초의 조약인 조미수호통상조약이 체결됐다.

해설

만주와 조선의 지배권을 두고 러시아와 일본이 1904~1905년에 러일전쟁을 벌였다. 전쟁에서 승리한 일본이 사실상 열강들로부터 한국에 대한 지배를 인정받자 일본은 을사늑약을 체결하여 대한제국의 외교권을 박탈하고 한국을 식민지로 만들려는 계획을 진행했다(1905). 을사늑약 체결 이듬해 서울에 통감부가 설치됐고, 이토 히로부미가 초대통감으로 부임하여 외교뿐만 아니라 내정에도 간섭하였다. 을사늑약 체결 이후 유생 출신의 민종식, 최익현과 평민 의병장 출신 신돌석 등이 을사의병을 주도했다(1906).

116 다음 중 김구의 주도로 중국 상해에서 조직된 독립운동단체의 이름은?

① 한인애국단 ② 의열단
③ 신간회 ④ 신민회

해설

한인애국단은 1920년대 중반 이후 대한민국 임시정부의 활동침체를 극복하고, 1931년 만보산 사건과 만주사변 등으로 인하여 침체된 항일독립운동의 활로를 모색하려는 목적에서 결성되었다. 김구의 주도로 중국 상해에 조직된 대한민국 임시정부의 특무활동기관이자 1930년대 중국 관내의 대표적인 의열투쟁단체였다.

117 구한말 고종황제의 퇴위 반대운동을 벌인 민중계몽단체는?

① 근우회 ② 보안회
③ 대한자강회 ④ 신민회

해설

1906년 4월 설립된 대한자강회는 민중계몽단체로 국민 교육을 강화하고 그로 하여금 국력을 키워 독립의 기초를 닦기 위한 사명을 띠고 있었다. 윤효정, 장지연, 나수연 등이 설립했으며 교육기관을 세울 것을 주장하고 고종황제의 퇴위 반대운동을 펼치기도 했다.

118 다음 사건과 관련된 인물은?

> 1970년 11월 13일 서울 청계천 평화시장 재단사였던 그는 열악한 노동환경에 항거해 "근로기준법을 준수하라", "우리는 기계가 아니다"라고 외치며 분신했다.

① 전태일 ② 이소선
③ 김진숙 ④ 김주열

해설

전태일 열사는 한국의 노동운동을 상징하는 인물로 청계천 평화시장 재단사로 일하면서 열악한 노동조건의 개선을 위해 노력했으며 1970년 11월 노동자는 기계가 아니라고 외치며 분신하였다. 그의 죽음은 장기간 저임금노동에 시달렸던 당시의 노동환경을 고발하는 역할을 했으며, 한국 노동운동 발전에 중요한 계기가 되었다.

119 전두환 정부 때 있었던 일에 해당하는 것은?

① 남북 이산가족 최초 상봉
② 남북기본합의서 채택
③ 남북정상회담 최초 개최
④ 민족 공동체 통일방안 제안

해설

전두환 정부 때 남북 이산가족 상봉(1985)이 최초로 이루어졌다.

오답분석

② 남북기본합의서 채택(1991) : 노태우 정부
③ 남북정상회담 최초 개최(2000) : 김대중 정부
④ 민족 공동체 통일방안 제안(1994) : 김영삼 정부

120 밑줄 친 '이 사건'에 대한 설명으로 옳지 않은 것은?

> 이 사건은 1987년 6월에 전국에서 일어난 반독재 민주화 시위로 군사정권의 장기집권을 막기 위한 범국민적 민주화 운동이다.

① 제5공화국이 출범하며 촉발되었다.
② 이한열이 최루탄에 맞은 사건이 계기가 되었다.
③ 4·13호헌조치에 반대하였다.
④ 이 사건의 결과 대통령 직선제로 개헌되었다.

해설

제시된 사건은 6월 민주항쟁이다. 1980년 5월 광주 민주화운동의 비극 이후 전두환이 같은 해 9월 제11대 대통령에 취임하면서 독재의 서막을 알렸고, 이듬해 1981년 3월 간접선거로 다시 제12대 대통령으로 취임하면서 제5공화국이 정식 출범하였다. 제5공화국은 1987년 6월 항쟁 이후 대통령 직선제 개헌을 명시한 6·29선언이 발표되며 종지부를 찍었다.

작은 기회로부터 종종 위대한 업적이 시작된다.

– 데모스테네스 –

PART2

최신시사 상식

많이 보고 많이 겪고 많이 공부하는 것은 배움의 세 기둥이다.

– 벤자민 디즈라엘리 –

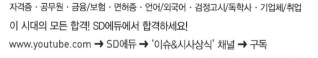

01 주요 국제 Awards

01 노벨상

수상 부문		생리의학, 물리학, 화학, 경제학, 문학, 평화
주 최		스웨덴 왕립과학아카데미, 노르웨이 노벨위원회
시작연도		1901년
시상식 장소		스웨덴 스톡홀름(단, 평화상은 노르웨이 오슬로)
시상식 일정		매년 12월 10일
심 사	생리의학	카롤린스카 의학연구소
	물리학, 화학, 경제학	스웨덴 왕립과학아카데미
	문 학	스웨덴 아카데미(한림원)
	평 화	노르웨이 노벨위원회

01 노벨생리의학상

커털린 커리코   드루 와이스먼

생리의학상은 코로나19 백신 개발에 기여한 헝가리 출신의 커털린 커리코 헝가리 세게드대학 교수와 드루 와이스먼 미국 펜실베이니아 대학 페렐만 의대 교수에게 돌아갔다. 이들은 코로나19 메신저리보핵산 (mRNA) 백신 개발 공로를 인정받아 수상의 영예를 안았다. 두 사람은 바이러스 표면에 있는 단백질 정보 가 담긴 mRNA 정보를 일부 변형해 인체 세포에 넣어주면 인체 면역체계를 자극해서 면역반응을 일으킬 수 있다는 사실을 밝혀냈고, 이는 화이자와 바이오엔테크, 모더나의 코로나19 mRNA 백신 개발의 토대가 됐다.

02 노벨물리학상

피에르 아고스티니　　　　페렌츠 크러우스　　　　안 륄리에

노벨물리학상은 원자 내부에 있는 전자의 움직임을 잡아낼 정도로 파장이 짧은 '찰나의 빛'을 만들어내는 새 실험방법을 고안해 낸 피에르 아고스티니 미국 오하이오주립대 명예교수, 페렌츠 크러우스 독일 막스플랑크 양자광학연구소 교수, 안 륄리에 스웨덴 룬드대학 교수에게 돌아갔다. 이들은 인류에게 원자와 분자 안에 있는 전자의 세계를 탐사할 새로운 도구를 건네준 실험들을 한 공로를 인정받았다.

03 노벨화학상

문지 바웬디　　　　루이스 브루스　　　　알렉세이 예키모프

노벨화학상은 문지 바웬디 미국 매사추세츠공대 교수와 루이스 브루스 미국 컬럼비아대 교수, 알렉세이 예키모프 미국 나노크리스털 테크놀로지사 전 수석과학자가 수상했다. 이들은 양자점(퀀텀 도트) 발견과 합성에 기여한 점이 인정되어 영예를 안았다. 양자점은 크기가 수~수십 나노미터인 반도체 결정으로 원자를 수백~수천 개 정도 뭉친 물질이다. 학계에서는 양자점이 향후 휠 수 있는 전자기기, 초소형 센서, 초박형 태양전지, 양자 암호통신 등 여러 분야에 사용될 수 있을 것으로 전망하고 있다.

04 노벨경제학상

클로디아 골딘

노벨경제학상은 여성과 남성의 노동시장 참여도와 임금수준이 차이 나는 이유를 규명한 미국의 노동경제학자 클로디아 골딘 하버드대 교수에게 돌아갔다. 노벨위원회는 "수세기에 걸친 여성 소득과 노동시장 참여에 대한 포괄적 설명을 사상 처음으로 제공했다"며 수상의 이유를 설명했다. 골딘은 200년이 넘는 기간 동안 축적된 미국의 노동시장 관련자료를 분석해 시간의 흐름에 따라 성별에 따른 소득과 고용률 격차가 어떻게 변화하는 지를 살피고 이러한 차이가 나타나는 원인을 규명해냈다.

05 노벨문학상

욘 포세

노벨문학상은 노르웨이 작가 욘 포세가 수상했다. 그는 소설가로 데뷔했으나 극작을 시작한 이후에는 현대 연극의 최전선을 이끄는 동시대 최고 극작가의 반열에 올랐다. 이외에도 에세이와 시에 이어 아동문학까지 장르를 넘어 종횡무진하는 글쓰기로 유명하다. 현재는 주로 희곡에 집중해 작품활동을 이어오고 있으며, 그의 희곡들은 전 세계 무대에 900회 이상 오른 것으로 알려졌다. 스웨덴 한림원은 "그의 혁신적인 희곡과 산문은 이루 말로 다 할 수 없는 것들을 말로 표현했다"고 평가했다.

06 노벨평화상

나르게스 모하마디

노벨평화상은 이란의 대표 여성 인권운동가이자 반정부인사인 나르게스 모하마디에게 돌아갔다. 그는 이란 여성에 대한 압제와 차별에 저항하고 인권과 자유를 위한 투쟁에 앞장선 인물이다. 2003년 노벨평화상 수상자 시린 에바디가 이끄는 인권수호자 센터의 부회장을 맡으면서 여성의 인권을 비롯해 20여 년간 이란의 민주주의화와 사형제 반대운동을 이끌었다.

01 베니스 영화제

개최 장소	이탈리아 베네치아
개최 시기	매년 8월 말~9월 초
시작 연도	1932년

〈2023 제80회 수상내역〉

• 황금사자상

〈가여운 것들〉　　요르고스 란티모스

그리스가 낳은 세계적인 거장 요르고스 란티모스 감독의 영화 〈가여운 것들〉이 최고 영예인 황금사자상을 수상했다. 〈가여운 것들〉은 스코틀랜드 작가 앨러스데어 그레이가 1992년 출간한 동명소설을 란티모스 감독의 시선으로 재해석한 작품이다. 프랑켄슈타인으로 되살아난 한 여인이 바깥 세상에 대한 호기심을 견디지 못하고 방탕한 변호사와 함께 떠난 모험에서 겪는 일들을 그렸다.

• 심사위원대상/감독상

〈악은 존재하지　　마테오 가로네
않는다〉

심사위원대상은 일본의 하마구치 류스케 감독이 연출한 〈악은 존재하지 않는다〉가 수상했고, 감독상은 〈이오 캐피타노〉를 감독한 마테오 가로네에게 돌아갔다. 〈악은 존재하지 않는다〉는 작은 시골마을에 사는 한 남자와 그의 딸이 마을의 개발을 두고 겪게 되는 일들을 다룬 작품이다. 〈이오 캐피타노〉는 세네갈의 두 청년이 수도 다카르를 떠나 유럽으로 향하는 여정을 그린 현대판 오디세이다.

• 남우주연상/여우주연상

피터 사스가드　　케일리 스페이니

남우주연상은 〈메모리〉의 피터 사스가드가, 여우주연상은 〈프리실라〉의 케일리 스페이니가 수상했다. 〈메모리〉는 치매를 앓는 남자와 사회복지사로 일하고 있는 여자가 고등학교 동창회에서 만나게 되면서 큰 변화를 겪게 되는 내용을 다룬 작품이다. 〈프리실라〉는 1950년대 최고의 스타였던 엘비스 프레슬리의 아내 프리실라의 삶을 다룬 전기영화다.

02 칸 영화제

개최 장소	프랑스 남부의 도시 칸
개최 시기	매년 5월
시작 연도	1946년

〈2023 제76회 수상내역〉

• 황금종려상

〈추락의 해부학〉   쥐스틴 트리에

최고 영예의 황금종려상은 프랑스 출신의 영화감독 쥐스틴 트리에가 감독한 〈추락의 해부학〉이 수상했다. 여성감독이 황금종려상을 받은 것은 칸 영화제 역대 세 번째다. 〈추락의 해부학〉은 남편을 살해한 혐의를 받아 법정에 선 여성의 누명을 벗기 위한 사투를 그리고 있으며, 시각장애를 가진 아들이 이 재판에 참석하면서 발생하는 서스펜스를 그린다.

• 심사위원대상/감독상

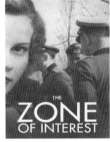

〈더 존 오브 인터레스트〉   쩐아인훙

심사위원대상은 조나단 글레이저 감독의 〈더 존 오브 인터레스트〉가 수상했고, 감독상은 〈더 포토푀〉를 감독한 쩐아인훙에게 돌아갔다. 〈더 존 오브 인터레스트〉는 2014년 출간한 마틴 아미스의 동명소설을 원작으로 한 작품으로 제2차 세계대전 당시 아우슈비츠 절멸수용소 사령관이었던 루돌프 회스 부부의 이야기를 다루고 있다. 1885년 프랑스를 배경으로 하는 〈더 포토푀〉는 요리사와 미식가의 관계를 그린 시대극이자 멜로드라마다.

• 남우주연상/여우주연상

야쿠쇼 코지   메르베 디즈다르

남우주연상은 일본의 거장 고레에다 히로카즈 감독의 〈퍼펙트 데이즈〉에 출연한 야쿠쇼 코지가 수상했다. 여우주연상은 〈어바웃 드라이 그라시즈〉에서 열연한 튀르키예 출신 배우 메르베 디즈다르가 받았다.

03 베를린 영화제

개최 장소	독일 베를린
개최 시기	매년 2월 중순
시작 연도	1951년

〈2024 제74회 수상내역〉

• 황금곰상

〈다호메이〉　　마티 디오프

최고영예인 황금곰상은 장편 다큐멘터리 〈다호메이〉를 연출한 프랑스 출신의 감독 마티 디오프가 수상했다. 〈다호메이〉는 19세기 말 프랑스 식민지였던 아프리카 '다호메이 왕국'의 유물 26점이 지난 2021년 11월에 반환되면서 벌어지는 정치적 논쟁을 담았다. 세네갈 출신의 부모를 둔 감독이자 배우 마티 디오프는 3번째 장편 연출작으로 황금곰상을 거머쥐었다.

• 심사위원대상/감독상

〈여행자의 필요〉　넬슨 카를로 드 로스 산토스
아리아스

심사위원대상은 홍상수 감독의 31번째 장편영화인 〈여행자의 필요〉에 돌아갔다. 이 수상으로 그는 베를린 영화제 경쟁부문에 7차례 진출해 부문별 작품상인 은곰상만 5차례 수상하는 기록을 세웠다. 한편 은곰상 감독상은 〈페페〉를 연출한 넬슨 카를로 드 로스 산토스 아리아스 감독이 수상했다. 〈페페〉는 콜롬비아의 마약왕 파블로 에스코바르의 개인 동물원에 살고 있는 하마의 삶을 조명한 작품이다.

• 주연상/조연상

세바스찬 스탠　　에밀리 왓슨

주연상은 아론 스킴버그 감독의 〈어 디퍼런트 맨〉에서 열연한 세바스찬 스탠에게 돌아갔다. 이 작품은 신경섬유종이라는 안면장애를 앓는 배우 지망생을 중심으로 한 심리 스릴러 영화다. 조연상은 아일랜드–벨기에 합작 영화인 〈이처럼 사소한 것들〉에 출연한 에밀리 왓슨이 수상했다. 1985년 두 부자가 외딴 마을 수녀원의 끔찍한 비밀을 파헤치면서 드러나는 충격적인 진실을 그린 작품이다.

02 최신시사용어

01 불체포특권

회기 중에 국회 동의 없이 체포 또는 구금되지 않을 국회의원의 권리

국회의원은 범죄혐의가 있어도 회기 중에 국회 동의 없이는 체포 또는 구금되지 않을 권리인 불체포특권을 가진다. 다만 현장에서 범죄를 저질러 적발된 현행범인 때는 예외다. 불체포특권을 둔 목적은 국회의원의 자유로운 의정활동과 국회의 기능을 보장하기 위함이다. 그러나 불체포특권을 남용해 수사가 진행 중인 국회의원의 체포를 막으려 소속정당에서 임시국회를 고의로 여는 소위 '방탄국회' 소집도 발생했다. 이를 막기 위해 2005년에는 체포동의안이 제출되면 본회의를 열고 보고한 다음, 24시간 후 72시간 내에 무조건 동의안 표결을 해야 하는 식으로 국회법이 개정됐다. 2023년 들어 여야는 이재명 더불어민주당 대표의 사법리스크 등의 사안과 맞물려 이 불체포특권 포기에 대한 문제로 논쟁을 벌인 바 있다.

02 법률안 재의요구권

대통령이 국회에서 의결한 법률안을 거부할 수 있는 권리

대통령의 고유권한으로 법률안 거부권이라고도 불린다. 대통령이 국회에서 의결한 법률안을 거부할 수 있는 권리다. 즉, "국회가 의결한 이 법률안에는 문제가 있으니 다시 논의하라"는 의미다. 법률안에 대해 국회와 정부 간 대립이 있을 때 정부가 대응할 수 있는 강력한 수단이다. 대통령은 15일 내에 법률안에 이의서를 붙여 국회로 돌려보내야 하는데, 국회로 돌아온 법률안은 재의결해서 재적의원 과반수 출석과 3분의 2 이상이 찬성해야 확정된다. 엄격한 조건 때문에 국회로 돌아온 법안은 결국 폐기되기 쉽다. 다만 대통령은 이 거부권을 법률안이 아닌 예산안에는 행사할 수 없다.

03 출생통보제

의료기관이 아이 출생사실을 의무적으로 지방자치단체에 통보하도록 하는 제도

출생통보제는 부모가 고의로 출생신고를 누락해 '유령아동'이 생기지 않도록 의료기관이 출생정보를 건강보험심사평가원(심평원)을 통해 지방자치단체에 통보하고, 지자체가 출생신고를 하는 제도다. 2024년 7월부터 시행되며, 의료기관은 모친의 이름과 주민등록번호, 아이의 성별과 출생연월일시 등을 진료기록부에 기재해야 한다. 의료기관장은 출생일로부터 14일 안에 심평원에 출생정보를 통보하고, 심평원은 곧바로 모친의 주소지 시·읍·면장에 이를 전달해야 한다. 한편 정부·국회는 미혼모나 미성년 임산부 등 사회·경제적 위기에 놓인 산모가 신원을 숨기고 출산해도 정부가 출생신고를 할 수 있는 '보호출산제'도 함께 도입하기로 했다.

04 김용균법

산업재해 방지를 위해 산업현장 안전과 기업의 책임을 대폭 강화하는 법안

2018년에 태안화력발전소 비정규직 노동자였던 고 김용균 씨 사망사건 이후 입법 논의가 시작되어 고인의 이름을 따서 발의된 법안이다. 고 김용균 씨 사망은 원청관리자가 하청노동자에게 직접 업무지시를 내린 불법파견 때문에 발생한 것으로 밝혀져 '죽음의 외주화' 논란을 일으켰다. 이 사건의 원인이 안전관련 법안의 한계에서 비롯되었다는 사회적 합의에 따라 산업안전규제 강화를 골자로 하는 산업안전보건법이 2020년에 개정되었고, 이후 산업재해를 발생시킨 기업에 징벌적 책임을 부과하는 중대재해 기업처벌법이 2021년에 입법됐다.

산업안전보건법 개정안(산업안전법)
산업현장의 안전규제를 대폭 강화하는 방안을 골자로 발의된 법안으로 2020년 1월 16일부터 시행됐다. 주요 내용은 노동자 안전보건 조치 의무 위반 시 사업주에 대한 처벌을 강화하고 하청 가능한 사업의 종류를 축소시키는 것 등이다. 특히 도급인 산재 예방 조치 의무가 확대되고 사업장이 이를 위반할 경우 3년 이하의 징역 또는 3,000만 원 이하의 벌금에 처하도록 처벌 수준을 강화해 위험의 외주화를 방지했다.

중대재해 기업처벌법(중대재해법)
산업안전법이 산업현장의 안전규제를 대폭 강화했다면 중대재해법은 더 나아가 경영책임자와 기업에 징벌적 손해배상책임을 부과한다. 중대한 인명피해를 주는 산업재해가 발생했을 경우 경영책임자 등 사업주에 대한 형사처벌을 강화하는 내용이 핵심이다. 노동자가 사망하는 산업재해가 발생했을 때 안전조치 의무를 미흡하게 이행한 경영책임자에게 징역 1년 이상, 벌금 10억 원 이하의 처벌을 받도록 했다. 법인이나 기관도 50억 원 이하의 벌금형에 처하도록 했다. 2022년부터 시행됐으며 상시근로자가 50인 미만 사업장에는 2024년 1월 27일부터 시행됐다.

05 9 · 19남북군사합의

남북이 일체의 군사적 적대행위를 전면 중지하기로 한 합의

2018년 9월 평양 남북정상회담에서 남북이 일체의 군사적 적대행위를 전면 중지하기로 한 합의다. 같은 해 4월 판문점 정상회담에서 발표한 '판문점 선언'의 내용을 이행하기로 한 것이다. 지상과 해상, 공중을 비롯한 모든 공간에서 군사적 긴장과 충돌의 근원이 되는 상대방에 대한 일체의 적대행위를 전면 중지하기로 했다. 그러나 윤석열 정부 들어 북한이 NLL 이남에 탄도미사일을 발사하는 등 도발수위를 높이고, 우리나라도 이에 군사적으로 맞대응하면서 합의가 무용지물이 되었다는 평가가 나오기 시작했다. 결국 북한이 2023년 11월 합의 전면폐기를 선언했다.

06 법인차 전용번호판 제도

법인차에 연두색 전용번호판을 부착하도록 한 제도

국토교통부가 법인승용차 전용번호판 도입을 위한 '자동차 등록번호판 등의 기준에 관한 고시' 개정안을 행정예고함에 따라 2024년부터 시행된 제도다. 이에 따라 공공 · 민간법인이 신규 · 변경 등록하는 '8,000만 원 이상의 업무용 승용차'는 2024년부터 연두색 전용번호판을 부착해야 한다. 신차는 출고가, 중고차는 취득가를 기준으로 한다. 전용번호판은 법인차에 일반번호판과 구별되는 색상번호판을 배정해 법인들이 스스로 업무용 차량을 용도에 맞게 운영하도록 유도하기 위해 추진된 것으로 세제혜택 등을 위해 법인명의로 고가의 차량을 구입 또는 리스한 뒤 사적으로 이용하는 문제를 막기 위해 도입됐다.

07 머그샷

범죄자의 현재 인상착의를 기록한 사진

피의자를 식별하기 위해 구치소, 교도소에 구금될 때 촬영하는 얼굴사진이다. '머그(Mug)'는 정식 법률용어는 아니며, 영어에서 얼굴을 속되게 이르는 말이기도 해 이러한 명칭이 생겼다. 미국은 머그샷을 일반에 공개하는 것이 합법이나 우리나라에서는 불법이다. 피의자의 정면과 측면을 촬영하며, 재판에서 최종 무죄판결이 나더라도 폐기되지 않고 보존된다. 한편 우리나라에서는 2023년 들어 '부산 돌려차기 사건'과 '또래 살인사건' 등 강력범죄가 불거지면서, 중대 범죄자에 대한 신상공개 제도의 실효성이 도마에 올랐다. 이에 따라 정부와 여당은 머그샷을 공개하는 내용을 포함한 특별법 제정을 추진해 통과시켰다.

08 만 나이 통일법

우리나라 나이계산을 만 나이로 통일하는 내용을 담은 법률개정안

2022년 12월 8일 민법 일부개정법률안과 행정기본법 일부개정법률안이 국회 본회의를 통과했다. 민법 개정 안에는 '만 나이' 표현을 명시하고, 출생일을 포함해 나이를 계산하되 출생 후 만 1년이 지나기 전에만 개월 수로 표시하도록 했다. 행정기본법 개정안에도 행정 관련 나이계산을 만 나이로 통일하는 내용이 담겼다. 이로써 개정안 시행 시기인 2023년 6월 28일부터 태어나자마자 먹었던 나이만큼 1~2살 젊어지게 됐다. 그러나 만 나이 통일법 시행에도 취학연령, 주류·담배 구매, 병역 의무, 공무원 시험응시 등에는 계속 연 나이를 적용한다.

09 노란봉투법

노조의 파업으로 발생한 손실에 대한 사측의 손해배상 청구를 제한하는 내용 등을 담은 법안

기업이 노조의 파업으로 발생한 손실에 대해 무분별한 손해배상소송 제기와 가압류 집행을 제한하는 등의 내용을 담은 법안이다. 사용자(기업)가 불법파업으로 인한 손해배상을 청구할 때 사용자의 입증책임과 더 엄격한 기준을 두었다. 또 사용자의 범위를 '근로조건에 실질적 지배력 또는 영향력이 있는 자'로 확대했는데, 이로써 대기업과 하청업체 같은 간접고용관계에서도 교섭과 노동쟁의가 가능해질 것으로 전망됐다. 노란봉투법은 21대 국회에서 정부·여당·재계와 야당·노동계의 첨예한 대립 끝에 국회를 통과했으나, 윤석열 대통령이 거부권을 행사하며 국회로 돌아왔고 결국 재심의 끝에 폐기됐다.

10 칩4 Chip4

미국이 한국, 일본, 대만에 제안한 반도체동맹

2022년 3월 미국이 한국, 일본, 대만과 함께 안정적인 반도체 생산·공급망 형성을 목표로 제안한 반도체동 맹으로 미국에서는 팹4(Fab4)라고 표기한다. '칩'은 반도체를, '4'는 총 동맹국의 수를 의미한다. 이는 미국 이 추진하고 있는 프렌드쇼어링 전략에 따른 것으로 중국을 배제한 채 반도체 공급망을 구축하겠다는 의도 로 풀이되고 있다. 미국은 반도체 제조공정 중 설계가 전문화된 인텔, 퀄컴, 엔비디아 등 대표적인 팹리스업 체들이 있고, 대만과 한국은 각각 TSMC, 삼성전자가 팹리스업체가 설계한 반도체를 생산·공급하는 파운 드리 분야에서 1, 2위를 다투고 있다. 일본 역시 반도체 소재시장에서 큰 비중을 차지한다.

11 디리스킹 De-risking

중국에 대한 외교적 · 경제적 의존도를 낮춰 위험요소를 줄이겠다는 서방의 전략

종래까지 미국을 비롯한 서방국가들은 대체로 중국과 거리를 두고 공급망에서 배제하는 '디커플링 (De-coupling, 탈동조화)' 전략을 택해왔다. 그러나 2023년에 들어서는 중국과의 긴장을 완화하고 조금 더 유연한 관계로 전환하는 디리스킹 전략을 취하려는 움직임을 보였다. 디리스킹은 '위험제거'를 뜻하는 말로, 지난 2023년 3월 폰데어라이엔 유럽연합 집행위원장이 "세계시장에서 '탈(脫)중국'이란 불가능하고 유럽의 이익에도 부합하지 않는다"면서, "디리스킹으로 전환해야 한다"고 말해 주목받았다. 이는 중국과 경제적 협력관계를 유지하면서도 중국에 대한 과도한 외교 · 경제적 의존도를 낮춰 위험을 관리하겠다는 의도로 풀이됐다.

12 제시카법

성범죄자를 강력처벌하고 출소 이후에도 주거에 제한을 두는 미국의 법률

미국에서 2005년 성폭행 후 살해된 9살 소녀의 이름을 따 제정된 법이다. 12세 미만의 아동을 대상으로 성범죄를 저지른 범죄자에게 25년 이상의 징역형과 출소 후에는 종신토록 위치추적장치를 채우는 강력한 처벌내용을 담고 있다. 또 출소 후에도 범죄자가 아동이 많은 곳으로부터 일정거리 이내에 살지 못하도록 하는 것이 골자다. 우리나라에서도 법원이 고위험 성폭력 범죄자에게 거주지 제한명령을 부과할 수 있도록 하는 것을 골자로 하는 '한국형 제시카법' 입법이 추진되기도 했다. 고위험 성범죄자는 출소 후 거주지를 자유롭게 선택할 수 없고, 국가 등이 운영하는 시설에서 살게 된다는 것이 주요 내용이다.

13 강제동원해법

일제 강제동원 피해자에 대한 배상을 국내 재단이 대신 하는 것을 골자로 하는 해법

2018년 대법원으로부터 배상 확정판결을 받은 일제 강제동원 피해자들에게 국내의 재단이 대신 판결금을 지급한다는 내용의 해법으로 정부가 2023년 3월 발표했다. 그러나 일본 피고기업의 배상 참여가 없는 해법 이어서 '반쪽'이라는 비판이 이어졌고 피해자들도 강하게 반발했다. 정부는 강제동원 피해자의 고령화와 한일 · 한미일 간 전략적 공조강화의 필요성을 명분으로 내세우며 '대승적 결단'을 했다는 입장이지만, 미완의 해결안이라는 점에서 정부가 추진하는 일본과의 미래지향적 관계에도 계속 부담으로 작용할 가능성이 크다.

14 아이언 돔 Iron Dome

이스라엘군이 개발한 이동식 전천후 방공 시스템

이스라엘이 개발하여 2011년부터 운용 중인 이동식 전천후 방공 시스템이다. 단거리 로켓포나 155mm 포탄, 다연장 로켓포 등을 요격한다. 우크라이나가 지난 2022년 6월 이스라엘에 이 아이언 돔 미사일 지원을 요청한 것으로 보도됐다. 이전에도 지원을 요청한 적이 있었으나, 공개적으로 이스라엘 당국에 이를 타전한 것은 처음인데 이스라엘은 러시아와의 이해관계 때문에 선뜻 응하지 않았다고 전했다. 또 2023년에는 팔레스타인의 무장정파 하마스가 이스라엘을 대규모 '카삼로켓'으로 공격했을 당시 아이언 돔이 발동했으나, 허점이 드러나기도 했다.

15 워싱턴선언

2023년 4월 한미정상회담에서 채택한 대북억제 조치에 대한 선언

2023년 4월 26일 한미정상회담에서 채택된 선언으로 더욱 확장된 대북억제 조치에 대한 내용을 골자로 한다. 한미간 핵운용 관련 공동기획과 실행 등을 논의하기 위한 '핵협의그룹(NCG)' 창설 등이 주요 내용이다. 윤석열 대통령은 조 바이든 대통령과의 공동기자회견에서 한미 양국이 북한의 위협에 대응해 핵과 전략무기 운영계획에 대한 정보를 공유하고, 한국의 첨단 재래식 전력과 미국의 핵전략을 결합한 공동작전을 실행하기 위한 방안을 논의할 것이라 밝혔다. 특히 미국의 핵 자산에 대한 정보를 공유하는 것을 두고 김태효 국가안보실 1차장은 '사실상 미국과의 핵공유'라고 강조했다. 그러나 이후 미국 측에서는 "핵공유라고 보지 않는다"고 반박하면서 "한반도에 핵무기를 다시 들여오는 게 아니라는 점을 매우 분명히 하고 싶다"고 덧붙였다.

16 브릭스 BRICS

브라질 · 러시아 · 인도 · 중국 · 남아공의 신흥경제 5국을 하나의 경제권으로 묶은 용어

브라질(Brazil), 러시아(Russia), 인도(India), 중국(China), 남아공(South Africa) 등 5국의 영문 머리글자를 딴 것이다. 90년대 말부터 떠오른 신흥경제국으로 매년 정상회의를 개최하고 있다. 2011년에 남아공이 공식회원국으로 가입하면서, 기존 'BRICs'에서 'BRICS'로 의미가 확대됐다. 또한 2023년에는 사우디아라비아와 이란, 아랍에미리트(UAE), 아르헨티나, 이집트, 에티오피아를 새 회원국으로 품으면서, 정식회원국은 11개국으로 늘어났다. 이에 중국과 러시아가 브릭스의 규모를 키워 서방 선진국 모임인 G7의 대항마로 세우려 한다는 분석이 나왔다.

17 잠수함발사탄도미사일(SLBM)

잠수함에서 발사되는 탄도미사일

잠수함에 탑재되어 잠항하면서 발사되는 미사일 무기로, 대륙간탄도미사일(ICBM), 다탄두미사일(MIRV), 전략 핵폭격기 등과 함께 어느 곳이든 핵탄두 공격을 감행할 능력을 갖췄는지를 판단하는 기준 중 하나다. 잠수함에서 발사할 수 있기 때문에 목표물이 본국보다 해안에서 더 가까울 때에는 잠수함을 해안에 근접시켜 발사할 수 있으며, 조기에 모든 미사일을 탐지하기가 어렵다는 장점이 있다. 북한은 2021년 초 미국 바이든 행정부 출범을 앞두고 신형 잠수함발사탄도미사일(SLBM) '북극성-5형'을 공개했다. 우리나라는 지난 2021년 9월 15일 독자개발한 SLBM 발사시험에 성공하면서 세계 7번째 SLBM 운용국이 됐다.

> **대륙간탄도미사일(ICBM)**
> 대륙간탄도미사일은 대륙간탄도탄이라고도 한다. 미국보다 러시아가 먼저 1957년 8월에 개발하였고, 미국은 1959년에 실용화하였다. 일반적으로 5,000km 이상의 사정거리를 가진 탄도미사일을 말하며, 보통 메가톤급의 핵탄두를 장착하고 있다.

18 하마스 HAMAS

팔레스타인의 민족주의 정당이자 준군사조직

하마스는 팔레스타인의 무장단체이자 정당이다. 'HAMAS'라는 명칭은 '이슬람 저항운동'의 아랍어 첫 글자를 따서 지어졌다. '아마드 야신'이 1987년 창설한 이 단체는 이슬람 수니파 원리주의를 표방하고 있으며, 이스라엘에 저항하고 팔레스타인의 독립을 목표로 무장 저항활동을 펼치고 있다. 이들은 팔레스타인 가자지구와 요르단강 서쪽 지역을 실질 지배하고 있다. 하마스는 이스라엘과의 '팔레스타인 분쟁'의 중심에 서 있는 조직으로 2023년 10월에는 이스라엘을 무력으로 침공하면서 전면전이 시작됐다. 이스라엘 정부가 곧 '하마스 섬멸'을 천명하고 가자지구를 공격하면서 수많은 팔레스타인 국민들이 희생됐다.

19 지역의사제

별도로 선발된 의료인이 의대 졸업 후 10년간 공공·필수의료 분야에서 근무하도록 한 제도

지역의대에서 전액 장학금을 받고 졸업한 의료인이 10년간 대학 소재 병원급 이상 의료기관의 공공·필수의료 분야에서 의무적으로 근무하도록 한 제도다. 의사인력이 부족한 지역·필수의료를 살리기 위해 도입이 논의됐다. 그러나 의협을 비롯한 의료계는 직업선택의 자유 등 기본권을 침해할 수 있으며, 지역의료 문제 해결에도 도움이 되지 않는다며 제도시행 반대에 나섰다.

20 국가자원안보 특별법

에너지·자원 공급망의 안정적 관리를 위해 제정된 법률

국가 차원의 자원안보 체계를 구축하기 위해 제정된 법률로 2024년 1월 9일 국회를 통과했다. 우리나라의 경우 에너지의 90% 이상을 수입에 의존하고 있는데, 주요국의 자원무기화 추세가 심화하는 상황에서 러시아-우크라이나 전쟁, 이스라엘-하마스 사태 등으로 지정학적 위기가 연이어 발생함에 따라 에너지·자원 공급망의 안정적 관리가 중요하다는 인식하에 마련된 법안이다. 석유, 천연가스, 석탄, 우라늄, 수소, 핵심광물, 신재생에너지 설비 소재·부품 등을 핵심자원으로 지정하고, 정부가 해외 개발자원의 비상반입 명령, 비축자원 방출, 주요 자원의 할당·배급, 수출 제한 등을 할 수 있도록 하는 내용이 담겨 있다.

21 반도체 칩과 과학법 CHIPS and Science Act

미국이 자국의 반도체 산업 육성을 위해 제정한 법률

미국이 중국과의 반도체 산업·기술 패권에서 승리하기 위한 법률로 2022년 8월 시행됐다. 이 법률에 따라 미국 내 반도체 공장 등 관련시설을 건립하는 데 보조금과 세액공제를 지원한다. 그런데 이와 관련된 세부 기준이 한국기업에 매우 불리해 논란이 됐다. 미국은 보조금 심사기준으로 경제·국가안보, 재무건전성 등 6가지를 공개했는데, 특히 재무건전성 기준을 충족하기 위한 조건으로 이를 검증할 수 있는 수익성 지표와 예상 현금흐름 전망치를 제출해야 한다. 또 일정 규모 이상의 지원금을 받은 기업의 경우, 현금흐름과 수익이 미국이 제시하는 전망치를 초과하면 초과이익을 미국 정부와 공유해야 한다는 내용이 담겼다. 더 나아가 향후 10년간 중국을 비롯한 우려대상국에 첨단기술 투자를 해서는 안 된다는 '가드레일 조항'도 내세웠다. 여기에 보조금을 받는 기업들은 군사용 반도체를 미국에 안정적으로 공급해야 하며, 미국의 안보이익을 증진시켜야 할 뿐 아니라 첨단 반도체시설에의 접근권도 허용해야 한다는 조항이 담겨 논란을 일으켰다.

22 인플레이션 감축법 IRA

미국의 전기차 세제혜택 등의 내용을 담은 기후변화 대응 법률

2022년 8월 미국에서 통과된 기후변화 대응과 대기업 증세 등을 담은 법률이다. 전기차 보급확대를 위해 세액공제를 해주는 내용이 포함됐다. 오는 2030년까지 온실가스를 40% 감축하기 위해 에너지안보 및 기후변화 대응에 3,750억 달러를 투자하는 내용을 골자로 하는데, 북미산 전기차 가운데 북미에서 제조·조립된 배터리 부품의 비율과 북미나 미국과 자유무역협정을 체결한 국가에서 채굴된 핵심 광물의 사용비율에 따라 차등해 세액을 공제해준다. 그러나 이 법으로 보조금 혜택에서 한국산 전기차는 빠지게 되면서 국내 자동차업계에 비상이 걸렸다.

23 소비기한

식품을 섭취해도 이상이 없을 것으로 판단되는 소비의 최종기한

소비자가 식품을 섭취해도 건강이나 안전에 이상이 없을 것으로 판단되는 소비의 최종기한을 말한다. 식품이 제조된 후 유통과정과 소비자에게 전달되는 기간을 포함한다. 단, 식품의 유통과정에서 문제가 없고 보관방법이 철저하게 지켜졌을 경우에 해당하며, 통상 유통기한보다 길다. 2023년부터 우리나라도 식품에 소비기한을 표시하는 '소비기한 표시제'가 도입됐고, 1년간의 계도기간을 거쳐 2024년 전면 시행됐다. '식품 등의 표시·광고에 관한 법률' 개정으로 식품업체는 식품의 날짜표시 부분에 소비기한을 적어야 한다. 단, 우유의 경우 2031년부터 적용된다.

24 중립금리 Neutral Rate

인플레이션이나 디플레이션 없이 잠재성장률을 회복할 수 있는 이론적 금리수준

경제 분야에서 인플레이션이나 디플레이션을 유발하지 않고 잠재성장률 수준을 회복할 수 있도록 하는 금리를 의미한다. 여기서 잠재성장률이란 한 나라의 노동력, 자원, 자본 등 동원가능한 생산요소를 모두 투입해 부작용 없이 최대로 달성할 수 있는 성장률을 말하며, '자연금리(Natural Rate)'라고도 한다. 중립금리는 경제상황에 따라 달라지기 때문에 정확한 수치가 나오지 않고 이론상으로만 존재하는 개념이다. 다만 중립금리보다 실제 금리가 높을 경우 물가가 하락하면서 경기가 위축될 가능성이 높고, 중립금리보다 실제 금리가 낮으면 물가가 올라 경기도 함께 상승할 가능성이 높아진다.

25 뱅크런 Bank Run

금융시장이 극도로 불안할 때 은행에 돈을 맡긴 사람들이 대규모로 예금을 인출하는 사태

은행을 뜻하는 'Bank'와 달린다는 의미의 'Run'이라는 단어의 합성어로, 예금자들이 은행에서 예금을 인출하기 위해 몰려드는 현상을 일컫는 말이다. 예금을 맡긴 은행에 문제가 생겨 파산할지도 모른다고 생각하는 예금자들이 서로 먼저 돈을 찾으려고 은행으로 뛰어가는 모습에서 유래됐다. 우리나라에서는 프로젝트 파이낸싱(PF) 관련 대출을 늘려온 새마을금고의 연체율이 급상승하자, 2023년 재정부실과 건전성에 대한 불안감 때문에 예·적금을 해지하려는 고객들이 줄을 잇는 사태가 벌어졌다.

26 통화스와프

국가 간에 서로 다른 통화가 필요시 상호교환하는 외환거래

서로 다른 통화를 약정된 환율에 따라 어느 한 측이 원할 때 상호교환(Swap)하는 외환거래를 말한다. 우리나라 통화를 맡겨놓고 다른 나라 통화를 빌려오는 것이다. 유동성 위기를 방지하기 위해 두 나라가 자국 통화를 상대국 통화와 맞교환하는 방식으로 이뤄진다. 맞교환 방식이기 때문에 차입 비용이 절감되고, 자금 관리의 효율성도 제고된다. 국제통화기금(IMF)에서 돈을 빌릴 경우에는 통제와 간섭이 따라 경제주권과 국가 이미지가 훼손되지만, 통화스와프는 이를 피해 외화유동성을 확보하는 장점도 있다. 우리나라는 2023년 6월 일본과 8년 만에 100억 달러 규모의 통화스와프를 복원했다.

27 슈링크플레이션

기업이 제품의 가격은 유지하는 대신 수량·무게를 줄여 가격을 사실상 올리는 것

기업들이 자사 제품의 가격은 유지하고, 대신 수량과 무게·용량만 줄여 사실상 가격을 올리는 전략을 말한다. 영국의 경제학자 '피파 맘그렌'이 제시한 용어로 '줄어들다'라는 뜻의 '슈링크(Shrink)'와 '지속적으로 물가가 상승하는 현상'을 나타내는 '인플레이션(Inflation)'의 합성어다. 한국소비자원의 조사에 따르면 2023년 우리나라 식품업계에서 9개 품목, 37개 상품에서 슈링크플레이션이 확인됐다. 이에 정부는 제품의 포장지에 용량이 변경된 사실을 의무적으로 표기하는 방안을 추진했다.

28 뉴 노멀 New Normal

시대 변화에 따라 새롭게 부상하는 기준이나 표준

뉴 노멀은 2008년 글로벌 경제 위기 이후 등장한 새로운 세계 경제질서를 의미한다. 2003년 벤처투자가인 로저 맥너미가 처음 제시하였고 2008년 세계 최대 채권운용회사 '핌코'의 경영자인 무하마드 앨 에리언이 다시 언급하면서 확산됐다. 주로 과거에 대한 반성과 새로운 질서를 모색하는 시점에 등장하는데 2008년 경제 위기 이후 나타난 저성장, 높은 실업률, 규제 강화, 미국 경제 역할 축소 등이 뉴 노멀로 지목된 바 있다. 최근에는 사회 전반적으로 새로운 기준이나 표준이 보편화되는 현상을 이르기도 하며 우리말로는 '새 일상', '새 기준'으로 대체할 수 있다.

29 그린플레이션 Greenflation

탄소규제 등의 친환경 정책으로 원자재 가격이 상승하면서 물가가 오르는 현상

친환경을 뜻하는 '그린(Green)'과 화폐가치 하락으로 인한 물가 상승을 뜻하는 '인플레이션(Inflation)'의 합성어다. 친환경 정책으로 탄소를 많이 배출하는 산업을 규제하면 필수원자재 생산이 어려워지고 이것이 생산 감소로 이어져 가격이 상승하는 현상을 가리킨다. 인류가 기후변화에 대응하기 위해 노력할수록 사회 전반적인 비용이 상승하는 역설적인 상황을 일컫는 말이다. 대표적인 예로 재생에너지 발전 장려로 화석연료 발전설비보다 구리가 많이 들어가는 태양광·풍력 발전설비를 구축해야 하는 상황이 해당된다. 이로 인해 금속원자재 수요가 급증했으나 원자재 공급량이 줄어들면서 가격이 치솟았다.

30 에코플레이션 Ecoflation

자연재해나 환경파괴로 인한 원자재 가격 상승으로 물가가 오르는 현상

환경을 뜻하는 'Ecology'와 물가 상승을 의미하는 '인플레이션(Inflation)'의 합성어다. 물가 상승이 환경적인 요인에 의해 발생하는 것을 뜻한다. 지구온난화와 환경파괴로 인한 가뭄과 홍수, 산불 같은 자연재해의 영향을 받아 상품의 원가가 상승하는 것이다. 지구촌에 이상기후가 빈번히 자연재해를 일으키면서 식료품을 중심으로 물가가 급등하는 에코플레이션이 발생하고 있다.

31 슬로플레이션 Slowflation

경기회복 속도가 느린 가운데 물가가 치솟는 현상

경기회복 속도가 둔화되는 상황 속에서도 물가 상승이 나타나는 현상이다. 경기회복이 느려진다는 뜻의 'Slow'와 물가 상승을 의미하는 '인플레이션(Inflation)'의 합성어다. 일반적으로 경기침체 속에서 나타나는 인플레이션인 '스태그플레이션(Stagfaltion)'보다는 경기침체의 강도가 약할 때 사용한다. 슬로플레이션에 대한 우려는 글로벌 공급망 대란에 따른 원자재 가격 폭등에서 비롯된 것으로 스태그플레이션보다는 덜 심각한 상황이지만 경제 전반에는 이 역시 상당한 충격을 미친다.

32 디깅소비 Digging Consumption

소비자가 선호하는 것에 깊이 파고드는 행동이 관련 제품의 소비로 이어지는 현상

'파다'라는 뜻의 '디깅(Digging)'과 '소비'를 합친 신조어로 청년층의 변화된 라이프스타일과 함께 나타난 새로운 소비패턴을 의미한다. 소비자가 선호하는 특정 품목이나 영역에 깊이 파고드는 행위가 소비로 이어짐에 따라 소비자들의 취향을 잘 반영한 제품들에서 나타나는 특별 수요현상을 설명할 때 주로 사용된다. 특히 가치가 있다고 생각하는 부분에는 비용지불을 망설이지 않는 MZ세대의 성향과 맞물려 청년층에서 두각을 드러내고 있다. 대표적인 예로 신발수집을 취미로 하는 일부 마니아들이 한정판 운동화 추첨에 당첨되기 위해 줄을 서서 기다리는 등 시간과 재화를 아끼지 않는 현상을 들 수 있다.

33 우주경제

항공우주 산업에 민간기업의 참여를 독려해 경제활동을 촉진하는 것

국가 주도로 이뤄지던 항공우주 산업이 민간으로 이전됨에 따라 기업의 참여를 독려해 경제활동을 촉진하는 것을 말한다. 우주탐사와 활용, 발사체 및 위성의 개발·제작·발사·운용 등 항공우주 기술과 관련한 모든 분야에서 가치를 창출하는 활동을 총칭한다. 특히 '달'은 심우주 탐사의 기반이자 우주경제의 핵심으로 여겨지고 있으며, 향후 달에 매장된 것으로 추정되는 철, 티타늄, 희토류 등 자원에 대한 연구가 진행될 경우 많은 경제적 효과를 낼 수 있을 것으로 기대하고 있다. 과학기술정보통신부는 우주 스타트업에 투자하는 전용펀드 조성을 목표로 '뉴스페이스 투자지원 사업'을 발표하며 우주경제 시대로 나아가기 위한 신호탄을 쏘았다.

34 환율관찰대상국

국가가 환율에 개입해 미국과 교역조건을 유리하게 만드는지 모니터링해야 하는 국가

미국 재무부가 매년 4월과 10월에 발표하는 '거시경제 및 환율정책보고서'에 명시되는 내용으로 국가가 환율에 개입해 미국과의 교역조건을 유리하게 만드는지 지속적으로 모니터링해야 하는 국가를 지칭하는 용어다. 환율조작국으로 지정되는 경우 미국의 개발자금 지원 및 공공입찰에서 배제되고, 국제통화기금 (IMF)의 감시를 받게 된다. 또 환율관찰대상국으로 분류되면 미국 재무부의 모니터링 대상이 된다. 우리나라의 경우 2016년 4월 이후 줄곧 환율관찰대상국에 이름이 오른 바 있다. 한편 미국 재무부는 2023년 11월에 환율관찰대상국에서 한국과 스위스를 제외하고 베트남을 새로 포함하는 것을 골자로 한 '2023년 하반기 환율보고서'를 발표했다.

35 기대 인플레이션

경제주체가 예측하는 미래의 물가상승률

기업, 가계 등의 경제주체가 예측하는 미래 물가상승률을 말한다. 기대 인플레이션은 임금, 투자 등에 영향을 미치는 중요한 지표로 사용되고 있다. 노동자는 임금을 결정할 때 기대 물가수준을 바탕으로 임금상승률을 협상한다. 또한 인플레이션이 돈의 가치가 떨어지는 것이기 때문에 기대 인플레이션이 높아질수록 화폐의 가치가 하락해 부동산, 주식과 같은 실물자산에 돈이 몰릴 확률이 높아진다. 우리나라의 경우 한국은행이 2002년 2월부터 매월 전국 56개 도시 2,200가구를 대상으로, 매 분기 첫째 달에는 약 50명의 경제전문가를 대상으로 소비자물가를 예측하고 있다.

36 체리슈머

전략적으로 계산해 소비하는 알뜰한 소비자

기업의 상품·서비스를 구매하지 않으면서 단물만 쏙쏙 빼먹는 사람들을 뜻하는 체리피커(Cherry Picker)에서 진일보한 개념이다. 체리피커에 소비자를 뜻하는 'Consumer'를 합한 말로 간단히 말하면 '알뜰한 소비자'를 뜻한다. 체리슈머는 남들에게 폐를 끼치지 않는 선에서 극한의 알뜰함을 추구한다는 점에서 체리피커에 비해 비교적 긍정적이다. 한정된 자원을 최대한으로 활용하는 합리적 소비형태를 띠고 있다. 예를 들어 OTT 계정에 가입하는 비용을 줄이기 위해, 비용을 나누고 계정을 공유할 사람들을 구하기도 하고, 물품을 살 때 번거롭더라도 필요한 만큼만 그때그때 구입하면서 낭비를 줄인다. 김난도 교수의 저서 〈2023 트렌드 코리아〉에서 소개된 개념이다.

37 리오프닝

팬데믹으로 위축됐던 경제가 회복되는 현상

'경제활동 재개'라는 의미로 코로나19 사태로 위축됐던 경제활동이 회복되는 현상을 말한다. 높은 백신접종률과 코로나19 치료제가 개발되면서 리오프닝에 대한 기대감이 커졌다. 2023년 초 리오프닝에 대한 세계의 이목이 중국에 집중됐는데, 리오프닝이 원만하게 진행될 경우 5.8%까지 성장이 가능하다고 전망됐기 때문이다. 그러나 중국의 경기회복 속도가 늦어지면서 리오프닝 효과도 기대에 미치지 못했다. 리오프닝 이후 중국의 경기둔화 우려가 지속되고 있는 가운데 2023년 10월 수출입 동향에 따르면 대중국 최대 수출품목인 반도체 수출감소율은 크게 개선된 것으로 나타났다.

38 등대기업

3대 혁신 분야에서 뛰어난 성과를 거둔 중견기업

사업 다각화, 해외시장 진출, 디지털 전환 등 3대 혁신 분야에서 뛰어난 성과를 거둔 중견기업을 일컫는 말이다. 산업통상자원부는 2024년까지 100대 등대기업을 선정해 이들 기업을 지원하겠다고 밝혔다. 사업 다각화 분야에서는 미래차, 차세대 디스플레이 등 유망업종을 중심으로 사업재편 수요를 선제적으로 발굴해 신사업 진출을 유도하고, 해외시장 진출 분야에서는 내수 중심 기업과 초기기업들이 수출기업으로 성장할 수 있도록 해외시장 발굴 및 마케팅 등을 전방위적으로 지원한다. 또 디지털전환 분야에서는 최고경영자와 임원 등을 대상으로 디지털 전환의 중요성을 인식시키고 전문인력 등을 양성할 계획이다.

39 K-택소노미

한국형 산업 녹색분류체계

K-택소노미(K-Taxonomy)는 어떤 경제활동이 친환경적이고 탄소중립에 이바지하는지 규정한 한국형 녹색분류체계로 2021년 12월 환경부가 발표했다. 환경개선을 위한 재화·서비스를 생산하는 산업에 투자하는 녹색금융의 '투자기준'으로서 역할을 한다. 환경에 악영향을 끼치면서도 '친환경인 척'하는 위장행위를 막는 데 도움이 된다. 녹색분류체계에 포함됐다는 것은 온실가스 감축, 기후변화 적응, 물의 지속가능한 보전, 자원순환, 오염방지 및 관리, 생물다양성 보전 등 '6대 환경목표'에 기여하는 경제활동이라는 의미다. 그러나 윤석열 정부 들어 애초 제외됐던 원자력발전을 포함시키면서 원전에 대한 논쟁이 다시 불거지기도 했다.

40 ESG

기업의 비재무적인 요소인 환경과 사회적 책무, 지배구조

ESG는 'Environmental', 'Social', 'Governance'의 앞 글자를 딴 용어로 기업의 비재무적인 요소인 환경과 사회적 책무, 지배구조를 뜻한다. '지속가능한 경영방식'이라고도 하는데, 기업을 운영하면서 사회에 미칠 영향을 먼저 생각하는 것을 말한다. ESG는 지역사회 문제와 기후변화에 대처하며 지배구조의 윤리적 개선을 통해 지속적인 성과를 얻으려는 방식이다. 기업들은 자사의 상품을 개발하며 재활용 재료 등 친환경적 요소를 배합하거나, 환경 캠페인을 벌이는 식으로 기후변화 대처에 일조한다. 또한 이사회에서 대표이사와 이사회 의장을 분리하여 서로 견제하도록 해 지배구조 개선에 힘쓰기도 한다. 아울러 직원들의 복지를 강화하고, 지역사회에 보탬이 되는 봉사활동을 기획하는 등 사회와의 따뜻한 동행에도 노력하게 된다.

41 파운드리 Foundry

반도체 위탁생산 시설

반도체 생산 기술과 설비를 보유해 반도체 상품을 위탁생산해주는 것을 말한다. 제조과정만 담당하며 외주 업체가 전달한 설계 디자인을 바탕으로 반도체를 생산한다. 주조 공장이라는 뜻을 가진 영단어 'Foundry(파운드리)'에서 유래했다. 대만 TSMC가 대표적인 파운드리 기업이다. 반면 팹리스(Fabless)는 파운드리와 달리 설계만 전문으로 한다. 반도체 설계 기술은 있지만 공정 비용에 부담을 느껴 위탁을 주거나 비메모리에 주력하는 기업으로 애플, 퀄컴이 대표적인 팹리스 기업이다.

42 엔데믹 Endemic

한정된 지역에서 주기적으로 발생하는 감염병

특정 지역의 주민들에게서 주기적으로 발생하는 풍토병을 말한다. '-demic'은 '사람 또는 사람들이 사는 지역' 등을 뜻하는 고대 그리스어의 남성형 명사 'demos'에서 유래한 말로 감염병이 특정 지역이나 사람에 한정된 경우를 가리킨다. 넓은 지역에서 강력한 피해를 유발하는 팬데믹과 달리 한정된 지역에서 주기적으로 발생하는 감염병이기 때문에 감염자 수가 어느 정도 예측이 가능하다. 말라리아, 뎅기열 등이 이에 속하고, 코로나19도 엔데믹으로 전환됐다.

43 인구절벽

생산가능인구(만 15 ~ 64세)의 비율이 급속도로 줄어드는 사회경제 현상

한 국가의 미래성장을 예측하게 하는 인구지표에서 생산가능인구인 만 15세 ~ 64세 비율이 줄어들어 경기가 둔화하는 현상을 가리킨다. 이는 경제 예측 전문가인 해리 덴트가 자신의 저서 〈인구절벽(Demographic Cliff)〉에서 사용한 용어로 청장년층의 인구 그래프가 절벽과 같이 떨어지는 것에 비유했다. 그에 따르면 한국 경제에도 이미 인구절벽이 시작돼 2024년부터 '취업자 마이너스 시대'가 도래할 전망이다. 취업자 감소는 저출산·고령화 현상으로 인한 인구구조의 변화 때문으로, 인구 데드크로스로 인해 중소기업은 물론 대기업까지 구인난을 겪게 된다.

> **인구 데드크로스**
> 저출산·고령화 현상으로 출생자 수보다 사망자 수가 많아지며 인구가 자연 감소하는 현상이다. 우리나라는 2020년 출생자 수가 27만 명, 사망자 수는 30만 명으로 인구 데드크로스 현상이 인구통계상에서 처음 나타났다. 인구 데드크로스가 발생하면 의료 서비스와 연금에 대한 수요가 늘어나며 개인의 공공지출 부담이 증가하게 된다. 또한 국가 입장에서는 노동력 감소, 소비 위축, 생산 감소 등의 현상이 동반되어 경제에 큰 타격을 받는다.

44 합계출산율

한 여성이 가임기간 동안 낳을 것으로 기대되는 평균 출생아 수

인구동향조사에서 15~49세의 가임여성 1명이 평생 동안 낳을 것으로 추정되는 출생아 명수를 통계화한 것이다. 한 나라의 인구증감과 출산수준을 비교하기 위해 대표적으로 활용되는 지표로서 일반적으로 연령별 출산율의 합으로 계산된다. 2023년 4분기 우리나라의 합계출산율은 0.65명으로 역대 최저를 기록했다. 2024년 4월 기준 경제협력개발기구(OECD) 회원국 중 합계출산율이 1.00명 미만인 국가는 우리나라가 유일하다.

45 촉법소년

범죄를 저지른 만 10세 이상 14세 미만 청소년

범죄를 저지른 만 10세 이상 14세 미만 청소년으로, 형사책임능력이 없어 형사처벌을 받지 않고, 가정법원의 처분에 따라 보호처분을 받거나 소년원에 송치된다. 최근 들어 아동과 청소년의 범죄가 심각해지고, 이 과정에서 촉법소년 제도를 악용하는 사례도 발생하면서 촉법소년의 연령을 낮추자는 의견이 정치권에서 제기됐다. 지난 2022년 11월 정부는 소년범죄 종합대책을 발표하면서 형법·소년법을 개정해 촉법소년 상한연령을 '만 14세 미만'에서 '만 13세 미만'으로 1살 내리겠다고 발표했다. 또 검찰청에 '소년부'를 설치하고 소년범죄 예방·교화를 위한 프로그램도 강화한다고 밝힌 바 있다.

46 그린워싱 Green Washing

친환경 제품이 아닌 것을 친환경 제품인 척 홍보하는 것

친환경 제품이 아닌 것을 친환경 제품으로 속여 홍보하는 것이다. 초록을 뜻하는 그린(Green)과 영화 등의 작품에서 백인 배우가 유색인종 캐릭터를 맡을 때 사용하는 화이트 워싱(White Washing)의 합성어로 위장환경주의라고도 한다. 기업이 제품을 만드는 과정에서 환경오염을 유발하지만 친환경 재질을 이용한 제품 포장 등만을 부각해 마케팅하는 것이 그린워싱의 사례다. 2007년 미국 테라초이스가 발표한 그린워싱의 7가지 유형을 보면 ▲ 상충효과 감추기 ▲ 증거 불충분 ▲ 애매모호한 주장 ▲ 관련성 없는 주장 ▲ 거짓말 ▲ 유행상품 정당화 ▲ 부적절한 인증라벨이 있다.

47 킬러문항

대학수학능력시험의 변별력을 따지기 위해 의도적으로 출제하는 초고난도 문항

킬러문항은 대학수학능력시험(수능)의 변별력을 갖추기 위해 출제기관이 최상위권 수험생들을 겨냥해 의도적으로 출제하는 초고난도 문항을 말한다. 2023년 6월 윤석열 대통령이 이른바 '공정수능'을 언급하면서 2023년 6월 모의평가에 킬러문항이 사전 지시대로 배제되지 않았다고 해 파장이 일었다. 이에 서둘러 정부는 2024학년도 수능에서 사교육을 받아야만 풀 수 있는 킬러문항을 배제하겠다고 발표했고, 이 때문에 수능을 불과 5개월여 앞둔 학생과 학부모, 교육현장은 혼란에 빠졌다. 앞서 2022년 사교육비가 26조 원으로 역대최대를 기록했고, 킬러문항 논란까지 터지면서 정부는 '사교육비 경감 종합대책'을 내놨다. 여기엔 킬러문항 배제와 함께 수능 출제위원들의 사교육 영리활동을 금지하고 유아를 대상으로 한 영어유치원 편법운영을 단속하겠다는 등의 방침이 담겼다. 그러나 킬러문항 배제 외에 수능의 변별력을 어떻게 갖출 것인가에 대한 구체적인 대안은 없었고, 사교육 문제는 교육열과 학벌주의·노동임금 격차 등이 복합적으로 얽힌 문제라 정부의 대책이 근본적인 해결방안이 될 수 없다는 비판도 나왔다.

48 고교학점제

고등학생도 진로에 따라 과목을 골라 수강할 수 있는 제도

고등학생도 대학생처럼 진로와 적성에 맞는 과목을 골라 듣고 일정 수준 이상의 학점을 채우면 졸업할 수 있도록 한 제도이다. 일부 공통과목은 필수로 이수해야 하고, 3년간 총 192학점을 이수하면 졸업할 수 있다. 교육부는 고교학점제를 2025년에 전면적으로 시행하기 위해, 2023년부터 부분적으로 도입했다. 고교학점제에서는 다양한 선택과목들을 개설함으로써 자율성을 살리고 진로를 감안하여 수업을 선택한다. 또한 2025학년도에는 1학년을 제외한 2·3학년은 성취평가제를 실시할 방침이다. 기존처럼 상대평가로 내신 9등급을 산출하지 않고, 대학교처럼 각 과목이 요구하는 성취도에 따라 평가가 5단계로 나눠지는 절대평가의 성격을 띠게 된다.

49 워케이션 Worcation

휴가지에서 업무를 근무로 인정하는 형태

워케이션(Worcation)은 일(Work)과 휴가(Vacation)의 합성어로, 휴가지에서의 업무를 급여가 발생하는 일로 인정해주는 근무형태이다. 시간과 장소에 구애받지 않고 회사 이외 장소에서 근무하는 텔레워크(Telework) 이후에 새롭게 등장한 근무방식으로 재택근무의 확산과 함께 나타났다. 미국에서 시작됐으며 일본에서 노동력 부족과 장시간 노동을 해결하기 위한 방안으로 점차 확산되고 있다.

50 실업급여

고용보험에 가입한 근로자가 비자발적으로 실직 후 재취업 기간 동안 지급되는 지원금

고용보험에 가입한 근로자가 실직하고 재취업활동을 하는 동안 생계안정과 취업의지를 고양하기 위해 국가가 지급하는 지원금이다. 보통 실업급여라고 칭하는 '구직급여'와 '구직촉진수당'으로 나뉜다. 실업급여는 실직한 날을 기준으로 18개월 중 180일 이상 근무하다가, 직장이 문을 닫거나 구조조정(해고) 등 자의와는 상관없이 실직한 사람에게 지급된다. 2023년 정부·여당에서는 실업급여의 관대한 수급조건을 악용하거나, 받은 이후 재취업 노력을 제대로 하지 않는 사례가 많다며 수급조건을 강화하고 수급액을 줄이겠다는 계획을 내놨다.

51 MZ세대

디지털 환경에 익숙한 밀레니엄 세대와 Z세대를 부르는 말

1980년대 ~ 2000년대 초 출생해 디지털과 아날로그를 함께 경험한 밀레니얼 세대(Millennials)와 1990년 중반 이후 디지털 환경에서 태어난 Z세대(Generation Z)를 통칭하는 말이다. 이들은 일에 대한 희생보다 스포츠, 취미활동, 여행 등에서 삶의 의미를 찾으며 여가와 문화생활에 관심이 많다. 경제활동인구에서 차지하는 비율이 점차 높아지고 있으며, 향후 15년간 기존 세대를 뛰어넘는 구매력을 가질 것으로 평가된다. 디지털 미디어에 익숙하며 스포츠, 게임 등 동영상 콘텐츠를 선호한다.

52 알파세대

2010년대 초 ~ 2020년대 중반에 출생한 세대

2010년 이후에 태어난 이들을 지칭하는 용어로 다른 세대와 달리 순수하게 디지털 세계에서 나고 자란 최초의 세대로도 분류된다. 어릴 때부터 기술적 진보를 경험했기 때문에 스마트폰이나 인공지능(AI), 로봇 등을 사용하는 것에 익숙하다. 그러나 사람과의 소통보다 기계와의 일방적 소통에 익숙해 정서나 사회성 발달에 부정적인 영향이 나타날 수 있다는 우려도 있다. 알파세대는 2025년 약 22억 명에 달할 것으로 예측되고 있으며, 소비시장에서도 영향력을 확대하는 추세다.

53 넷제로 Net Zero

순 탄소배출량을 0으로 만드는 탄소중립 의제

배출하는 탄소량과 흡수·제거하는 탄소량을 같게 함으로써 실질적인 탄소배출량을 '0'으로 만드는 것을 말한다. 즉, 온실가스 배출량(+)과 흡수량(−)을 같게 만들어 더 이상 온실가스가 늘지 않는 상태를 말한다. 기후학자들은 넷제로가 달성된다면 20년 안에 지구 표면온도가 더 상승하지 않을 것이라고 보고 있다. 지금까지 100개 이상의 국가가 2050년까지 넷제로에 도달하겠다고 약속했다. 미국의 조 바이든 대통령은 공약으로 넷제로를 선언했고 우리나라 역시 장기저탄소발전전략(LEDS)을 위한 '넷제로2050'을 발표하고 2050년까지 온실가스 순배출을 '0'으로 만드는 탄소중립 의제를 세웠다.

54 소득 크레바스

은퇴 후 국민연금을 받을 때까지 일정 소득이 없는 기간

크레바스(Crevasse)는 빙하가 흘러내리면서 얼음에 생기는 틈을 의미하는 것으로, 소득 크레바스는 은퇴 당시부터 국민연금을 수령하는 때까지 소득에 공백이 생기는 기간을 말한다. '생애 주된 직장'의 은퇴시기를 맞은 5060세대의 큰 고민거리라 할 수 있다. 소득 크레바스에 빠진 5060세대들은 소득 공백을 메우기 위해, 기본적인 생활비를 줄이고 창업이나 재취업, 맞벌이 같은 수익활동에 다시금 뛰어들고 있는 실정이다.

55 조용한 사직 Quiet Quitting

정해진 시간과 범위 내에서만 일하고 초과근무를 거부하는 노동방식

직장을 그만두지는 않지만 정해진 업무시간과 업무범위 내에서만 일하고 초과근무를 거부하는 노동방식을 뜻하는 신조어다. 'Quiet Quitting'을 직역하면 '직장을 그만두겠다'는 의미이지만 실제로는 '직장에서 최소한의 일만 하겠다'는 뜻이다. 미국 뉴욕에 거주하는 20대 엔지니어기사 자이드 플린이 자신의 틱톡 계정에 올린 동영상이 화제가 되면서 전 세계로 확산됐다. 워싱턴포스트는 이에 대해 직장인들이 개인의 생활보다 일을 중시하고 일에 열정적으로 임하는 '허슬 컬쳐(Hustle Culture)'를 포기하고 직장에서 주어진 것 이상을 하려는 생각을 중단하고 있다는 것을 보여주는 현상이라고 분석했다.

56 지방소멸

고령화·인구감소로 지방의 지역공동체가 기능하기 어려워져 소멸되는 상태

저출산과 고령화, 수도권의 인구집중이 초래하는 사회문제로 지방의 인구감소로 경제생활·인프라, 공동체가 소멸되는 현상을 말한다. 지방인구소멸은 더욱 가속화되고 있다. 2023년 말을 기준으로 전국 228개 시·군·구 중 121곳이 인구소멸위험지역으로 분류됐다. 소멸위험지역은 소멸위험지수를 통해 한국고용정보원이 산출하게 된다. 소멸위험지수는 한 지역의 20~39세 여성 인구를 65세 이상 인구로 나눈 값이다. 이 지수값이 1.5 이상이면 저위험, 1.0~1.5인 경우 보통, 0.5~1.0인 경우 주의, 0.2~0.5는 위험, 0.2 미만은 고위험으로 분류된다. 2023년 말 고위험지역으로 분류된 지역은 시·군·구 52개다.

57 교권회복 4법

교사의 정당한 교육활동을 보호하기 위해 제정된 4개의 법률개정안

'교사의 정당한 생활지도는 아동학대로 보지 않는다'는 내용을 골자로 한 교원지위법, 초·중등교육법, 유아교육법, 교육기본법 등 4개 법률개정안을 말한다. 지난 2023년 7월 서울 서초구 서이초등학교 교사가 사망한 사건 이후 전국에서 교권침해로 인한 교사들의 사망이 잇따라 알려지자 대책마련을 요구하는 목소리가 높아지면서 추진됐다. 개정안에 따라 교원이 아동학대로 신고돼도 마땅한 사유가 없는 한 직위해제 처분을 금지하며, 교장은 교육활동 침해행위를 축소·은폐할 수 없다. 또한 교육지원청이 교권침해 조치업무를 전담한다는 내용과 부모 등 보호자가 학교의 정당한 교육활동에 협조하고 존중해야 한다는 점 등도 포함됐다.

58 플로깅 Plogging

조깅을 하면서 쓰레기를 줍는 운동

달리거나 산책을 하면서 쓰레기를 줍는 것을 말한다. '이삭을 줍는다'는 뜻인 스웨덴어 'Plocka upp'과 천천히 달리는 운동을 뜻하는 영어단어 '조깅(Jogging)'의 합성어다. 쓰레기를 줍기 위해 앉았다 일어나는 동작이 스쾃 자세와 비슷하다는 데서 생겨났다. 2016년 스웨덴에서 처음 시작돼 북유럽을 중심으로 빠르게 확산했고 최근 기업이나 기관에서도 플로깅을 활용한 마케팅이 활발해지는 추세다. 쓰레기를 담은 봉투를 들고 뛰기 때문에 보통의 조깅보다 열량 소모가 많고 환경도 보호한다는 점에서 호응을 얻고 있다.

59 셰일오일 Shale Oil

미국에서 2010년대 들어서 개발되기 시작한 퇴적암 오일

퇴적암의 한 종류인 셰일층에서 채굴할 수 있는 '액체 탄화수소'를 가리키는 말이다. 이전에는 채굴 불가능하거나 시추 비용이 많이 들어 채산성이 없다고 여겨진 자원들이었다. 그런데 '수압파쇄', '수평시추' 등의 기술 개발로 셰일오일이 채산성을 갖춘 자원이 되면서 2010년 중반부터 생산량이 폭발적으로 늘어나 2018년에는 미국을 최대 산유국으로 만들었다. 현재 발견된 매장량은 향후 200년가량 사용할 것으로 추정된다. 미국은 셰일오일을 통해 에너지 자립을 이뤘고 중동산유국 등 유가에 대한 영향력이 축소됐다. 이를 '셰일혁명'이라고 부른다.

60 누리호 · KSLV-Ⅱ

우리나라 최초의 저궤도 실용위성 발사용 로켓

누리호는 2021년 6월에 개발된 우리나라 최초의 저궤도 실용위성 발사용 로켓이다. 국내 독자기술로 개발한 3단 액체로켓으로, 액체연료 엔진부터 발사체에 탑재된 위성을 보호하는 덮개인 페어링에 이르기까지 핵심기술과 장비 모두 국내 연구진이 개발했다. 누리호에 실린 성능검증위성이 발사에 성공해 궤도에 안착하면서 우리나라는 세계 7번째로 1t 이상인 실용적 규모의 인공위성을 자체기술로 쏘아 올린 나라가 됐다. 또한 2023년 5월 25일에는 첫 실전발사에 성공하면서 처음으로 실용급 위성을 계획된 궤도에 안착시켰다.

61 다누리 KPLO

우리나라의 첫 달 탐사궤도선

다누리는 2022년 8월 발사된 우리나라의 첫 달 탐사궤도선으로 태양과 지구 등 천체의 중력을 이용해 항행하는 궤적에 따라 이동하도록 설계됐다. 달로 곧장 가지 않고 태양 쪽의 먼 우주로 가서 최대 156만km까지 거리를 벌렸다가 다시 지구 쪽으로 돌아와 달에 접근했다. 다누리는 145일 만에 달 상공의 임무궤도에 안착했으며, 약 2시간 주기로 달을 공전한다. 다누리의 고해상도카메라는 달 표면 관측영상을 찍어 달 착륙 후보지를 고르고, 광시야편광카메라 등은 달에 매장된 자원을 탐색하게 된다.

62 청정수소
전기를 발생하는 과정에서 이산화탄소를 적게 배출하는 수소

청정수소는 신재생에너지 가운데 하나로 전기를 생산할 때 이산화탄소를 적게 혹은 전혀 배출하지 않는 수소를 말한다. 수소발전은 보통 산소와 수소의 화학반응을 이용하는데 이 과정에서 이산화탄소가 발생하게 된다. 반면 청정수소는 이산화탄소 대신 순수한 물만을 부산물로 배출한다. 청정수소는 그 생산방식에 따라 그린수소, 천연가스를 이용해 생산하는 부생수소·추출수소 등의 그레이수소, 그레이수소 생산과정에서 발생하는 탄소를 포집해 저장·활용하는 블루수소, 원전을 활용한 핑크수소 등으로 분류된다.

63 챗GPT
대화 전문 인공지능 챗봇

인공지능 연구재단 오픈AI(Open AI)가 개발한 대화 전문 인공지능 챗봇이다. 사용자가 대화창에 텍스트를 입력하면 그에 맞춰 대화를 나누는 서비스로 오픈AI에서 개발한 대규모 인공지능 모델 'GPT-3.5' 언어기술을 기반으로 한다. 챗GPT는 인간과 자연스럽게 대화를 나누기 위해 수백만 개의 웹페이지로 구성된 방대한 데이터베이스에서 사전 훈련된 대량생성 변환기를 사용하고 있으며, 사용자가 대화 초반에 말한 내용을 기억해 답변하기도 한다. 한편 오픈AI는 2023년 3월 더 향상된 AI 언어모델인 'GPT-4'를 공개했다. GPT-4의 가장 큰 특징은 텍스트만 입력 가능했던 기존 GPT-3.5와 달리 이미지를 인식하고 해석할 수 있는 '멀티모달(Multimodal)' 모델이라는 점이다.

64 사물배터리 BoT ; Battery of Things
배터리가 에너지원이 되어 모든 사물을 연결하는 것

모든 사물에 배터리가 동력원으로 활용돼 배터리가 미래 에너지 산업의 핵심이 되는 것을 일컫는 말이다. 〈에너지 혁명 2030〉의 저자인 미국 스탠퍼드 대학교의 토니 세바 교수가 "모든 사물이 배터리로 구동하는 시대가 올 것"이라고 말한 데서 유래했다. 인터넷을 통해 여러 기기를 연결하는 것을 '사물인터넷(IoT)'이라고 부르듯이 배터리를 중심으로 세상에 존재하는 모든 사물들이 연결돼 일상생활 곳곳에 배터리가 사용되는 환경을 말한다. 스마트폰, 태블릿PC, 각종 웨어러블 기기 등의 IT 제품들이 사물배터리 시대를 열었으며, 최근에는 Non-IT 기기인 전기자전거, 전동공구 등에도 배터리가 사용되고 있다.

65 다크 패턴 Dark Pattern

사람을 속이기 위해 디자인된 온라인 인터페이스

다크 패턴은 애플리케이션이나 웹사이트 등 온라인에서 사용자를 기만해 이득을 취하는 인터페이스를 말한다. 영국의 UX 전문가인 '해리 브링널'이 만든 용어로 온라인 업체들이 이용자의 심리나 행동패턴을 이용해 물건을 구매하거나 서비스에 가입하게 하는 것이다. 가령 웹사이트에서 프로그램을 다운받아 설치할 때 설치 인터페이스에 눈에 잘 띄지 않는 확인란을 숨겨 추가로 다른 프로그램이 설치되게 만든다든지, 서비스의 자동결제를 은근슬쩍 유도하기도 한다. 또 서비스에 가입하면서 이용자는 꼭 알아야 하고 업체에겐 불리한 조항을 숨기는 등의 사례가 있다. 우리나라에서는 이 같은 다크 패턴의 폐해를 방지하기 위해 전자상거래법, 개인정보보호법 등 관련 법률개정안을 마련하고 있다.

66 엘니뇨 El Nino

평년보다 0.5℃ 이상 해수면 온도가 높은 상태가 5개월 이상 지속되는 현상

전 지구적으로 벌어지는 대양-대기 간의 기후현상으로, 해수면 온도가 평년보다 0.5℃ 이상 높은 상태가 5개월 이상 지속되는 이상해류 현상이다. 크리스마스 즈음에 발생하기 때문에 작은 예수 혹은 남자아이라는 뜻에서 이러한 이름이 붙었다. 엘니뇨가 발생하면 해수가 따뜻해져 증발량이 많아지고, 태평양 동부 쪽의 강수량이 증가한다. 엘니뇨가 강할 경우 지역에 따라 대규모의 홍수가 발생하기도 하고, 극심한 건조현상을 겪기도 한다. 미국 일간지 워싱턴포스트는 기후 전문가들을 인용해 강력한 엘니뇨의 영향으로 2024년 세계 기온이 이전 해보다 더 높을 수 있다고 보도했다.

67 NFT(대체불가토큰) Non Fungible Token

다른 토큰과 대체·교환될 수 없는 가상화폐

하나의 토큰을 다른 토큰과 대체하거나 서로 교환할 수 없는 가상화폐다. 2017년 처음 시장이 만들어진 이래 미술품과 게임아이템 거래를 중심으로 빠른 성장세를 보이고 있다. NFT가 폭발적으로 성장한 이유는 희소성 때문이다. 기존 토큰의 경우 같은 종류의 코인은 한 코인당 가치가 똑같았고, 종류가 달라도 똑같은 가치를 갖고 있다면 등가교환이 가능했다. 하지만 NFT는 토큰 하나마다 고유의 가치와 특성을 갖고 있어 가격이 천차만별이다. 또한 어디서, 언제, 누구에게 거래가 됐는지 모두 기록되어서 위조가 쉽지 않다는 것이 장점 중 하나다.

68 인터넷데이터센터 IDC

개인이나 기업 등으로부터 전산시설을 위탁받아 관리하는 곳

고객으로부터 인터넷 서비스에 필요한 서버나 전용회선, 네트워크 관리 기능 등을 위탁받아 관리하는 시설을 말한다. 이는 대규모 인터넷 전산센터를 설립해 호텔처럼 기업의 서버를 입주시켜 대신 관리해주기 때문에 '서버호텔'이라고도 한다. 인터넷 서버는 습기, 온도, 전력 등 주변환경에 매우 민감한 전산장비이므로 24시간 무정전상태를 유지하는 안정성과 네트워크 확장성을 갖추고 있어야 한다. IDC는 이런 장비를 전문적으로 운영·관리하고 인터넷회선에 연결해준다.

69 클릭화학

서로 다른 분자를 군더더기 없이 효율적으로 결합시키는 방법

분자를 장난감 블록을 결합하듯 군더더기 없이 원하는 물질로 합성하는 기술이다. 미국의 '배리 K. 샤플리스' 교수와 덴마크의 '모르덴 멜달' 교수가 개발했다. 본래 천연분자를 결합시키다 보면 원하는 물질 외에도 부산물이 생성되는데, 부산물이 본래 원했던 생성물보다 더 큰 작용과 반응을 일으킬 수 있다. 클릭화학은 이러한 부산물 없이 분자들이 결합되었을 때 생성되리라 예측되는 물질을 정확히 만들어낸다. 클릭화학을 통해 생체에 주입해도 안전한 물질을 새롭게 만들 수 있게 됐다. 미국의 '캐럴린 버토지' 교수가 창안한 '생체직교화학'은 세포 안에서도 분자들을 특정한 생성물로 깔끔하게 합성시킬 수 있다. 그는 분자합성물질로 예상된 생체반응을 이끌어내야 하는 신약품의 개발에 공을 세웠다. 위 세 과학자는 이 같은 업적으로 2022년 노벨화학상을 수상했다.

70 아스파탐

설탕의 200배 단맛을 내는 인공감미료

인공감미료의 일종으로 열량은 설탕과 동일하지만 감미도는 약 200배 높아 소량으로도 단맛을 낼 수 있다. 2023년 7월 세계보건기구의 국제암연구소 식품첨가물합동전문가위원회가 아스파탐을 '발암가능물질 2B'로 분류하면서 식품산업, 보건계가 충격에 휩싸였다. 2B군은 '암을 유발할 가능성이 있다'는 의미이지만, 실험을 통해 그 가능성이 충분히 입증되지는 않은 경우에 해당한다. 아스파탐은 최근 유행하는 '제로슈거' 식품에 흔히 쓰였으나, 아스파탐이 발암물질로 분류된다는 소식이 들리면서 식품업계는 대체제를 찾아 나섰다.

71 패스워드리스 Passwordless

사용자의 계정보안 강화 및 편의성 향상을 위해 등장한 차세대 로그인 방식

사용자가 직접 비밀번호를 만들고 계정에 접속했던 방식이 아니라 일회용 비밀번호(ORP), 지문인식, 생체인식, 안면인식 등의 방식으로 로그인하는 것을 말한다. 기존의 로그인 방식은 비밀번호를 기억하기 쉽도록 문자를 단순 나열하거나 하나의 비밀번호를 여러 사이트에서 동시에 사용하는 경우가 많아 한 곳에서 유출된 정보를 다른 곳에 무작위로 대입하는 '크리덴셜 스터핑'의 표적이 되기가 쉬웠다. 이에 기존의 로그인 방식을 개선하고 보안성과 편의성을 향상시키기 위해 등장했다. 최근 애플, 구글, 마이크로소프트를 필두로 패스워드리스를 상용화하는 계획이 진행되고 있으며, 네이버는 안드로이드 애플리케이션에 한해 패스워드리스 로그인 방식을 도입하기도 했다.

72 하이퍼튜브 Hyper Tube

공기저항이 거의 없는 튜브 속에서 자기력으로 주행하는 미래형 교통수단

공기저항이 거의 없는 아진공(0.001 ~ 0.01 기압) 튜브 내에서 자기력으로 차량을 추진·부상하여 시속 1,000km 이상으로 주행하는 교통시스템을 말한다. 항공기와 유사한 속도로 달리면서 열차처럼 도심 접근성을 충족시킬 수 있다는 점에서 차세대 운송시스템으로 주목받고 있다. 하이퍼튜브를 실현하기 위해서는 아진공 환경이 제공되고 주행통로가 되는 아진공 튜브, 자기력으로 차량을 추진·부상하는 궤도, 아진공으로부터의 객실의 기밀을 유지하며 주행하는 차량 등 3가지 구성요소가 확보돼야 한다. 현재 많은 국가에서 기술선점을 위한 노력이 계속되고 있으며 국내에서도 핵심기술 연구가 진행되고 있다.

73 초전도체

반자성을 띠며 특정 임계온도에서 저항이 0이 되는 물질

특정 임계온도에서 저항이 0이 되는 물질로, 저항이 없기 때문에 이를 활용하면 전력의 손실을 없앨 수 있다. 또 외부의 자기장에 반대되는 자기장을 갖는 반자성을 띤다. 초전도 현상을 이용한 기술은 이미 상용화되었으나, 이 현상을 구현하기 위한 초저온의 환경을 조성하는 데 많은 비용이 들어 상온·상압에서 작용하는 초전도체를 찾는 것은 오랜 숙원이었다. 그런데 2023년 국내의 퀀텀에너지연구소가 'LK-99'라고 이름 붙인 초전도체를 개발해냈다며 관련 논문을 인터넷에 게시하면서 전 세계의 이목을 끌었다. 그러나 국내외 연구진들이 논문 검증결과에 부정적 의견을 잇달아 내놓았고, 결국 사실이 아닌 것으로 밝혀졌다.

74 데이터마이닝 Datamining

데이터에서 유용한 정보를 도출하는 기술

'데이터(Data)'와 채굴을 뜻하는 '마이닝(Mining)'이 합쳐진 단어로 방대한 양의 데이터로부터 유용한 정보를 추출하는 것을 말한다. 기업활동 과정에서 축적된 대량의 데이터를 분석해 경영활동에 필요한 다양한 의사결정에 활용하기 위해 사용된다. 데이터마이닝은 통계학의 분석방법론은 물론 기계학습, 인공지능, 컴퓨터과학 등을 결합해 사용한다. 데이터의 형태와 범위가 다양해지고 그 규모가 방대해지는 빅데이터의 등장으로 데이터마이닝의 중요성은 부각되고 있다.

75 소형모듈원전 SMR

발전용량 300MW급의 소형원전

소형모듈원전(Small Modular Reactor, SMR)은 발전용량 300MW급의 소형원전을 뜻하며, 현재 차세대 원전으로 떠오르고 있다. 기존 대형원전은 발전을 위해서 원자로와 증기발생장치, 냉각제 펌프 등 갖가지 장치가 각각의 설비로서 설치돼야 한다. 그러나 SMR은 이 장치들을 한 공간에 몰아넣어 원전의 크기를 대폭 줄일 수 있다. 대형원전에 비해 방사능유출 위험이 적다는 장점도 있는데, 배관을 쓰지 않는 SMR은 노심이 과열되면 아예 냉각수에 담가버려 식힐 수 있다. 과열될 만한 설비의 수 자체도 적고, 나아가 원전 크기가 작은 만큼 노심에서 발생하는 열도 낮아 대형원전에 비해 식히기도 쉽다. 또 냉각수로 쓸 강물이나 바닷물을 굳이 끌어올 필요가 없기 때문에 입지를 자유롭게 고를 수 있다.

76 ALPS

일본 후쿠시마 제1원전의 오염수에서 방사성물질을 걸러내는 장치

ALPS는 'Advanced Liquid Processing System'의 약자로 일본 후쿠시마 제1원전 오염수의 방사성물질을 제거하기 위해 운용하는 장치다. '다핵종제거설비'라고도 한다. 2011년 동일본대지진이 일어나 후쿠시마 제1원전이 폭발했고 원자로의 핵연료가 녹아내리면서 이를 식히기 위해 냉각수를 투입했다. 점차 시간이 흐를수록 지하수, 빗물 등이 유입되면서 방사성물질이 섞인 냉각수, 즉 오염수가 일본 정부가 감당하기 어려울 만큼 늘어났다. 이에 일본 정부는 ALPS로 오염수를 정화시켜 해양에 방류하기로 결정했다. ALPS로 세슘, 스트론튬 등을 배출기준 이하로 제거해 방류하는데, ALPS 처리과정을 거쳐도 삼중수소(트리튬)는 제거할 수 없어 안전성에 대한 우려를 낳았다. 그러나 세계 각국의 우려 표명에도 일본 정부가 방류를 강행하기로 결정해 논란이 됐다.

77 제임스 웹 우주망원경

허블우주망원경을 대체할 우주 관측용 망원경

허블우주망원경을 대체할 망원경이다. 별칭인 NGST는 'Next Generation Space Telescope'의 약자로 차세대 우주망원경이라는 의미다. NASA의 제2대 국장인 제임스 웹의 업적을 기리기 위해 '제임스 웹 우주망원경'이라고 이름 지어졌다. 이 망원경은 허블우주망원경보다 반사경의 크기가 더 커지고 무게는 더 가벼워진 한 단계 발전된 우주망원경이다. NASA와 유럽 우주국, 캐나다 우주국이 함께 제작했다. 허블우주망원경과 달리 적외선 영역만 관측할 수 있지만, 더 먼 우주까지 관측할 수 있도록 제작됐다.

78 유전자가위

세포의 유전자를 절삭하는 데 사용하는 기술

동식물 유전자의 특정 DNA 부위를 자른다고 하여 '가위'라는 표현을 사용하는데, 손상된 DNA를 잘라낸 후에 정상 DNA로 바꾸는 기술이라 할 수 있다. 1·2세대의 유전자가위가 존재하며 3세대 유전자가위인 '크리스퍼 Cas9'도 개발됐다. 크리스퍼는 세균이 천적인 바이러스를 물리치기 위해 관련 DNA를 잘게 잘라 기억해 두었다가 다시 침입했을 때 물리치는 면역체계를 부르는 용어인데, 이를 이용해 개발한 기술이 3세대 유전자가위인 것이다. 줄기세포·체세포 유전병의 원인이 되는 돌연변이 교정, 항암세포 치료제와 같이 다양하게 활용될 수 있다.

79 도심항공교통 UAM

전동 수직이착륙기를 활용한 도심교통 시스템

기체, 운항, 서비스 등을 총칭하는 개념으로 전동 수직이착륙기(eVTOL)를 활용하여 지상에서 450m 정도의 저고도 공중에서 이동하는 도심교통 시스템을 말한다. '도심항공모빌리티'라고도 부르는 도심항공교통(UAM ; Urban Air Mobility)은 도심의 교통체증이 한계에 다다르면서 이를 극복하기 위해 추진되고 있다. UAM의 핵심인 eVTOL은 옥상 등에서 수직이착륙이 가능해 활주로가 필요하지 않으며, 내장된 연료전지와 배터리로 전기모터를 구동해 탄소배출이 거의 없다. 또한 소음이 적고 자율주행도 수월한 편이라는 점 때문에 도심형 친환경 항공 교통수단으로 각광받고 있다.

80 부커상 Booker Prize

세계 3대 문학상 중 하나

1969년 영국의 부커사가 제정한 문학상이다. 노벨문학상, 프랑스의 공쿠르 문학상과 함께 세계 3대 문학상 중 하나로, 해마다 영국연방국가에서 출판된 영어소설들을 대상으로 시상해왔다. 그러다 2005년에 영어로 출간하거나 영어로 번역한 소설을 대상으로 상을 수여하는 인터내셔널 부문을 신설했다. 신설된 후 격년으로 진행되다가 2016년부터 영어번역 소설을 출간한 작가와 번역가에 대해 매년 시상하는 것으로 변경했다. 국내작품 중에서는 한강의 〈채식주의자〉가 2016년 인터내셔널 수상작으로 선정되면서 화제를 모았다. 2023년에는 천명관 작가가 〈고래〉로 인터내셔널 최종후보에 올랐으나 아쉽게도 수상에 이르지는 못했다.

81 KBS 수신료 분리징수

전기요금에 포함된 TV 수신료를 별도 징수하는 방안

공영방송 KBS와 EBS 수신료의 징수방식 변경에 대한 사안이다. 특히 KBS의 수신료 징수 문제가 도마에 올랐다. TV 수신료는 방송법에 따라 '텔레비전 수상기를 소지한 사람'에 대해 매달 2,500원을 의무적으로 내게 하는 것이다. 과거에는 KBS 징수원이 가정을 돌며 수신료를 걷었지만 1994년부터 전기요금에 수신료가 통합되면서 한국전력이 징수업무를 위탁받아 대행했다. KBS 수신료를 전기요금과 분리하는 문제는 윤석열 정부가 출범하며 가열됐다. 윤석열 대통령은 "공영방송의 위상정립과 공적책무이행을 위해 경영평가, 지배구조, 수신료 등 관련 법·제도를 개선하겠다"고 했다. 이어 정부와 여당이 분리징수에 대한 분위기 조성에 나섰고, 방송통신위원회가 수신료 징수방식을 변경하는 방송법 시행령 개정을 추진했다. 수신료 분리징수는 윤 대통령이 개정안을 재가함에 따라 현실화됐다. KBS 측은 분리징수를 하게 되면 수입이 급감해 방송운영에 타격이 클 것이라 반발했고, 야권도 정부의 공영방송 장악 시도라며 반대하고 나섰다.

82 스텔스 럭셔리

브랜드 로고가 드러나지 않는 소박한 디자인의 명품

'살며시'라는 뜻의 'Stealth'와 '명품'을 뜻하는 'Luxury'의 합성어로 '조용한 명품'을 의미한다. 브랜드 로고가 없거나 매우 작게 표시돼 있고 디자인이 소박한 명품을 말한다. 눈에 띄는 디자인으로 브랜드의 존재감을 부각하고자 했던 기존의 트렌드에서 벗어나 단조로운 색상과 수수한 디자인으로 고전적인 감성을 살리는 것이 특징이다. 코로나19 이후 불확실한 경제상황과 혼란스러운 분위기가 지속되면서 패션업계에서는 본인의 경제력을 감추기 위해 스텔스 럭셔리가 유행하고 있다.

83 사도광산

일본 니가타현에 소재한 일제강점기 조선인 강제노역 현장

사도광산은 일본 니가타현에 있는 에도시대 금광으로 일제강점기 당시 조선인 강제노역이 자행된 곳이다. 일본은 현재 사도광산을 세계문화유산으로 등재하기 위해 애쓰고 있어 '제2의 군함도'가 될 수 있다는 우려가 나온다. 일본은 2022년 9월 사도광산을 세계유산으로 지정하기 위한 잠정 추천서를 유네스코에 다시 제출했다. 일본 정부는 사도광산 추천서에서 대상 기간을 16~19세기 중반으로 한정해 일제강점기 조선인 강제노동을 사실상 배제했다. 우리나라는 그간 사도광산의 등재 추진에 대한 문제점을 유네스코와 일본에 지속적으로 제기해왔다. 일본이 사도광산을 등재할 수 있을지는 확실치 않은데, 유네스코가 역사 문제를 둘러싼 한일대립을 세계유산위원회로 끌어들이는 것에 대해 부담을 갖고 있기 때문이다.

84 버튜버

가상의 아바타를 대신 내세워 활동하는 유튜버

사람이 직접 출연하는 대신 표정과 행동을 따라 하는 가상의 아바타를 내세워 시청자와 소통하는 '버추얼 유튜버(버튜버)'가 콘텐츠 업계를 달구고 있다. 버튜버는 초창기에는 소수의 마니아층만 즐기던 콘텐츠였으나, 시청자 층이 코로나19를 계기로 대폭 늘어나면서 대기업은 물론 지방자치단체까지 관심을 가지고 뛰어드는 모양새다. 버튜버는 콘텐츠 제작자가 얼굴을 직접 드러내지 않아도 되기 때문에 부담 없이 다양한 시도를 해볼 수 있고, 시청자 입장에서도 사람이 아닌 캐릭터를 상대하는 느낌을 줘 더 편하게 받아들일 수 있다는 게 강점이다.

85 제로웨이스트 Zero Waste

일상생활에서 쓰레기를 줄이기 위한 환경운동

일상생활에서 쓰레기가 나오지 않도록 하는(Zero Waste) 생활습관을 이른다. 재활용 가능한 재료를 사용하거나 포장을 최소화해 쓰레기를 줄이거나 그것을 넘어 아예 썩지 않는 생활 쓰레기를 없애는 것을 의미한다. 비닐을 쓰지 않고 장을 보거나 포장 용기를 재활용하고, 대나무 칫솔과 천연 수세미를 사용하는 등의 방법으로 이뤄진다. 친환경 제품을 사는 것도 좋지만 무엇보다 소비를 줄이는 일이 중요하다는 의견도 공감을 얻고 있다. 환경보호가 중요시되면서 관련 캠페인에 참여하는 사람들이 증가하고 있다.

86 구독경제 Subscription Economy

구독료를 내고 필요한 물건이나 서비스를 이용하는 것

일정 기간마다 비용(구독료)을 지불하고 필요한 물건이나 서비스를 이용하는 경제활동을 뜻한다. 영화나 드라마, 음악은 물론이고 책이나 게임에 이르기까지 다양한 품목에서 이뤄지고 있다. 이 분야는 스마트폰의 대중화로 빠르게 성장하고 있는 미래 유망 산업군에 속한다. 구독자에게 동영상 스트리밍 서비스를 제공하는 넷플릭스의 성공으로 탄력을 받았다. 특정 신문이나 잡지 구독과 달리 동종의 물품이나 서비스를 소비자의 취향에 맞춰 취사선택해 이용할 수 있다는 점에서 효율적이다.

87 밀프렙족

도시락을 직접 싸서 다니는 사람을 일컫는 신조어

'밀프렙(Meal Prep)을 하는 사람들'을 뜻하는 말로, 여기서 밀프렙이란 식사를 뜻하는 영단어 'Meal'과 준비를 뜻하는 'Preparation'이 합쳐진 용어다. 일정 기간 동안 먹을 식사를 한번에 미리 준비해두고 끼니마다 먹는 사람을 일컫는 신조어다. 시중에서 사먹는 것보다 건강한 식단을 구성할 수 있고, 시간과 식비를 절감할 수 있다. 특히 최근 고물가시대가 지속되면서 1만 원에 육박하는 점심비용을 아끼려는 직장인 등을 중심으로 밀프렙족이 증가하는 추세다.

88 크로스미디어렙 Cross Media Rep

방송사 광고 및 통신광고 판매를 허용하는 제도

방송사 광고영업을 대신 해주는 '미디어렙'에 인터넷, 모바일 등 통신광고 판매까지 허용하는 제도를 말한다. 기존에는 금지한 광고유형을 제외하고 모든 광고를 허용하는 네거티브 광고규제를 실시해왔으나, 온라인광고가 방송광고시장을 빠른 속도로 잠식하면서 크로스미디어렙에 대한 논의가 이뤄지기 시작했다. 이에 급변하는 미디어환경의 특성을 반영해 네거티브 광고규제를 완화하고 크로스미디어렙을 도입하는 법안이 추진됐다. 크로스미디어렙이 허용될 경우 통합 광고 효과를 분석하고 전체 미디어에 대한 마케팅 역량 축적이 가능해져 유튜브 등 글로벌사업자 위주의 데이터 독점현상을 해소할 수 있다.

89 보편적 시청권

전 국민적 관심을 받는 스포츠를 시청할 수 있는 권리

전 국민적 관심을 받는 스포츠를 시청할 수 있는 권리다. 이 권리가 보장되기 위해서는 무료 지상파 채널이 우선으로 중계권을 소유해야 한다. 해당 제도는 유럽의 '보편적 접근권'을 원용한 것으로 2007년 방송법이 개정되면서 처음 도입됐다. 방송통신위원회는 모호한 의미였던 '국민적 관심이 매우 큰 체육경기대회'를 구체화하면서 2016년 방송수단을 확보해야 하는 시청범위를 90%와 75%를 기준으로 나눴다. 90%는 동·하계 올림픽과 월드컵, 75%는 WBC(월드 베이스볼 챔피언) 등이다.

90 거지방

절약을 유도할 목적으로 만들어진 카카오톡 오픈채팅방

익명의 사람들이 모여 지출내역을 공유하는 카카오톡 오픈채팅방이다. 채팅방별로 운영규칙이 조금씩 다르지만, 지출을 줄이고 절약을 공통목표로 정해 서로의 지출내역을 공개하고 의견을 주고받는 방식으로 운영된다. 불필요한 소비를 한 경우 따끔한 충고나 질책으로 충동구매를 막거나 잘못된 소비습관을 돌아보게 만든다는 점에서 화제가 됐다. 또 소비허락을 구하는 글에 재치와 풍자가 담긴 답변이 이어지는 등 극단적인 소비와 절약을 놀이문화로 재탄생시켰다는 평가를 받는다. MZ세대 사이에서 유행한 거지방은 고물가, 고금리 등으로 어려운 경제상황 속에서 극단적으로 소비를 줄이려는 2030세대의 상황이 반영된 것으로 '지출제로'를 실천하는 무지출챌린지와 비슷하다.

91 인포데믹 Infodemic

거짓정보, 가짜뉴스 등이 미디어, 인터넷 등을 통해 매우 빠르게 확산되는 현상

'정보'를 뜻하는 'Information'과 '유행병'을 뜻하는 'Epidemic'의 합성어로, 잘못된 정보나 악성루머 등이 미디어, 인터넷 등을 통해 무분별하게 퍼지면서 전염병처럼 매우 빠르게 확산되는 현상을 일컫는다. 미국의 전략분석기관 '인텔리브리지' 데이비드 로스코프 회장이 2003년 워싱턴포스트에 기고한 글에서 잘못된 정보가 경제위기, 금융시장 혼란을 불러올 수 있다는 의미로 처음 사용했다. 허위정보가 범람하면 신뢰성 있는 정보를 찾아내기 어려워지고, 이 때문에 사회 구성원 사이에 합리적인 대응이 어려워지게 된다. 인포데믹의 범람에 따라 정보방역이 중요성도 강조되고 있다.

92 멀티 페르소나 Multi-persona

상황에 따라 다양한 형태의 자아를 갖는 것

페르소나는 고대 그리스의 연극에서 배우들이 쓰던 가면을 의미하고, 멀티 페르소나는 '여러 개의 가면'으로 직역할 수 있다. 현대인들이 직장이나 학교, 가정이나 동호회, 친구들과 만나는 자리 등에서 각기 다른 성격을 보인다는 것을 뜻한다. 일과 후 여유와 취미를 즐기는 '워라밸'이 일상화되고, SNS에 감정과 일상, 흥미를 공유하는 사람들이 늘어나면서 때마다 자신의 정체성을 바꾸어 드러내는 경우가 많아지고 있다.

93 퍼블리시티권

유명인이 자신의 이름이나 초상을 상품 등의 선전에 이용하는 것을 허락하는 권리

배우, 가수 등 연예인이나 운동선수 등과 같은 유명인들이 자신의 이름이나 초상 등을 상업적으로 이용하거나 제3자에게 상업적 이용을 허락할 수 있도록 한 배타적 권리를 말한다. 초상사용권이라고도 하며, 당사자의 동의 없이는 이름이나 얼굴을 상업적으로 이용할 수 없다. 인격권에 기초한 권리지만 그 권리를 양도하거나 사고팔 수 있는 상업적 이용의 요소를 핵심으로 하기 때문에 인격권과는 구별되는 개념이다. 미국은 판례와 각 주의 성문법에 의거해 퍼블리시티권을 보호하고 있지만, 우리나라는 명확한 법적 규정이 없어 퍼블리시티권을 둘러싼 논란이 지속적으로 발생해왔다.

94 소프트파워

인간의 이성 및 감성적 능력을 포함하는 문화적 영향력

소프트파워(Soft Power)란 교육·학문·예술 등 인간의 이성 및 감성적 능력을 포함하는 문화적 영향력을 말한다. 21세기에 들어서며 세계가 군사력을 바탕으로 한 하드파워, 즉 경성국가의 시대에서 소프트파워를 중심으로 한 연성국가의 시대로 접어들었다는 의미로 대중문화의 전파, 특정 표준의 국제적 채택, 도덕적 우위의 확산 등을 통해 커지며 우리나라를 비롯한 세계 여러 나라에서 자국의 소프트파워를 키우고 활용하기 위한 노력을 계속하고 있다.

95 퍼스널 컬러

타고난 개인의 신체적 컬러

퍼스널 컬러는 타고난 개인의 신체적 컬러를 뜻하는 용어로 크게 '봄웜톤', '여름쿨톤', '가을웜톤', '겨울쿨톤' 등 4가지가 있다. 퍼스널 컬러는 개인이 갖고 있는 고유한 피부, 머리카락, 눈동자의 명도와 채도로 결정되며, 이를 이용해 잘 어울리는 의상이나 액세서리, 화장품을 선택할 수 있다. 최근 패션·미용업계에서는 고객들의 퍼스널 컬러를 진단해주고, 이에 알맞은 상품을 추천하는 등 마케팅을 펼치고 있다.

96 사이버 렉카 Cyber Wrecker

온라인상에서 화제가 되는 이슈를 자극적으로 포장해 공론화하는 매체

온라인상에서 화제가 되는 이슈를 자극적으로 포장해 공론화하는 매체를 말한다. 빠르게 소식을 옮기는 모습이 마치 사고현장에 신속히 도착해 자동차를 옮기는 견인차의 모습과 닮았다고 해서 생겨난 신조어다. 이들은 유튜브와 인터넷 커뮤니티에서 활동하는데 유튜브의 경우 자극적인 섬네일로 조회수를 유도한다. 사이버 렉카의 가장 큰 문제점은 정보의 정확한 사실 확인을 거치지 않고 무분별하게 다른 사람에게 퍼트린다는 것이다.

97 디지털유산

개인이 생전 온라인상에 남긴 디지털 흔적

SNS, 블로그 등에 남아 있는 사진, 일기, 댓글 등 개인이 온라인상에 남긴 디지털 흔적을 말한다. 온라인 활동량이 증가하면서 고인이 생전 온라인에 게시한 데이터에 대한 유가족의 상속 관련 쟁점이 제기됐으나, 국내에서는 살아 있는 개인에 한해 개인정보보호법이 적용되고 디지털유산을 재산권과 구별되는 인격권으로 규정해 상속규정에 대한 정확한 법적 근거가 마련되어 있지 않다. 유가족의 상속권을 주장하는 이들은 데이터의 상속이 고인의 일기장이나 편지 등을 전달받는 것과 동일하다고 주장하고 있으며, 반대하는 이들은 사후 사생활 침해에 대한 우려를 표하며 잊힐 권리를 보장받아야 한다고 주장한다.

98 스낵컬처 Snack Culture

어디서든 즐길 수 있는 문화

어디서든 과자를 먹을 수 있듯이 장소를 가리지 않고 가볍고 간단하게 즐길 수 있는 문화스타일이다. 과자를 의미하는 '스낵(Snack)'과 문화를 의미하는 '컬처(Culture)'를 더한 합성어다. 출퇴근시간, 점심시간은 물론 잠들기 직전에도 향유할 수 있는 콘텐츠로 시간과 장소에 구애받지 않는 것이 스낵컬처의 가장 큰 장점이다. 방영시간이 1시간 이상인 일반 드라마와 달리 10~15분 분량으로 구성된 웹드라마, 한 회차씩 올라오는 웹툰, 웹소설 등이 대표적인 스낵컬처로 꼽힌다. 스마트폰의 발달로 스낵컬처 시장이 확대됐고 현대인에게 시간·비용적으로 부담스럽지 않기 때문에 지속적으로 성장하고 있다.

99 밈코인

온라인에서 유행하는 밈이나 농담을 기반으로 만들어진 가상자산

도지코인, 시바이누 등과 같이 인터넷과 SNS에서 인기를 끄는 밈이나 농담을 기반으로 만들어진 가상자산을 말한다. 인기 캐릭터를 앞세운 재미 유발을 목적으로 하며, 2021년 일론 머스크 테슬라 CEO가 도지코인을 지지하는 글을 여러 차례 올려 화제가 됐다. 그러나 유통규모가 크지 않고 특별한 목표나 기술력이 없어서 가격변동성이 크고 투자사기 위험이 있다. 실제로 2021년 넷플릭스 드라마 〈오징어 게임〉을 주제로 한 '스퀴드게임코인'이 등장해 가격이 급상승했으나, 하루아침에 대폭락하면서 해당 코인에 투자한 사람들이 큰 손실을 입은 바 있다.

100 바디포지티브 Body Positive

자기 몸 긍정주의

자신의 몸을 있는 그대로 사랑하고 가꾸자는 취지에서 미국에서 처음 시작된 운동이다. '자기 몸 긍정주의'라고도 한다. 마른 몸을 아름답다고 여긴 과거의 시각에서 벗어나 신체적 능력, 크기, 성별, 인종, 외모와 관계없이 모든 신체를 동등하게 존중하자는 의미를 담고 있다. MZ세대 소비자를 중심으로 소셜미디어에서 확산되고 있으며, 패션업계에서도 이러한 트렌드를 반영하여 변화를 추구하는 모습을 보여주고 있다. 특히 언더웨어 시장에서는 디자인보다 편안함과 건강함을 추구한 디자인이 주류로 떠오르고 있으며, 관련 제품에 대한 매출도 크게 올라 여성들의 바디포지티브에 대한 높은 관심을 확인할 수 있다.

PART3

분야별
일반상식
적중예상문제

배우기만 하고 생각하지 않으면 얻는 것이 없고,
생각만 하고 배우지 않으면 위태롭다.

- 공자 -

01 선거에 출마한 후보가 내놓은 공약을 검증하는 운동을 무엇이라 하는가?

① 아그레망   ② 로그롤링

③ 플리바게닝   ④ 매니페스토

해설

매니페스토는 선거와 관련하여 유권자에게 확고한 정치적 의도와 견해를 밝히는 것으로, 연설이나 문서의 형태로 구체적인 공약을 제시한다.

02 전당대회 후에 정당의 지지율이 상승하는 현상을 뜻하는 용어는?

① 빨대 효과   ② 컨벤션 효과

③ 메기 효과   ④ 헤일로 효과

해설

컨벤션 효과(Convention Effect) : 대규모 정치 행사 직후에, 행사 주체의 정치적 지지율이 상승하는 현상을 뜻한다.

① 빨대 효과(Straw Effect) : 고속도로와 같은 교통수단의 개통으로 인해, 대도시가 빨대로 흡입하듯 주변 도시의 인구와 경제력을 흡수하는 현상을 가리키는 말이다.

③ 메기 효과(Catfish Effect) : 노르웨이의 한 어부가 청어를 싱싱한 상태로 육지로 데리고 오기 위해 수조에 메기를 넣었다는 데서 유래한 용어다. 시장에 강력한 경쟁자가 등장했을 때 기존의 기업들이 경쟁력을 잃지 않기 위해 끊임없이 분투하며 업계 전체가 성장하게 되는 것을 가리킨다.

④ 헤일로 효과(Halo Effect) : 후광 효과로, 어떤 대상(사람)에 대한 일반적인 생각이 그 대상(사람)의 구체적인 특성을 평가하는 데 영향을 미치는 현상

03 2022년 2월 러시아의 우크라이나 침공 이후 북대서양조약기구 가입을 선언한 국가는?

① 북마케도니아   ② 몬테네그로

③ 크로아티아   ④ 스웨덴

해설

2022년 2월 러시아의 우크라이나 침공 이후, 스웨덴과 핀란드가 70여 년간 계속해 왔던 중립국 지위를 내려놓고 나토 가입을 선언했다.

04 다음 중 우리나라가 채택하고 있는 의원내각제적 요소는?

① 대통령의 법률안 거부권
② 의원의 각료 겸직
③ 정부의 의회해산권
④ 의회의 내각 불신임 결의권

해설
우리나라가 채택하고 있는 의원내각제적 요소
행정부(대통령)의 법률안 제안권, 의원의 각료 겸직 가능, 국무총리제, 국무회의의 국정 심의, 대통령의 국회 출석 및 의사표시권, 국회의 국무총리·국무위원에 대한 해임건의권 및 국회 출석 요구·질문권

05 '인 두비오 프로 레오(In Dubio Pro Reo)'는 무슨 뜻인가?

① 의심스러울 때는 피고인에게 유리하게 판결해야 한다.
② 위법하게 수집된 증거는 증거능력을 배제해야 한다.
③ 범죄용의자를 연행할 때 그 이유와 권리가 있음을 미리 알려 주어야 한다.
④ 재판에서 최종적으로 유죄 판정된 자만이 범죄인이다.

해설
② 독수독과 이론
③ 미란다 원칙
④ 형사 피고인의 무죄추정

06 다음 중 재선거와 보궐선거에 대한 설명으로 옳지 않은 것은?

① 재선거는 임기 개시 전에 당선 무효가 된 경우 실시한다.
② 보궐선거는 궐위를 메우기 위해 실시된다.
③ 지역구 국회의원의 궐원시에는 보궐선거를 실시한다.
④ 전국구 국회의원의 궐원시에는 중앙선거관리위원회가 궐원통지를 받은 후 15일 이내에 궐원된 국회의원의 의석을 승계할 자를 결정해야 한다.

해설
전국구 국회의원의 궐원시에는 중앙선거관리위원회가 궐원통지를 받은 후 10일 이내에 의석을 승계할 자를 결정해야 한다.

07 선거에서 약세 후보가 유권자들의 동정을 받아 지지도가 올라가는 현상을 무엇이라 하는가?

① 밴드왜건 효과　　　　　　　　　　② 언더독 효과
③ 스케이프고트 현상　　　　　　　　④ 레임덕 현상

해설
언더독 효과는 절대 강자가 지배하는 세상에서 약자에게 연민을 느끼며 이들이 언젠가는 강자를 이겨주기를 바라는 현상을 말한다.

08 헌법재판소에서 위헌법률심판권, 위헌명령심판권, 위헌규칙심판권은 무엇을 근거로 하는가?

① 신법우선의 원칙　　　　　　　　　② 특별법우선의 원칙
③ 법률불소급의 원칙　　　　　　　　④ 상위법우선의 원칙

해설
법률보다는 헌법이 상위법이므로, 법률은 헌법에 위배되어서는 안 된다. 이는 상위법우선의 원칙에 근거한다.

09 다음 중 국정조사에 대한 설명으로 틀린 것은?

① 비공개로 진행하는 것이 원칙이다.
② 재적의원 4분의 1 이상의 요구가 있는 때에 조사를 시행하게 한다.
③ 특정한 국정사안을 대상으로 한다.
④ 부정기적이며, 수시로 조사할 수 있다.

해설
국정조사는 공개를 원칙으로 하고, 비공개를 요할 경우에는 위원회의 의결을 얻도록 하고 있다.

10 다음 직위 중 임기제가 아닌 것은?

① 감사원장　　　　　　　　　　　　② 한국은행 총재
③ 검찰총장　　　　　　　　　　　　④ 국무총리

해설
① 감사원장 4년, ② 한국은행 총재 4년, ③ 검찰총장 임기는 2년이다. 국무총리는 대통령이 지명하나 국회 임기종료나 국회의 불신임 결의에 의하지 않고는 대통령이 임의로 해임할 수 없도록 규정하고 있을 뿐 임기는 명시하고 있지 않다.

11 다음 내용과 관련 있는 용어는?

> 영국 정부가 의회에 제출하는 보고서의 표지가 흰색인 데서 비롯된 속성이다. 이런 관습을 각국이 모방하여 공식 문서의 명칭으로 삼고 있다.

① 백 서
② 필리버스터
③ 캐스팅보트
④ 레임덕

해설
백서는 정부의 소관사항에 대한 공식 문서다.

12 정부의 부당한 행정 조치를 감시하고 조사하는 일종의 행정 통제 제도는?

① 코커스
② 스핀닥터
③ 란츠게마인데
④ 옴부즈맨

해설
옴부즈맨은 스웨덴을 비롯한 북유럽에서 발전된 제도로서, 정부의 부당한 행정 조치를 감시하고 조사하는 일종의 행정 통제 제도다.

13 범죄피해자의 고소나 고발이 있어야만 공소를 제기할 수 있는 범죄는?

① 친고죄
② 무고죄
③ 협박죄
④ 폭행죄

해설
형법상 친고죄에는 비밀침해죄, 업무상 비밀누설죄, 친족 간 권리행사방해죄, 사자명예훼손죄, 모욕죄 등이 있다.

14 선거승리로 정권을 잡은 사람·정당이 관직을 지배하는 정치적 관행을 뜻하는 용어는?

① 데탕트
② 독트린
③ 미란다
④ 엽관제

엽관제(Spoils System)는 19세기 중반 미국에서 성행한 공무원 임용제도에서 유래한 것으로 정당에 대한 충성도와 기여도에 따라 공무원을 임용하는 인사관행을 말한다. 실적을 고려하지 않고 정치성·혈연·지연 등에 의하여 공직의 임용을 행하는 정실주의와 유사한 맥락이다.

15 다음이 설명하는 원칙은?

범죄가 성립되고 처벌을 하기 위해서는 미리 성문의 법률에 규정되어 있어야 한다는 원칙

① 불고불리의 원칙　　　　　　② 책임의 원칙
③ 죄형법정주의　　　　　　　④ 기소독점주의

죄형법정주의는 범죄와 형벌이 법률에 규정되어 있어야 한다는 원칙이다.

16 우리나라 대통령과 국회의원의 임기를 더한 합은?

① 8　　　　　　　　　　　　② 9
③ 10　　　　　　　　　　　④ 11

대통령의 임기는 5년으로 하며 중임할 수 없고(헌법 제70조), 국회의원의 임기는 4년으로 한다(헌법 제42조). 따라서 5와 4를 더한 합은 9이다.

17 재정·실현가능성은 생각하지 않는 대중영합주의 정치를 뜻하는 말은?

① 프러거니즘   ② 포퓰리즘

③ 리버타리아니즘   ④ 맨해트니즘

해설

포퓰리즘(Populism)은 대중의 의견을 존중하고, 대중의 이익을 대변하는 방향으로 정치활동을 펼치는 것을 말한다. 또한 재정이나 환경 또는 실현가능성을 고려하지 않고 인기에 따라 '퍼주기식' 정책을 펼치는 대중영합주의 정치를 뜻하기도 한다.

18 다음과 관련 있는 것은?

> 이 용어는 독일의 사회주의자 F. 라살이 그의 저서 〈노동자 강령〉에서 당시 영국 부르주아의 국가관을 비판하는 뜻에서 쓴 것으로 국가는 외적의 침입을 막고 국내 치안을 확보하며 개인의 사유재산을 지키는 최소한의 임무만을 행하며, 나머지는 자유방임에 맡길 것을 주장하는 국가관을 말한다.

① 법치국가   ② 사회국가

③ 복지국가   ④ 야경국가

해설

야경국가는 국가가 시장에 대한 개입을 최소화하고 국방과 외교, 치안 등의 질서 유지 임무만 맡아야 한다고 보았던 자유방임주의 국가관이다.

19 대통령이 국회의 동의를 사전에 얻어야 할 경우를 모두 고른 것은?

> ㉠ 헌법재판소장 임명   ㉡ 국군의 외국 파견
> ㉢ 대법관 임명   ㉣ 예비비 지출
> ㉤ 대법원장 임명   ㉥ 감사원장 임명

① ㉠, ㉡, ㉢, ㉤, ㉥   ② ㉡, ㉢, ㉣, ㉤

③ ㉠, ㉣, ㉤, ㉥   ④ ㉡, ㉢, ㉤, ㉥

해설

국회의 사전 동의 사항

조약의 체결·선전 포고와 강화, 일반 사면, 국군의 외국 파견과 외국 군대의 국내 주류, 대법원장·국무총리·헌법재판소장·감사원장·대법관 임명, 국채 모집, 예비비 설치, 예산 외의 국가 부담이 될 계약 체결 등

20 다음 빈칸 안에 공통으로 들어갈 말로 적당한 것은?

> • (　　　)는 주로 소수파가 다수파의 독주를 저지하거나 의사진행을 막기 위해 합법적인 방법을 이용해 고의적으로 방해하는 것이다.
> • (　　　)는 정국을 불안정하게 만드는 요인이 되기도 하기 때문에 우리나라 등 많은 나라들은 발언시간 제한 등의 규정을 강화하고 있다.

① 필리버스터
② 로그롤링
③ 캐스팅보트
④ 치킨게임

해설

필리버스터는 의회 안에서 합법적·계획적으로 수행되는 의사진행 방해 행위를 말한다.

21 우리나라 국회가 채택하고 있는 제도를 모두 고른 것은?

> ㉠ 일사부재의의 원칙　　　　㉡ 일사부재리의 원칙
> ㉢ 회의공개의 원칙　　　　　㉣ 회기계속의 원칙

① ㉠, ㉢, ㉣
② ㉠, ㉡, ㉣
③ ㉡, ㉢, ㉣
④ ㉠, ㉡, ㉢, ㉣

해설

일사부재리의 원칙은 확정 판결이 내려진 사건에 대해 두 번 이상 심리·재판을 하지 않는다는 형사상의 원칙으로, 국회가 채택하고 있는 제도나 원칙과는 상관이 없다.

22 원래의 뜻은 의안을 의결하는 데 있어 가부동수인 경우의 투표권을 말하는데, 의회에서 2대 정당의 세력이 거의 비등할 때 그 승부 또는 가부가 제3당의 동향에 따라 결정되는 뜻의 용어는 무엇인가?

① 캐스팅보트
② 필리버스터
③ 게리맨더링
④ 프레임 업

해설

캐스팅보트는 합의체의 의결에서 가부(可否)동수인 경우 의장이 가지는 결정권을 뜻한다. 우리나라에서는 의장의 결정권은 인정되지 않으며, 가부동수일 경우 부결된 것으로 본다.

23 다음 중 선거에서 누구에게 투표할지 결정하지 못한 유권자를 가리키는 말은?

① 로그롤링
② 매니페스토
③ 캐스팅보트
④ 스윙보터

해설

① 로그롤링 : 정치세력들이 상호지원을 합의하여 투표거래나 투표담합을 하는 행위
② 매니페스토 : 구체적인 예산과 실천방안 등 선거와 관련한 구체적 방안을 유권자에게 제시하는 공약
③ 캐스팅보트 : 양대 당파의 세력이 비슷하게 양분화된 상황에서 결정적인 역할을 수행하는 사람

24 특정정당이나 후보에게 유리하도록 의도적으로 선거구를 조작하는 것은?

① 스핀닥터
② 레임덕
③ 게리맨더링
④ 오픈 프라이머리

해설

게리맨더링(Gerrymandering)은 1812년 당시 미국 매사추세츠 주지사 게리가 당시 공화당 후보에게 유리하도록 선거구를 재조정했는데 그 모양이 마치 그리스 신화에 나오는 샐러맨더와 비슷하다고 한 데서 유래한 말이다. 이는 특정정당이나 후보자에게 유리하도록 선거구를 인위적으로 획정하는 것을 의미하며, 이를 방지하기 위해 선거구 법정주의를 채택하고 있다.

25 다음 중 헌법에 명문화되어 있는 선거의 4대원칙이 아닌 것은?

① 보통선거의 원칙
② 자유선거의 원칙
③ 직접선거의 원칙
④ 비밀선거의 원칙

해설

선거의 4대원칙은 대부분의 현대 민주주의 국가에서 채택한 것으로 민주주의 하에서 선거 제도가 마땅히 지켜야 할 기준점을 제시한 것이다. 우리 헌법에는 보통선거, 평등선거, 직접선거, 비밀선거의 원칙이 4대 원칙으로 명문화되어 있다. 자유선거의 원칙의 경우 명문화되어 있지는 않으나 자유민주주의 체제에서 내재적으로 당연히 요청되는 권리라 할 수 있다.

26 다음 중 UN 산하 전문기구가 아닌 것은?

① 국제노동기구(ILO)
② 국제연합식량농업기구(FAO)
③ 세계기상기구(WMO)
④ 세계무역기구(WTO)

해설

1995년 출범한 세계무역기구는 1947년 이래 국제 무역 질서를 규율해오던 GATT(관세 및 무역에 관한 일반협정) 체제를 대신한다. WTO는 GATT에 없었던 세계무역분쟁 조정, 관세 인하 요구, 반덤핑규제 등 막강한 법적 권한과 구속력을 행사할 수 있다. WTO의 최고의결기구는 총회이며 그 아래 상품교역위원회 등을 설치해 분쟁처리를 담당한다. 본부는 스위스 제네바에 있다.

27 다음 괄호 안에 공통으로 들어갈 말로 적당한 것은?

- ( )은/는 1970년대 미국 청년들 사이에서 유행한 자동차 게임이론에서 유래되었다.
- ( )의 예로는 한 국가 안의 정치나 노사 협상, 국제 외교 등에서 상대의 양보를 기다리다가 파국으로 끝나는 것 등이 있다.

① 필리버스터
② 로그롤링
③ 캐스팅보트
④ 치킨게임

해설

치킨게임(Chicken Game)
어느 한쪽이 양보하지 않을 경우 양쪽 모두 파국으로 치닫게 되는 극단적인 게임이론이다. 1950~1970년대 미국과 소련 사이의 극심한 군비경쟁을 꼬집는 용어로 사용되면서 국제정치학 용어로 정착되었다.

28 대통령이 선출되나, 입법부가 내각을 신임할 권한이 있는 정부 형태를 무엇이라 하는가?

① 입헌군주제
② 의원내각제
③ 대통령중심제
④ 이원집정부제

해설

이원집정부제
국민투표로 선출된 대통령과 의회를 통해 신임되는 내각이 동시에 존재하는 국가이다. 주로 대통령은 외치와 국방을 맡고 내치는 내각이 맡는다. 반(半)대통령제, 준(準)대통령제, 분권형 대통령제, 이원정부제, 혼합 정부 형태라고도 부른다.

29 다음 방공식별구역에 대한 설명으로 옳지 않은 것은?

① 타국의 항공기에 대한 방위 목적으로 각 나라마다 독자적으로 설정한 지역이다.

② 영공과 같은 개념으로 국제법적 기준이 엄격하다.

③ 한국의 구역임을 명시할 때는 한국방공식별구역(KADIZ)이라고 부른다.

④ 방공식별구역 확대 문제로 현재 한·중·일 국가 간의 갈등이 일고 있다.

해설

방공식별구역은 영공과 별개의 개념으로, 국제법적인 근거가 약하다. 따라서 우리나라는 구역 내 군용기의 진입으로 인한 충돌을 방지하기 위해 1995년 한·일 간 군용기 우발사고방지 합의서한을 체결한 바 있다.

30 다음 중 일본·중국·대만 간의 영유권 분쟁을 빚고 있는 곳은?

① 조어도　　　　　　　　　　② 대마도

③ 남사군도　　　　　　　　　④ 북방열도

해설

• 남사군도 : 동으로 필리핀, 남으로 말레이시아와 브루나이, 서로 베트남, 북으로 중국과 타이완을 마주하고 있어 6개국 이 서로 영유권을 주장하고 있다.

• 북방열도(쿠릴열도) : 러시아연방 동부 사할린과 홋카이도 사이에 위치한 화산열도로 30개 이상의 도서로 이루어져 있다. 러시아와 일본 간의 영유권 분쟁이 일고 있는 곳은 쿠릴열도 최남단의 4개 섬이다.

31 근거 없는 사실을 조작해 상대를 공격하는 정치 용어는?

① 도그마　　　　　　　　　　② 사보타주

③ 마타도어　　　　　　　　　④ 헤게모니

해설

마타도어(Matador)는 정치권의 흑색선전을 뜻하는 용어로 근거 없는 사실을 조작해 상대 정당·후보 등을 공격하는 공세 를 말한다. 스페인의 투우에서 투우사가 마지막에 소의 정수리에 칼을 꽂아 죽이는 것을 뜻하는 스페인어 '마타도르'에서 유래한 것이다.

32 UN의 193번째 가입 국가는?

① 동티모르　　　　　　　　　② 몬테네그로

③ 세르비아　　　　　　　　　④ 남수단

해설

남수단은 아프리카 동북부에 있는 나라로 2011년 7월 9일 수단으로부터 분리 독립하였고 193번째 유엔 회원국으로 등록 되었다.

33 UN상임이사국에 속하지 않는 나라는?

① 중 국   ② 러시아
③ 프랑스   ④ 스웨덴

해설

유엔안전보장이사회는 5개 상임이사국(미국, 영국, 프랑스, 중국, 러시아) 및 10개 비상임이사국으로 구성되어 있다. 비상임이사국은 평화유지에 대한 회원국의 공헌과 지역적 배분을 고려하여 총회에서 2/3 다수결로 매년 5개국이 새로 선출되고, 임기는 2년이며, 중임은 가능하지만 연임은 불가하다.

34 다음 중 4대 공적연금에 해당하지 않는 것은?

① 기초연금
② 사학연금
③ 공무원연금
④ 국민연금

해설

공적연금은 국민이 소득상실 또는 저하로 생활의 위기에 빠질 가능성을 해소하기 위해 국가가 지급하는 연금이다. 우리나라의 공적연금으로는 국민연금, 공무원연금, 군인연금, 사립학교교직원연금(사학연금)이 운영되고 있다.

35 다음 중 레임덕에 관한 설명으로 옳지 않은 것은?

① 대통령의 임기 만료를 앞두고 나타나는 권력누수 현상이다.
② 대통령의 통치력 저하로 국정 수행에 차질이 생긴다.
③ 임기 만료가 얼마 남지 않은 경우나 여당이 다수당일 때 잘 나타난다.
④ '절름발이 오리'라는 뜻에서 유래된 용어이다.

해설

대통령의 임기 말 권력누수 현상을 나타내는 레임덕(Lame Duck)은 집권당이 의회에서 다수 의석을 얻지 못한 경우에 발생하기 쉽다.

36 국제형사재판소에 대한 설명으로 옳지 않은 것은?

① 집단학살, 전쟁범죄 등을 저지른 개인을 처벌한다.
② 세계 최초의 상설 전쟁범죄 재판소다.
③ 본부는 네덜란드 헤이그에 있다.
④ 제2차 세계대전 직후 1945년에 발족했다.

> **해설**
> 국제형사재판소(International Criminal Court)는 국제사회가 집단학살, 전쟁범죄 등을 저지른 개인을 신속하게 처벌하기 위한 재판소다. 세계 최초로 발족한 상설 재판소로 반인도적 범죄를 저지른 개인을 개별국가가 기소하기를 주저할 때에 국제형사재판소의 독립검사가 나서서 기소할 수 있도록 했다. 본부는 네덜란드 헤이그에 있으며 2002년 7월에 정식 출범했다.

37 2022년 3월 대선부터 적용된 총선·지선 출마연령은?

① 만 20세 이상
② 만 19세 이상
③ 만 18세 이상
④ 만 17세 이상

> **해설**
> 2021년 12월 31일 국회 본회의에서 공직선거법 개정안이 통과됨에 따라 만 18세 이상의 국민이면 누구나 국회의원 선거와 지방선거에 출마할 수 있게 되었다. 2022년 3월 9일 대통령 선거와 함께 치러지는 국회의원 재·보궐선거부터 적용됐다.

38 다음의 용어 설명 중 틀린 것은?

① JSA – 공동경비구역
② NLL – 북방한계선
③ MDL – 남방한계선
④ DMZ – 비무장지대

> **해설**
> MDL(Military Demarcation Line, 군사분계선)
> 두 교전국 간 휴전협정에 의해 그어지는 군사활동의 경계선으로 한국의 경우 1953년 7월 유엔군 측과 공산군 측이 합의한 정전협정에 따라 규정된 휴전의 경계선을 말한다.

39 구속적부심사 제도에 대한 설명으로 옳지 않은 것은?

① 심사의 청구권자는 구속된 피의자, 변호인, 친족, 동거인, 고용주 등이 있다.
② 구속적부심사가 기각으로 결정될 경우 구속된 피의자는 항고할 수 있다.
③ 법원은 구속된 피의자에 대하여 출석을 보증할 만한 보증금 납입을 조건으로 석방을 명할 수 있다.
④ 검사 또는 경찰관은 체포 또는 구속된 피의자에게 체포·구속적부심사를 청구할 수 있음을 알려야 한다.

> **해설**
> 구속적부심사는 처음 기각을 당한 뒤 재청구할 경우 법원은 심문 없이 결정으로 청구를 기각할 수 있다. 또한 공범 또는 공동피의자의 순차 청구로 수사를 방해하려는 목적이 보일 때 심문 없이 청구를 기각할 수 있다. 이러한 기각에 대하여 피의자는 항고하지 못한다(형사소송법 제214조의2).

40 다음 중 국가공무원법상의 징계의 종류가 아닌 것은?

① 감 봉   ② 견 책
③ 좌 천   ④ 정 직

> **해설**
> 국가공무원법은 감봉, 견책(경고), 정직, 해임 등의 징계 방법을 제시하고 있다. 좌천은 징계로 규정되지 않는다.

41 전쟁으로 인한 희생자를 보호하기 위해 1864~1949년에 체결된 국제조약은?

① 비엔나 협약
② 제네바 협약
③ 베를린 협약
④ 헤이그 협약

> **해설**
> 제네바 협약은 전쟁으로 인한 부상자·병자·포로 등을 보호하기 위해 제네바에서 체결한 국제조약이다. 80여 년의 시차를 두고 맺어졌으며, 협약의 목적은 전쟁이나 무력분쟁이 발생했을 때 부상자·병자·포로·피억류자 등을 전쟁의 위험과 재해로부터 보호하여 가능한 한 전쟁의 참화를 경감하려는 것으로 '적십자조약'이라고도 한다.

42 다음 중 우리나라 최초의 이지스함은?

① 서애류성룡함
② 세종대왕함
③ 율곡이이함
④ 권율함

해설

우리나라는 2007년 5월 국내 최초의 이지스함인 '세종대왕함'을 진수한 데 이어 2008년 두 번째 이지스함인 '율곡이이함'을 진수했고, 2012년 '서애류성룡함', 2022년 '정조대왕함'까지 총 4척의 이지스함을 보유하고 있다.

43 세계 주요 석유 운송로로 페르시아만과 오만만을 잇는 중동의 해협은?

① 말라카 해협
② 비글 해협
③ 보스포러스 해협
④ 호르무즈 해협

해설

호르무즈 해협(Hormuz Strait)

페르시아만과 오만만을 잇는 좁은 해협으로, 북쪽으로는 이란과 접하며, 남쪽으로는 아랍에미리트에 둘러싸인 오만의 월경지이다. 이 해협은 페르시아만에서 생산되는 석유의 주요 운송로로 세계 원유 공급량의 30% 정도가 영향을 받는 곳이기도 하다.

44 다음 중 대한민국 국회의 권한이 아닌 것은?

① 긴급명령권
② 불체포특권
③ 예산안 수정권
④ 대통령 탄핵 소추권

해설

긴급명령권은 대통령의 권한이며, 대통령은 내우·외환·천재·지변 또는 중요한 재정·경제상의 위기에 있어서 국가의 안전보장 또는 공공의 안녕질서를 유지하기 위한 조치가 필요하고 국회의 집회를 기다릴 여유가 없을 때에 한하여 최소한으로 필요한 재정·경제상의 처분을 하거나 이에 관하여 법률의 효력을 가지는 명령을 발할 수 있다(대한민국 헌법 제76조).

45 다음 중 안보협의체인 쿼드 플러스에 해당하는 국가가 아닌 것은?

① 베트남
② 한 국
③ 뉴질랜드
④ 말레이시아

해설

쿼드(Quad)는 미국, 일본, 인도, 호주로 구성된 안보협의체다. 2007년 아베 신조 당시 일본 총리의 주도로 시작됐으며 2020년 8월 미국의 제안 아래 공식적인 국제기구로 출범했다. 중국의 일대일로를 견제하기 위한 목적도 갖고 있으며, 미국은 쿼드를 인도-태평양판 북대서양조약기구로 추진했다. 한편 쿼드는 한국, 뉴질랜드, 베트남이 추가로 참가하는 '쿼드 플러스'로 기구를 확대하려는 의지를 내비치기도 했다.

46 일사부재리의 원칙에 대한 설명으로 옳은 것은?

① 국회에서 일단 부결된 안건을 같은 회기 중에 다시 발의 또는 제출하지 못한다는 것을 의미한다.
② 판결이 내려진 어떤 사건(확정판결)에 대해 두 번 이상 심리·재판을 하지 않는다는 형사상의 원칙이다.
③ 일사부재리의 원칙은 민사사건에도 적용된다.
④ 로마시민법에서 처음 등장했으며 라틴어로 '인 두비오 프로 레오(In Dubio Pro Leo)'라고 한다.

해설

① 일사부재의의 원칙을 설명한 지문이다.
③ 일사부재리의 원칙은 형사사건에만 적용된다.
④ '인 두비오 프로 레오(In Dubio Pro Leo)'는 '형사소송법에서 증명을 할 수 없으면 무죄'라는 의미를 담고 있다.

47 다음 보기에 나온 사람들의 임기를 모두 더한 것은?

국회의원, 대통령, 감사원장, 대법원장, 국회의장

① 18년
② 19년
③ 20년
④ 21년

해설

• 국회의원 4년
• 대통령 5년
• 감사원장 4년
• 대법원장 6년
• 국회의장 2년

48 태국 유명인들이 '하나의 중국' 기조를 무시하는 SNS 게시물을 올리면서 촉발된 반(反) 중국 운동은?

① 밀크티 동맹　　　　　　　　　② 우산혁명

③ 세 손가락 경례　　　　　　　　④ 제론토크라시

> **해설**
> '밀크티 동맹'은 2020년 3월 태국의 유명인사들이 중국이 천명한 '하나의 중국' 기조를 무시하는 SNS 게시물을 올리자, 중국 네티즌들이 이를 비난한 사태를 계기로 발생했다. 태국·홍콩·대만의 네티즌들은 이 사태에 반중운동을 벌이며, 중국의 권위주의를 비판하고 나섰다. 이들은 SNS의 반중 게시물에 '#MilkTeaAlliance(밀크티 동맹)'이라는 해시태그를 붙였는데, 이들 나라에서 밀크티를 즐겨 마신다는 공통점 때문이다.

49 헌법 개정 절차로 올바른 것은?

① 공고 → 제안 → 국회의결 → 국민투표 → 공포

② 제안 → 공고 → 국회의결 → 국민투표 → 공포

③ 제안 → 국회의결 → 공고 → 국민투표 → 공포

④ 제안 → 공고 → 국무회의 → 국회의결 → 국민투표 → 공포

> **해설**
> 헌법 개정 절차는 '제안 → 공고 → 국회의결 → 국민투표 → 공포' 순이다.

50 다음 중 반의사불벌죄가 아닌 것은?

① 존속폭행죄　　　　　　　　　② 협박죄

③ 명예훼손죄　　　　　　　　　④ 모욕죄

> **해설**
> 반의사불벌죄는 처벌을 원하는 피해자의 의사표시 없이도 공소할 수 있다는 점에서 고소·고발이 있어야만 공소를 제기할 수 있는 친고죄(親告罪)와 구별된다. 폭행죄, 협박죄, 명예훼손죄, 과실치상죄 등이 이에 해당한다. 모욕죄는 친고죄이다.

51 다음 중 불문법이 아닌 것은?

① 판례법　　　　　　　　　　　② 관습법

③ 조 리　　　　　　　　　　　④ 조 례

> **해설**
> 조례는 성문법이다.

52 정당해산심판에 대한 설명으로 옳지 않은 것은?

① 정당해산심판은 헌법재판소의 권한 중 하나이다.
② 민주적 기본질서에 위배되는 경우 국무회의를 거쳐 해산심판을 청구할 수 있다.
③ 일반 국민도 헌법재판소에 정당해산심판을 청구할 수 있다.
④ 해산된 정당의 대표자와 간부는 해산된 정당과 비슷한 정당을 만들 수 없다.

해설

정당해산심판은 정부만이 제소할 수 있기 때문에, 일반 국민은 헌법재판소에 정당해산심판을 청구할 수 없다. 다만, 정부에 정당해산심판을 청구해달라는 청원을 할 수 있다.

53 다음 중 헌법재판소의 관장사항이 아닌 것은?

① 법률에 저촉되지 아니하는 범위 안에서 소송에 관한 절차 제정
② 탄핵의 심판
③ 정당의 해산심판
④ 헌법소원에 관한 심판

해설

대법원은 법률에서 저촉되지 아니하는 범위 안에서 소송에 관한 절차, 법원의 내부규율과 사무처리에 관한 규칙을 제정할 수 있다(헌법 제108조).
헌법재판소법 제2조(관장사항)
• 법원 제청에 의한 법률의 위헌 여부 심판
• 탄핵의 심판
• 정당의 해산심판
• 국가기관 상호 간, 국가기관과 지방자치단체 간 및 지방자치단체 상호 간의 권한쟁의에 관한 심판
• 헌법소원에 관한 심판

54 다음 우리나라의 배심제에 대한 설명 중 바르지 못한 것은?

① 미국의 배심제를 참조했지만 미국처럼 배심원단이 직접 유・무죄를 결정하지 않는다.
② 판사는 배심원의 유・무죄 판단과 양형 의견과 다르게 독자적으로 결정할 수 있다.
③ 시행 초기에는 민사사건에만 시범적으로 시행되었다.
④ 피고인이 원하지 않을 경우 배심제를 시행할 수 없다.

해설

시행 초기에는 살인죄, 강도와 강간이 결합된 범죄, 3,000만 원 이상의 뇌물죄 등 중형이 예상되는 형사사건에만 시범적으로 시행되었다.

55 다음 중 국회에서 국외 원내 교섭단체를 이룰 수 있는 최소 의석수는?

① 20석 ② 30석
③ 40석 ④ 50석

해설
국회에서 단체교섭회에 참가하여 의사진행에 관한 중요한 안건을 협의하기 위하여 의원들이 구성하는 단체를 교섭단체라고 한다. 국회법 제33조에 따르면 국회에 20명 이상의 소속의원을 가진 정당은 하나의 교섭단체가 된다. 다만 다른 교섭단체에 속하지 않는 20명 이상의 의원으로 따로 교섭단체를 구성할 수 있다.

56 다음 중 국제기구인 APEC에 대한 설명으로 옳은 것은?

① 우리나라는 가입돼 있지 않다.
② 1989년에 호주 캔버라에서 출범했다.
③ 아시아 · 태평양 지역 12개국 간의 자유무역협정이다.
④ 동남아시아 국가를 중심으로 한 정치 · 경제 · 문화 공동체다.

해설
아시아태평양경제협력체(APEC)는 태평양 주변 국가들의 정치 · 경제적 결속을 다지는 기구로 지속적인 경제성장과 공동의 번영을 위해 1989년 호주 캔버라에서 12개국 간의 각료회의로 출범했다. 총 회원국은 한국, 미국, 일본, 호주, 뉴질랜드, 캐나다, ASEAN 6개국(말레이시아, 인도네시아, 태국, 싱가포르, 필리핀, 브루나이) 등 총 21개국이 가입해 있다. ③은 CPTPP, ④는 ASEAN에 대한 설명이다.

57 형벌의 종류 중 무거운 것부터 차례로 나열한 것은?

① 사형 – 자격상실 – 구류 – 몰수
② 사형 – 자격상실 – 몰수 – 구류
③ 사형 – 몰수 – 자격상실 – 구류
④ 사형 – 구류 – 자격상실 – 몰수

해설
형벌의 경중 순서
사형 → 징역 → 금고 → 자격상실 → 자격정지 → 벌금 → 구류 → 과료 → 몰수

01 값싼 가격에 질 낮은 저급품만 유통되는 시장을 가리키는 용어는?

① 레몬마켓   ② 프리마켓

③ 제3마켓   ④ 피치마켓

> **해설**
>
> 레몬마켓은 저급품만 유통되는 시장으로, 불량품이 넘쳐나면서 소비자의 외면을 받게 된다. 피치마켓은 레몬마켓의 반대어로, 고품질의 상품이나 우량의 재화·서비스가 거래되는 시장을 의미한다.

02 전세가와 매매가의 차액만으로 전세를 안고 주택을 매입한 후 부동산 가격이 오르면 이득을 보는 '갭 투자'와 관련된 경제 용어는 무엇인가?

① 코픽스   ② 트라이슈머

③ 레버리지   ④ 회색 코뿔소

> **해설**
>
> • 갭 투자 : 전세를 안고 하는 부동산 투자이다. 부동산 경기가 호황일 때 수익을 낼 수 있으나 부동산 가격이 위축돼 손해를 보면 전세 보증금조차 갚지 못할 수 있는 위험한 투자이다.
> • 레버리지(Leverage) : 대출을 받아 적은 자산으로 높은 이익을 내는 투자 방법이다. '지렛대 효과'를 낸다 하여 레버리지라는 이름이 붙었다.

03 경기상황이 디플레이션일 때 나타나는 현상으로 옳은 것은?

① 통화량 감소, 물가 하락, 경기침체
② 통화량 증가, 물가 상승, 경기상승
③ 통화량 감소, 물가 하락, 경기상승
④ 통화량 증가, 물가 하락, 경기침체

> **해설**
>
> 디플레이션은 통화량 감소와 물가 하락 등으로 인하여 경제활동이 침체되는 현상을 말한다.

04 어떤 증권에 대한 공포감 때문에 투자자들이 급격하게 매도하는 현상을 뜻하는 용어는?

① 패닉셀링　　　　　　　　　　　　② 반대매매
③ 페이밴드　　　　　　　　　　　　④ 손절매

해설

패닉셀링(Panic Selling)은 투자자들이 어떤 증권에 대해서 공포감과 혼란을 느껴 급격하게 매도하는 현상을 뜻한다. '공황매도'라고도 한다. 증권시장이 악재로 인해 대폭락이 예상되거나, 대폭락 중일 때 투자자들이 보유한 증권을 팔아버리는 것이다. 패닉셀링이 시작되면 시장은 이에 힘입어 더욱 침체를 겪게 된다.

05 특정 품목의 수입이 급증할 때, 수입국이 관세를 조정함으로써 국내 산업의 침체를 예방하는 조치는 무엇인가?

① 세이프가드　　　　　　　　　　　② 선샤인액트
③ 리쇼어링　　　　　　　　　　　　④ 테이퍼링

해설

특정 상품의 수입 급증이 수입국의 경제 또는 국내 산업에 심각한 타격을 줄 우려가 있는 경우 세이프가드를 발동한다.
② 선샤인액트 : 제약사와 의료기기 제조업체가 의료인에게 경제적 이익을 제공할 경우 해당 내역에 대한 지출보고서 작성을 의무화한 제도
③ 리쇼어링 : 해외로 진출했던 기업들이 본국으로 회귀하는 현상
④ 테이퍼링 : 양적완화 정책의 규모를 점차 축소해가는 출구전략

06 다음 중 유로존 가입국이 아닌 나라는?

① 오스트리아　　　　　　　　　　　② 프랑스
③ 아일랜드　　　　　　　　　　　　④ 스위스

해설

유로존(Eurozone)은 유럽연합의 단일화폐인 유로를 국가통화로 도입하여 사용하는 국가나 지역을 가리키는 말로 오스트리아, 핀란드, 독일, 포르투갈, 프랑스, 아일랜드, 스페인 등 총 20개국이 가입되어 있다. 스위스는 유로존에 포함되어 있지 않기 때문에 자국 통화인 스위스프랑을 사용한다.

07 물가 상승이 통제를 벗어난 상태로, 수백 퍼센트의 인플레이션율을 기록하는 상황을 말하는 경제 용어는?

① 보틀넥인플레이션　　　　　　　　② 하이퍼인플레이션
③ 디맨드풀인플레이션　　　　　　　④ 디스인플레이션

> **해설**
> ① 생산능력의 증가속도가 수요의 증가속도를 따르지 못함으로써 발생하는 물가 상승
> ③ 초과수요로 인하여 일어나는 인플레이션
> ④ 인플레이션을 극복하기 위해 통화증발을 억제하고 재정·금융긴축을 주축으로 하는 경제조정정책

08 다음 중 리디노미네이션(Redenomination)에 대한 설명으로 옳지 않은 것은?

① 나라의 화폐를 가치의 변동 없이 모든 지폐와 은행권의 액면을 동일한 비율의 낮은 숫자로 표현하는 것을 말한다.
② 리디노미네이션의 목적은 화폐의 숫자가 너무 커서 발생하는 국민들의 계산이나 회계 기장의 불편, 지급상의 불편 등의 해소에 있다.
③ 리디노미네이션은 인플레이션 기대심리를 유발할 수 있다는 문제점이 있다.
④ 화폐단위가 변경되면서 새로운 화폐를 만들어야 하기 때문에 화폐제조비용이 늘어난다.

> **해설**
> 리디노미네이션은 인플레이션의 기대심리를 억제시키고, 국민들의 거래 편의와 회계장부의 편리화 등의 장점을 갖고 있다.

09 GDP에 대한 설명으로 적절하지 않은 것은?

① 비거주자가 제공한 노동도 포함된다.
② 국가의 경제성장률을 분석할 때 사용된다.
③ 명목GDP와 실질GDP가 있다.
④ 한 나라의 국민이 일정 기간 동안 생산한 재화와 서비스이다.

> **해설**
> GDP(Gross Domestic Product : 국내총생산)는 한 나라의 영역 내에서 가계, 기업, 정부 등 모든 경제주체가 일정 기간 생산한 재화·서비스의 부가가치를 시장 가격으로 평가한 것이다. 비거주자가 제공한 생산요소에 의해 창출된 것도 포함된다. 물가상승분이 반영된 명목GDP와 생산량 변동만을 반영한 실질GDP가 있다. 한 국가의 국민이 일정 기간 동안 생산한 재화와 서비스를 모두 합한 것은 GNP(국민총생산)이다.

10 국제통상에서 한 나라가 다른 외국에 부여한 조건보다 불리하지 않은 조건을 상대국에게도 부여하는 것은?

① 인코텀스 ② 출혈 수주
③ 호혜 무역 ④ 최혜국 대우

해설
최혜국 대우는 국제통상·항해조약에서 한 나라가 외국에게 부여한 조건보다 불리하지 않은 대우를 상대국에게도 부여하는 것을 말한다. 모든 국가들이 서로 국제통상을 할 때 차별하지 않고 동등하게 대한다는 원칙이다. 세계무역기구(WTO)에 가입된 조약국에게는 기본적으로 적용된다.

11 복잡한 경제활동 전체를 '경기'로서 파악하기 위해 제품, 자금, 노동 등에 관한 통계를 통합·정리해서 작성한 지수는?

① 기업경기실사지수 ② 엔젤지수
③ GPI ④ 경기동향지수

해설
경기동향지수는 경기의 변화방향만을 지수화한 것으로 경기확산지수라고도 한다. 즉, 경기국면의 판단 및 예측, 경기전환점을 식별하기 위한 지표이다.

12 다음 중 경상수지에 해당하지 않는 것은?

① 상품수지 ② 서비스수지
③ 국제수지 ④ 소득수지

해설
경상수지는 자본수지와 함께 국제수지를 이루는 요소로서 상품수지, 서비스수지, 소득수지, 경상이전수지로 구성된다. 국가 간의 상품과 서비스의 수출입 결과를 종합한 것이다. 즉 외국과의 교역을 통해 상품과 서비스가 얼마나 오갔으며, 자본·노동 등의 생산요소가 이동하면서 이에 따른 수입과 지급은 얼마나 이루어졌는지 총체적으로 나타낸 것이다.

13 자원을 재활용하는 방식으로 친환경을 추구하는 경제모델을 뜻하는 용어는?

① 중립경제
② 공유경제
③ 순환경제
④ 선형경제

해설

순환경제는 자원을 아껴 쓰고 재활용하는 방식으로 지속가능한 경제활동을 추구하는 친환경 경제모델을 일컫는 용어다. 채취하고 생산하고 소비하며 폐기하는 기존의 선형경제와 대치되는 경제모델이다. 재활용이 가능한 원자재를 사용하고, 썩지 않는 플라스틱 등의 폐기물을 없애는 방식의 형태로 나타난다.

14 돈을 풀고 금리를 낮춰도 투자와 소비가 늘지 않는 현상을 무엇이라 하는가?

① 유동성 함정
② 스태그플레이션
③ 디멘드풀인플레이션
④ 애그플레이션

해설

유동성 함정(Liquidity Trap)은 금리를 낮추고 통화량을 늘려도 경기가 부양되지 않는 상태를 말한다.

15 다음 〈보기〉에서 설명하고 있는 효과는?

보기

- 가격이 오르는데도 일부 계층의 과시욕이나 허영심 등으로 인해 수요가 줄어들지 않는 현상
- 상류층 소비자들의 소비 행태를 가리키는 말

① 바넘 효과
② 크레스피 효과
③ 스놉 효과
④ 베블런 효과

해설

베블런 효과는 미국의 경제학자이자 사회학자인 소스타인 베블런(Thorstein Bunde Veblen)이 자신의 저서 〈유한계급론〉(1899)에서 "상류층 계급의 두드러진 소비는 사회적 지위를 과시하기 위하여 자각 없이 행해진다"고 지적한 데서 유래했다.

16 다음 글이 설명하고 있는 시장의 유형으로 적절한 것은?

> • 주변에서 가장 많이 볼 수 있는 시장의 유형이다.
> • 공급자의 수는 많지만, 상품의 질은 조금씩 다르다.
> • 소비자들은 상품의 차별성을 보고 기호에 따라 재화나 서비스를 소비하게 된다. 미용실, 약국 등
>   이 속한다.

① 과점시장

② 독점적 경쟁시장

③ 생산요소시장

④ 완전경쟁시장

해설

다수의 공급자, 상품 차별화, 어느 정도의 시장 지배력 등의 특징을 갖고 있는 시장은 독점적 경쟁시장이다. 과점시장은 소수의 기업이나 생산자가 시장을 장악하고 비슷한 상품을 제조하며 동일한 시장에서 경쟁하는 시장형태이다. 우리나라 이동통신회사가 대표적인 예이다.

17 기업들이 자발적으로 필요 전력을 재생에너지로 충당한다는 캠페인은?

① CF100

② RE100

③ ESG

④ 볼트온

해설

RE100은 2050년까지 필요한 전력의 100%를 태양광, 풍력 등 재생에너지로만 충당하겠다는 기업들의 자발적인 약속이다. 2014년 영국의 비영리단체인 기후그룹과 탄소공개프로젝트가 처음 제시했다.

18 총 가계지출액 중에서 식료품비가 차지하는 비율, 즉 엥겔(Engel)계수에 대한 설명과 가장 거리가 먼 것은?

① 농산물 가격이 상승하면 엥겔계수가 올라간다.

② 엥겔계수를 구하는 식은 식료품비/총 가계지출액×100이다.

③ 엥겔계수는 소득 수준이 높아짐에 따라 점차 증가하는 경향이 있다.

④ 엥겔계수 상승에 따른 부담은 저소득층이 상대적으로 더 커진다.

해설

식료품은 필수품이기 때문에 소득 수준과 관계없이 반드시 일정한 비율을 소비해야 하며 동시에 어느 수준 이상은 소비할 필요가 없는 재화이다. 따라서 엥겔계수는 소득 수준이 높아짐에 따라 점차 감소하는 경향이 있다.

19 경기침체 속에서 물가 상승이 동시에 발생하는 상태를 가리키는 용어는?

① 디플레이션
② 하이퍼인플레이션
③ 스태그플레이션
④ 애그플레이션

해설

① 경제 전반적으로 상품과 서비스의 가격이 지속적으로 하락하고 경제활동이 침체되는 현상
② 물가 상승 현상이 통제를 벗어난 초인플레이션 상태
④ 곡물 가격이 상승하면서 일반 물가도 오르는 현상

20 서방 선진 7개국 정상회담(G7)은 1975년 프랑스가 G6 정상회의를 창설하고 그 다음해 캐나다가 추가·확정되면서 매년 개최된 회담이다. 다음 중 G7 회원국이 아닌 나라는?

① 미 국
② 영 국
③ 이탈리아
④ 중 국

해설

1975년 프랑스가 G6 정상회의를 창설했다. 미국, 프랑스, 독일, 영국, 이탈리아, 일본 등 서방 선진 6개국의 모임으로 출범하였으며, 그 다음해 캐나다가 추가되어 서방 선진 7개국 정상회담(G7)으로 매년 개최되었다. 1990년대 이후 냉전 구도 해체로 러시아가 옵서버 형식으로 참가하였으나, 2014년 이후 제외됐다.

21 다음 중 지니계수에 대한 설명으로 옳지 않은 것은?

① 0과 1 사이의 값을 가지며 1에 가까울수록 불평등 정도가 낮다.
② 로렌츠곡선에서 구해지는 면적 비율로 계산한다.
③ 계층 간 소득분포의 불균형 정도를 나타내는 수치로 나타낸 것이다.
④ 소득이 어느 정도 균등하게 분배되는지 평가하는 데 이용된다.

해설

지니계수는 계층 간 소득분포의 불균형 정도를 나타내는 수치로, 소득이 어느 정도 균등하게 분배돼 있는 지를 평가하는 데 주로 이용된다. 지니계수는 0과 1 사이의 값을 가지며 1에 가까울수록 불평등 정도가 높은 것을 뜻한다.

22 세계경제포럼의 회장이며 제4차 산업혁명 시대 전환을 최초로 주장한 인물은?

① 폴 크루그먼
② 제러미 리프킨
③ 클라우스 슈밥
④ 폴 밀그럼

해설

경제학자이자 세계경제포럼(WEP)의 회장인 클라우스 슈밥은 '제4차 산업혁명'이라는 개념을 최초로 주장한 인물로 알려져 있다. 2016년 1월 열린 다보스 포럼에서 제4차 산업혁명을 글로벌 의제로 삼은 슈밥은 이 새로운 물결로 인해 빈부격차가 심해지고 사회적 긴장이 높아질 것으로 전망했다.

23 다음 중 임금상승률과 실업률 사이의 상충관계를 나타낸 것은?

① 로렌츠곡선
② 필립스곡선
③ 지니계수
④ 래퍼곡선

해설

실업률과 임금·물가상승률의 반비례 관계를 나타낸 곡선은 필립스곡선(Phillips Curve)이다. 실업률이 낮으면 임금이나 물가의 상승률이 높고, 실업률이 높으면 임금이나 물가의 상승률이 낮다는 것이다.

24 다음 중 경기가 회복되는 국면에서 일시적인 어려움을 겪는 상황을 나타내는 것은?

① 스크루플레이션
② 소프트패치
③ 러프패치
④ 그린슈트

해설

경기가 상승하는 국면에서 본격적으로 침체되거나 후퇴하는 것은 아니지만 일시적으로 성장세가 주춤하면서 어려움을 겪는 현상을 소프트패치(Soft Patch)라 한다.
① 스크루플레이션 : 쥐어짤 만큼 어려운 경제상황에서 체감 물가가 올라가는 상태
③ 러프패치 : 소프트패치보다 더 나쁜 경제상황으로, 소프트패치 국면이 상당기간 길어질 수 있음을 의미
④ 그린슈트 : 경제가 침체에서 벗어나 조금씩 회복되면서 발전할 조짐을 보이는 것

25 미국 보스턴 컨설팅 그룹이 개발한 BCG 매트릭스에서 기존 투자에 의해 수익이 계속적으로 실현되는 자금 공급 원천에 해당하는 사업은?

① 스타(Star) 사업
② 도그(Dog) 사업
③ 캐시카우(Cash Cow) 사업
④ 물음표(Question Mark) 사업

해설

캐시카우 사업은 시장점유율이 높아 안정적으로 수익을 창출하지만 성장 가능성은 낮은 사업이다. 스타 사업은 수익성과 성장성이 모두 큰 사업이며, 그 반대가 도그 사업이다. 물음표 사업은 앞으로 어떻게 될 지 알 수 없는 사업이다.

26 친환경 정책을 바탕으로 새로운 부가가치를 창출하는 시장을 일컫는 말은?

① 그린오션
② 블루오션
③ 레드오션
④ 퍼플오션

해설

그린오션(Green Ocean)은 경제·사회·환경 분야에서 '지속 가능한 성장'을 달성하기 위한 핵심 개념으로, 친환경 정책을 바탕으로 새로운 경제적 부가가치를 창출하는 경영 전략이나 시장을 말한다.

27 다음 중 기업이 공익을 추구하면서도 실질적인 이익을 얻을 수 있도록 공익과의 접점을 찾는 마케팅은?

① 바이럴 마케팅
② 코즈 마케팅
③ 니치 마케팅
④ 헤리티지 마케팅

해설

기업이 일방적으로 기부나 봉사활동을 하는 것에서 나아가 기업이 공익을 추구하면서도 이를 통해 실질적인 이익을 얻을 수 있도록 공익과의 접점을 찾는 것을 코즈 마케팅이라 한다.

28 다음 중 BCG 매트릭스에서 원의 크기가 의미하는 것은?

① 시장 성장률
② 상대적 시장점유율
③ 기업의 규모
④ 매출액의 크기

해설

BCG 매트릭스에서 원의 크기는 매출액의 크기를 의미한다.

BCG 매트릭스

미국의 보스턴컨설팅그룹이 개발한 사업 전략의 평가기법으로 '성장-점유율 분석'이라고도 한다. 상대적 시장점유율과 시장성장률이라는 2가지를 각각 X, Y축으로 하여 매트릭스(2차원 공간)에 해당 사업을 위치시켜 사업 전략을 위한 분석과 판단에 이용한다.

29 제품 생산부터 판매에 이르기까지 소비자를 관여시키는 마케팅 기법을 무엇이라고 하는가?

① 프로슈머 마케팅　　　　　　　　② 풀 마케팅
③ 앰부시 마케팅　　　　　　　　　④ 노이즈 마케팅

> **해설**
>
> 프로슈머 마케팅 : 소비자의 아이디어를 제품 개발 및 유통에 활용하는 마케팅 기법
> ② 풀 마케팅 : 광고·홍보활동에 고객들을 직접 주인공으로 참여시켜 벌이는 마케팅 기법
> ③ 앰부시 마케팅 : 스폰서의 권리가 없는 자가 마치 자신이 스폰서인 것처럼 하는 마케팅 기법
> ④ 노이즈 마케팅 : 상품의 품질과는 상관없이 오로지 상품을 판매할 목적으로 각종 이슈를 요란스럽게 치장해 구설에
> 　　오르도록 하거나, 화젯거리로 소비자들의 이목을 현혹시켜 판매를 늘리는 마케팅 기법

30 다음 중 재벌의 황제경영을 바로잡아 보려는 직접적 조처에 해당하는 것은?

① 사외이사제도　　　　　　　　　② 부채비율의 인하
③ 채무보증의 금지　　　　　　　　④ 지주회사제도

> **해설**
>
> 사외이사제도는 1997년 외환위기를 계기로 우리 스스로가 기업 경영의 투명성을 높이고자 도입한 제도이다. 경영감시를
> 통한 공정한 경쟁과 기업 이미지 쇄신은 물론 전문가를 경영에 참여시킴으로써 기업경영에 전문지식을 활용하려는 데
> 목적이 있다.

31 다음 중 주주총회에 대한 설명으로 틀린 것은?

① 주주총회에서 행하는 일반적인 결의방법은 보통 결의이다.
② 특별결의는 출석한 주주의 의결권의 3분의 1 이상의 수와 발행주식 총수의 3분의 1 이상의 수로
　써 정해야 한다.
③ 총회의 결의에 관하여 특별한 이해관계가 있는 자는 의결권을 행사할 수 없다.
④ 주주총회의 의사의 경과요령과 그 결과를 기재한 서면을 의사록이라고 한다.

> **해설**
>
> 특별결의는 출석한 주주의 의결권의 3분의 2 이상의 수와 발행주식 총수의 3분의 1 이상의 수로써 정해야 한다.

32 다음 중 중앙은행이 발행한 화폐의 액면가에서 제조·유통 비용을 제한 차익을 일컫는 용어는?

① 오버슈팅
② 페그제
③ 그레샴
④ 시뇨리지

> **해설**
> 시뇨리지는 중앙은행이 발행한 화폐의 실질가치에서 제조와 유통 등의 발행 비용을 뺀 차익을 말한다. 이는 곧 정부의 이익이 되는데, 가령 1,000원권 화폐의 제조 비용이 100원이 든다면, 나머지 900원은 정부의 시뇨리지가 되는 것이다. 시뇨리지라는 용어는 유럽의 중세 봉건제 시절 영주였던 시뇨르(Seigneur)가 화폐 주조를 통해 이득을 얻었던 데서 따왔다.

33 전 세계 1 ~ 3% 안에 드는 최상류 부유층의 소비자를 겨냥해 따로 프리미엄 제품을 내놓는 마케팅을 무엇이라고 하는가?

① 하이엔드 마케팅(High-end Marketing)
② 임페리얼 마케팅(Imperial Marketing)
③ 카니발라이제이션(Cannibalization)
④ 하이브리드 마케팅(Hybrid Marketing)

> **해설**
> 고소득층 및 상류층과 중상류층이 주로 구입하는 제품 또는 서비스를 럭셔리(Luxury) 마케팅, 프레스티지(Prestige) 마케팅, 하이엔드 마케팅, VIP 마케팅이라고 한다.

34 IPO에 대한 설명 중 옳지 않은 것은?

① 주식공개나 기업공개를 의미한다.
② IPO 가격이 낮아지면 투자자의 투자수익이 줄어 자본조달 여건이 나빠진다.
③ 소유권 분산으로 경영에 주주들의 압력이 가해질 수 있다.
④ 발행회사는 주식 발행가격이 높을수록 IPO 가격도 높아진다.

> **해설**
> IPO(Initial Public Offering, 주식공개 제도)는 기업이 일정 목적을 가지고 주식과 경영상의 내용을 공개하는 것을 의미한다. 발행회사는 주식 발행가격이 높을수록 IPO 가격이 낮아지므로 투자자의 투자수익은 줄어 추가 공모 등을 통한 자본조달 여건이 나빠진다. 성공적인 IPO를 위해서는 적정 수준에서 기업을 공개하는 것이 중요하며 투자자들의 관심을 모으는 것이 필요하다.

35 기업 M&A에 대한 방어 전략의 일종으로 적대적 M&A가 시도될 경우 기존 주주들에게 시가보다 싼 값에 신주를 발행해 기업인수에 드는 비용을 증가시키는 방법은?

① 황금낙하산　　　　　　　　　　② 유상증자
③ 신주발행　　　　　　　　　　　　④ 포이즌 필

해설

포이즌 필은 적대적 M&A 등 특정 사건이 발생하였을 때 기존 주주들에게 회사 신주(新株)를 시가보다 훨씬 싼 가격으로 매입할 수 있도록 함으로써 적대적 M&A 시도자로 하여금 지분확보를 어렵게 하여 경영권을 방어할 수 있도록 하는 것이다.

36 기업이 임직원에게 자기회사의 주식을 일정 수량, 일정 가격으로 매수할 수 있는 권리를 부여하는 제도는?

① 사이드카(Side Car)
② 스톡옵션(Stock Option)
③ 트레이딩칼라(Trading Collar)
④ 서킷브레이커(Circuit Breaker)

해설

① 사이드카(Side Car) : 선물시장이 급변할 경우 현물시장에 대한 영향을 최소화함으로써 현물시장을 안정적으로 운용하기 위한 관리제도
③ 트레이딩칼라(Trading Collar) : 주식시장 급변에 따른 지수 변동성 확대로 시장의 불안 정도가 높아질 때 발효되는 시장 조치
④ 서킷브레이커(Circuit Breaker) : 주식시장에서 주가가 급등 또는 급락하는 경우 주식매매를 일시정지하는 제도

37 기업이 담합행위를 자진으로 신고한 경우 처벌을 경감하거나 면제해주는 제도는?

① 신디케이트　　　　　　　　　　② 엠네스티 플러스
③ 리니언시　　　　　　　　　　　　④ 플리바게닝

해설

리니언시(Leniency)는 담합행위를 한 기업이 자진신고를 할 경우 처벌을 경감하거나 면제하는 제도로 기업들 간의 불신을 자극하여 담합을 방지하는 효과를 얻을 수 있다.

38 금융기관의 재무건전성을 나타내는 기준으로, 위험가중자산(총 자산)에서 자기자본이 차지하는 비율을 말하는 것은?

① DTI   ② LTV
③ BIS 비율   ④ 지급준비율

해설

국제결제은행(Bank for International Settlement)에서는 BIS 비율로써 국제금융시장에서 금융기관이 자기자본비율을 8% 이상 유지하도록 권고하고 있다.

39 다음 중 세계 3대 신용평가기관이 아닌 것은?

① 무디스(Moody's)
② 스탠더드 앤드 푸어스(S&P)
③ 피치 레이팅스(FITCH Ratings)
④ D&B(Dun&Bradstreet Inc)

해설

영국의 피치 레이팅스(FITCH Ratings), 미국의 무디스(Moody's)와 스탠더드 앤드 푸어스(S&P)는 세계 3대 신용평가기관으로서 각국의 정치·경제 상황과 향후 전망 등을 고려하여 국가별 등급을 매겨 국가신용도를 평가한다. D&B(Dun&Bradstreet Inc)는 미국의 신용조사 전문기관으로 1933년에 R. G. Dun&Company와 Bradstreet Company의 합병으로 설립되었다.

40 연간소득 대비 총부채 연간 원리금 상환액을 기준으로 부채상환능력을 평가함으로써 대출규모를 제한하는 규제는?

① DTI   ② LTV
③ DSR   ④ DTA

해설

DSR(Debt Service Ratio)은 차주의 소득 대비 부채 수준을 나타내는 지표로 현행 총부채상환비율(DTI)과 비슷하지만 훨씬 엄격하다. 해당 주택담보대출의 원리금과 다른 대출의 이자 부담만을 적용해 계산하는 DTI와 달리 DSR은 할부금, 마이너스 통장 등 전체의 원리금 상환 부담을 반영해 산출한다.
① DTI : 연소득에서 부채의 연간 원리금 상환액이 차지하는 비율
② LTV : 담보 물건의 실제 가치 대비 대출금액의 비율
④ DTA : 자산평가액 대비 총부채 비율

41 선물시장이 급변할 경우 현물시장에 들어오는 프로그램 매매주문의 처리를 5분 동안 보류하여 현물시장의 타격을 최소화하는 프로그램 매매호가 관리제도를 무엇이라고 하는가?

① 코스피

② 트레이딩칼라

③ 사이드카

④ 서킷브레이커

해설

① 코스피 : 증권거래소에 상장된 종목들의 주식 가격을 종합적으로 표시한 수치

② 트레이딩칼라(Trading Collar) : 주식시장 급변에 따른 지수 변동성 확대로 시장의 불안 정도가 높아질 때 발효되는 시장 조치

④ 서킷브레이커(Circuit Breaker) : 주식시장에서 주가가 급등 또는 급락하는 경우 주식매매를 일시정지하는 제도

42 지주회사에 대한 설명으로 옳지 않은 것은?

① 카르텔형 복합기업의 대표적인 형태이다.

② 한 회사가 타사의 주식 전부 또는 일부를 보유함으로써 다수기업을 지배하려는 목적으로 이루어지는 기업집중 형태이다.

③ 자사의 주식 또는 사채를 매각하여 타 회사의 주식을 취득하는 증권대위의 방식에 의한다.

④ 콘체른형 복합기업의 전형적인 기업집중 형태이다.

해설

지주회사는 콘체른형 복합기업의 대표적인 형태로서 모자회사 간의 지배관계를 형성할 목적으로 자회사의 주식총수에서 과반수 또는 지배에 필요한 비율을 소유·취득하여 해당 자회사의 지배권을 갖고 자본적으로나 관리기술적인 차원에서 지배관계를 형성하는 기업을 말한다.

43 주가가 떨어질 것을 예측해 주식을 빌려 파는 공매도를 했지만 반등이 예상되자 빌린 주식을 되갚으면서 주가가 오르는 현상은?

① 사이드카

② 디노미네이션

③ 서킷브레이커

④ 숏커버링

해설

없는 주식이나 채권을 판 후 보다 싼 값으로 주식이나 그 채권을 구해 매입자에게 넘기는데, 예상을 깨고 강세장이 되어 해당 주식이 오를 것 같으면 손해를 보기 전에 빌린 주식을 되갚게 된다. 이때 주가가 오르는 현상을 숏커버링이라 한다.

44 다음 중 금융기관의 부실자산이나 채권만을 사들여 전문적으로 처리하는 기관을 무엇이라고 하는가?

① 굿뱅크   ② 배드뱅크

③ 다크뱅크   ④ 캔디뱅크

해설

배드뱅크는 금융기관의 방만한 운영으로 발생한 부실자산이나 채권만을 사들여 별도로 관리하면서 전문적으로 처리하는 구조조정 전문기관이다.

45 국가의 중앙은행이 0.75%포인트 금리를 인상하는 것을 의미하는 용어는?

① 자이언트스텝   ② 빅스텝

③ 리디노미네이션   ④ 트리플딥

해설

빅스텝은 한 번에 0.50%포인트, 자이언트스텝은 0.75%포인트의 금리를 조정하는 것을 의미한다.

46 해외로 나가 있는 자국 기업들을 각종 세제 혜택과 규제 완화 등을 통해 자국으로 다시 불러들이는 정책을 가리키는 말은?

① 리쇼어링(Reshoring)

② 아웃소싱(Outsourcing)

③ 오프쇼어링(Off-shoring)

④ 앵커링 효과(Anchoring Effect)

해설

미국을 비롯한 각국 정부는 경기침체와 실업난의 해소, 경제활성화와 일자리 창출 등을 위해 리쇼어링 정책을 추진한다.

47 주식과 채권의 중간적 성격을 지닌 신종자본증권은?

① 하이브리드 채권   ② 금융 채권

③ 연대 채권   ④ 농어촌지역개발 채권

해설

하이브리드 채권은 채권처럼 매년 확정이자를 받을 수 있고, 주식처럼 만기가 없으면서도 매매가 가능한 신종자본증권이다.

48 다음 중 환율 인상의 영향이 아닌 것은?

① 국제수지 개선 효과
② 외채 상환시 원화부담 가중
③ 수입 증가
④ 국내물가 상승

해설

환율 인상의 영향
• 수출 증가, 수입 감소로 국제수지 개선 효과
• 수입품의 가격 상승에 따른 국내물가 상승
• 외채 상환시 원화부담 가중

49 지급준비율에 대한 설명으로 틀린 것은?

① 지급준비율 정책은 통화량 공급을 조절하는 수단 중 하나로 금융감독원에서 지급준비율을 결정한다.
② 지급준비율을 낮추면 자금 유동성을 커지게 하여 경기부양의 효과를 준다.
③ 지급준비율은 통화조절 수단으로 중요한 의미를 가진다.
④ 부동산 가격의 안정화를 위해 지급준비율을 인상하는 정책을 내놓기도 한다.

해설

지급준비율이란 시중은행이 고객이 예치한 금액 중 일부를 인출에 대비해 중앙은행에 의무적으로 적립해야 하는 지급준비금의 비율이다. 지급준비율의 결정은 중앙은행이 하는데 우리나라의 경우 한국은행이 이에 해당한다.

50 다음 중 환매조건부채권에 대한 설명으로 틀린 것은?

① 금융기관이 일정 기간 후 확정금리를 보태어 되사는 조건으로 발행하는 채권이다.
② 발행 목적에 따라 여러 가지 형태가 있는데, 흔히 중앙은행과 시중은행 사이의 유동성을 조절하는 수단으로 활용된다.
③ 한국은행에서도 시중에 풀린 통화량을 조절하거나 예금은행의 유동성 과부족을 막기 위해 수시로 발행하고 있다.
④ 은행이나 증권회사 등의 금융기관이 수신 금융상품으로는 판매할 수 없다.

해설

은행이나 증권회사 등의 금융기관이 수신 금융상품의 하나로 고객에게 직접 판매하는 것도 있다.

51 고객의 투자금을 모아 금리가 높은 CD, CP 등 단기 금융상품에 투자해 고수익을 내는 펀드를 무엇이라 하는가?

① ELS 　　　　　　　　　　　　② ETF
③ MMF 　　　　　　　　　　　　④ CMA

> **해설**
> CD(양도성예금증서), CP(기업어음) 등 단기금융상품에 투자해 수익을 되돌려주는 실적배당상품을 MMF(Money Market Fund)라고 한다.

52 다음 중 분수 효과에 대한 설명으로 옳지 않은 것은?

① 영국의 경제학자인 존 케인스가 처음 주장했다.
② 저소득층의 소득·소비증대가 고소득층의 소득도 높이게 된다는 이론이다.
③ 고소득층보다 저소득층의 한계소비성향이 크다는 것을 고려한 이론이다.
④ 저소득층에 대한 복지는 축소한다.

> **해설**
> 분수 효과(Trickle-Up effect)는 저소득층의 소득증대와 이에 따른 민간 소비증대가 총 수요를 진작하고 투자·경기활성화를 불러와 고소득층의 소득까지 상승시킨다는 이론이다. 영국의 경제학자인 존 케인스(John Maynard Keynes)가 주장했으며, 낙수 효과와 반대되는 개념이다. 저소득층에 대한 복지를 늘리고, 세금을 인하하는 등의 직접 지원이 경기부양에 도움이 된다고 본다. 저소득층의 한계소비성향이 고소득층보다 더 크다는 것을 바탕으로 한 이론이다.

53 신흥국 시장이 강대국의 금리 정책 때문에 크게 타격을 입는 것을 무엇이라 하는가?

① 긴축발작 　　　　　　　　　　② 옥토버서프라이즈
③ 어닝쇼크 　　　　　　　　　　④ 덤벨이코노미

> **해설**
> 2013년 당시 벤 버냉키 미국 연방준비제도(Fed) 의장이 처음으로 양적완화 종료를 시사한 뒤 신흥국의 통화 가치와 증시가 급락하는 현상이 발생했는데, 이를 가리켜 강대국의 금리 정책에 대한 신흥국의 '긴축발작'이라고 부르게 되었다. 미국의 금리인상 정책 여부에 따라 신흥국이 타격을 입으면서 관심이 집중되는 용어이다.

54 국내 시장에서 외국기업이 자국기업보다 더 활발히 활동하거나 외국계 자금이 국내 금융시장을 장악하는 현상을 지칭하는 용어는?

① 피셔 효과   ② 윔블던 효과

③ 베블런 효과   ④ 디드로 효과

해설

① 피셔 효과 : 1920년대 미국의 경제학자 어빙 피셔의 주장, 인플레이션이 심해지면 금리 역시 따라서 올라간다는 이론
③ 베블런 효과 : 가격이 오르는데도 오히려 수요가 증가하는 현상(가격은 가치를 반영)
④ 디드로 효과 : 새로운 물건을 갖게 되면 그것과 어울리는 다른 물건도 원하는 효과

55 소수의 투자자에게 비공개로 자금을 조성해 주식, 채권을 운용하는 펀드는?

① 공모펀드   ② 벌처펀드

③ 인덱스펀드   ④ 사모펀드

해설

사모펀드는 금융기관이 관리하는 일반 펀드와는 달리 '사인(私人) 간 계약'의 형태이므로 금융감독기관의 감시를 받지 않으며, 공모펀드와는 달리 운용에 제한이 없는 만큼 자유로운 운용이 가능하다.

56 기업의 실적이 시장 예상보다 훨씬 뛰어넘는 경우가 나왔을 때를 일컫는 용어는?

① 어닝쇼크   ② 어닝시즌

③ 어닝서프라이즈   ④ 커버링

해설

시장 예상보다 훨씬 나은 실적이 나왔을 때를 '어닝서프라이즈'라고 하고 실적이 나쁠 경우를 '어닝쇼크'라고 한다. 어닝서프라이즈가 있으면 주가가 오를 가능성이, 어닝쇼크가 발생하면 주가가 떨어질 가능성이 높다.

01 부자의 부의 독식을 부정적으로 보고 사회적 책임을 강조하는 용어로 월가 시위에서 1대 99라는 슬로건이 등장하며 1%의 탐욕과 부의 집중을 공격하는 이 용어는 무엇인가?

① 뉴비즘　　　　　　　　　　　② 노블레스 오블리주
③ 뉴리치현상　　　　　　　　　④ 리세스 오블리주

해설
노블레스 오블리주가 지도자층의 도덕의식과 책임감을 요구하는 것이라면, 리세스 오블리주는 부자들의 부의 독식을 부정적으로 보며 사회적 책임을 강조하는 것을 말한다.

02 다음 중 노동3권에 포함되지 않는 것은?

① 단체설립권　　　　　　　　　② 단결권
③ 단체교섭권　　　　　　　　　④ 단체행동권

해설
노동3권은 근로자의 권익과 근로조건의 향상을 위해 헌법상 보장되는 기본권으로, 단결권 · 단체교섭권 · 단체행동권이 이에 해당한다.

03 일과 여가의 조화를 추구하는 노동자를 지칭하는 용어는 무엇인가?

① 골드칼라　　　　　　　　　　② 화이트칼라
③ 퍼플칼라　　　　　　　　　　④ 논칼라

해설
골드칼라는 높은 정보와 지식으로 정보화시대를 이끌어가는 전문직 종사자, 화이트칼라는 사무직 노동자, 논칼라는 컴퓨터작업 세대를 일컫는다.

04 우리나라 생산가능인구의 연령기준은?

① 14~60세

② 15~64세

③ 17~65세

④ 20~67세

해설

생산가능인구는 노동가능인구라고도 불리며, 우리나라의 생산가능인구의 연령기준은 15세에서 64세이다.

05 공직자가 자신의 재임 기간 중에 주민들의 민원이 발생할 소지가 있는 혐오시설들을 설치하지 않고 임기를 마치려고 하는 현상은?

① 핌투 현상

② 님투 현상

③ 님비 현상

④ 핌피 현상

해설

① 핌투 현상 : 공직자가 사업을 무리하게 추진하며 자신의 임기 중에 반드시 가시적인 성과를 이뤄내려고 하는 업무 형태로, 님투 현상과는 반대개념이다.

③ 님비 현상 : 사회적으로 필요한 혐오시설이 자기 집 주변에 설치되는 것을 강력히 반대하는 주민들의 이기심이 반영된 현상이다.

④ 핌피 현상 : 지역발전에 도움이 되는 시설이나 기업들을 적극 자기 지역에 유치하려는 현상으로 님비 현상과는 반대개 념이다.

06 자신과는 다른 타인종과 외국인에 대한 혐오를 나타내는 정신의학 용어는?

① 호모포비아

② 케모포비아

③ 노모포비아

④ 제노포비아

해설

제노포비아(Xenophobia)란 국가, 민족, 문화 등의 공동체 요소가 다른 외부인에 대한 공포감·혐오를 보이는 것을 가리 킨다. 현대에는 이주 노동자로 인해 경제권과 주거권에 위협을 받는 하류층에게서 자주 관찰된다.

① 호모포비아(Homophobia) : 동성애나 동성애자에게 갖는 부정적인 태도와 감정을 말하며, 각종 혐오·편견 등으로 표출된다.

② 케모포비아(Chemophobia) : 가습기 살균제, 계란, 생리대 등과 관련하여 불법적 화학 성분으로 인한 사회 문제가 연이어 일어나면서 생활 주변의 화학제품에 대한 공포감을 느끼는 소비자 심리를 가리킨다.

07 처음 접한 정보가 나중에 접한 정보보다 기억에 더 큰 영향을 끼치는 효과는?

① 초두 효과

② 맥락 효과

③ 후광 효과

④ 최신 효과

해설

초두 효과는 '첫인상 효과'라고도 부르며 대상 사람·사물에 대해 처음 접하게 된 인상이 굳어지게 되는 심리현상을 말한다. 첫인상으로 그 대상을 기억하게 되고 이미지를 각인하게 된다. 초두 효과의 반대개념으로는 '빈발 효과'가 있는데, 이는 좋지 않았던 첫인상이 상대의 지속적인 개선 노력으로 좋은 인상으로 바뀌게 되는 것을 의미한다.

08 일에 몰두하여 온 힘을 쏟다가 갑자기 극도의 신체·정신적 피로를 느끼며 무력해지는 현상은?

① 리플리 증후군

② 번아웃 증후군

③ 스탕달 증후군

④ 파랑새 증후군

해설

번아웃 증후군은 'Burn out(불타서 없어진다)'에 증후군을 합성한 말로, 힘이 다 소진됐다고 하여 소진 증후군이라고도 한다.

① 리플리 증후군 : 거짓된 말과 행동을 일삼으며 거짓을 진실로 착각하는 증상

③ 스탕달 증후군 : 뛰어난 예술 작품을 감상한 후 나타나는 호흡 곤란, 환각 등의 증상

④ 파랑새 증후군 : 현실에 만족하지 못하고 이상만을 추구하는 병적 증상

09 외부 세상으로부터 인연을 끊고 자신만의 안전한 공간에 머물려는 칩거 증후군의 사람들을 일컫는 용어는?

① 딩크족

② 패라싱글족

③ 코쿤족

④ 니트족

해설

① 자녀 없이 부부만의 생활을 즐기는 사람들

② 결혼하지 않고 부모집에 얹혀사는 사람들

④ 교육을 받거나 구직활동을 하지 않고, 일할 의지도 없는 사람들

10 1964년 미국 뉴욕 한 주택가에서 한 여성이 강도에게 살해되는 35분 동안 이웃 주민 38명이 아무도 신고하지 않은 사건과 관련된 것으로, 방관자 효과라고도 불리는 이것은?

① 라이 증후군　　　　　　　　　② 리마 증후군
③ 아키바 증후군　　　　　　　　④ 제노비스 증후군

해설
제노비스 증후군(Genovese Syndrome)은 주위에 사람들이 많을수록 어려움에 처한 사람을 돕지 않게 되는 현상을 뜻하는 심리학 용어이다. 대중적 무관심, 방관자 효과, 구경꾼 효과라고도 한다.

11 다음 내용 중 밑줄 친 비경제활동인구에 포함되지 않는 사람은?

> 대졸 이상 비경제활동인구는 2000년 159만 2,000명(전문대졸 48만 6,000명, 일반대졸 이상 110만 7,000명)이었으나, 2004년 200만 명 선을 넘어섰다. 지난해 300만 명을 돌파했으므로 9년 사이에 100만 명이 늘었다.

① 가정주부　　　　　　　　　　② 학 생
③ 심신장애자　　　　　　　　　④ 실업자

해설
'경제활동인구'는 일정 기간 동안 제품 또는 서비스 생산을 담당하여 노동활동에 기여한 인구로, 취업자와 실업자를 합한 수를 말한다. '비경제활동인구'는 만 15세 이상 인구에서 취업자와 실업자를 뺀 것으로, 일자리 없이 구직활동도 하지 않는 사람을 말한다.

12 우리나라 근로기준법상 근로가 가능한 최저근로 나이는 만 몇 세인가?

① 13세　　　　　　　　　　　　② 15세
③ 16세　　　　　　　　　　　　④ 18세

해설
근로기준법에 따르면 만 15세 미만인 자(초·중등교육법에 따른 중학교에 재학 중인 18세 미만인 자를 포함한다)는 근로자로 채용할 수 없다.

13 큰 사고가 일어나기 전에 반드시 유사한 작은 사고와 사전징후가 나타난다는 법칙은?

① 샐리의 법칙   ② 하인리히 법칙

③ 이케아 효과   ④ 깨진 유리창 이론

> **해설**
> 하인리히 법칙(Heinrich's Law)은 큰 사고가 일어나기 전에 반드시 유사한 작은 사고와 사전징후가 나타난다는 법칙이다.

14 다음 중 직장폐쇄와 관련된 설명으로 맞지 않는 것은?

① 직장폐쇄기간 동안에는 임금을 지급하지 않아도 된다.

② 직장폐쇄를 금지하는 단체협약은 무효이다.

③ 사용자의 적극적인 권리행사 방법이다.

④ 노동쟁의를 사전에 막기 위해 직장폐쇄를 실시하는 경우에는 사전에 해당관청과 노동위원회에 신고해야 한다.

> **해설**
> 사용자는 노동조합이 쟁의행위를 개시한 이후에만 직장폐쇄를 할 수 있고, 직장폐쇄를 할 경우에는 미리 행정관청 및 노동위원회에 각각 신고해야 한다(노동조합 및 노동관계조정법 제46조).

15 잘못된 것을 알고 있지만 이를 이야기할 경우 닥칠 위험 때문에 누구도 말하지 못하는 큰 문제를 가리키는 말은?

① 하얀 코끼리   ② 검은 백조

③ 방 안의 코끼리   ④ 샐리의 법칙

> **해설**
> 방 안의 코끼리란 누구나 인식하고 있지만, 이를 지적하거나 이야기했을 때 초래될 위험이 두려워 아무도 선뜻 먼저 이야기를 꺼내지 못하는 큰 문제를 비유적으로 이르는 말이다. 방 안에 코끼리가 있는 상황처럼 누구나 알 수 있고 위험한 상황에서도 모르는 척하며 문제 삼지 않는 것이다.

16 기업이 사회적 역할과 책임을 다한다는 신념에 따라 실천하는 나눔 경영의 일종으로, 기업 임직원들이 모금한 후원금 금액에 비례해서 회사에서도 후원금을 내는 제도는?

① 매칭그랜트(Matching Grant)

② 위스타트(We Start)

③ 배리어프리(Barrier Free)

④ 유리천장(Glass Ceiling)

해설

② 위스타트(We Start) : 저소득층 아이들이 가난의 대물림에서 벗어나도록 복지와 교육의 기회를 제공하는 운동

③ 배리어프리(Barrier Free) : 장애인들의 사회적응을 막는 물리적·제도적·심리적 장벽을 제거해 나가자는 운동

④ 유리천장(Glass Ceiling) : 직장 내에서 사회적 약자들의 승진 등 고위직 진출을 막는 보이지 않는 장벽

17 노동쟁의 방식 중 하나로, 직장을 이탈하지 않는 대신에 원료·재료를 필요 이상으로 소모함으로써 사용자를 괴롭히는 방식은 무엇인가?

① 사보타주

② 스트라이크

③ 보이콧

④ 피케팅

해설

② 스트라이크(Strike) : 근로자가 집단적으로 노동 제공을 거부하는 쟁의행위로 '동맹파업'이라고 한다.

③ 보이콧(Boycott) : 부당 행위에 대항하기 위해 집단적·조직적으로 벌이는 거부 운동이다.

④ 피케팅(Picketing) : 플래카드, 피켓, 확성기 등을 사용하여 근로자들이 파업에 동참할 것을 요구하는 행위이다.

18 중대재해처벌법에 따라 근로현장에서 사망사고 발생시 사업주에게 행해지는 처벌기준은?

① 1년 이하의 징역 또는 5억 원 이하의 벌금

② 1년 이상의 징역 또는 10억 원 이하의 벌금

③ 7년 이하의 징역 또는 5억 원 이하의 벌금

④ 7년 이상의 징역 또는 10억 원 이하의 벌금

해설

2022년부터 시행된 중대재해처벌법에 따르면 사업주·경영책임자 등이 작업장 내의 안전보건확보 의무를 위반하여 사망사고가 발생한 경우, 1년 이상의 징역 또는 10억 원 이하의 벌금에 처하도록 했다. 사망 외 사고가 발생했을 때에는 7년 이하의 징역 또는 1억 원 이하의 벌금에 처한다.

19 다음 중 유니언숍(Union Shop) 제도에 대한 설명으로 틀린 것은?

① 노동자들이 노동조합에 의무적으로 가입해야 하는 제도이다.
② 조합원이 그 노동조합을 탈퇴하는 경우 사용자의 해고의무는 없다.
③ 채용할 때에는 조합원·비조합원을 따지지 않는다.
④ 목적은 노동자의 권리를 강화하기 위한 것이다.

해설
조합원이 그 노동조합을 탈퇴하는 경우 사용자는 해고의무를 가진다.

20 수입은 많지만 서로 시간이 없어 소비를 못하는 신세대 맞벌이 부부를 이르는 말은?

① 여피족   ② 네스팅족
③ 딘트족   ④ 욘 족

해설
딘트족(DINT族)은 'Double Income, No Time'의 약어로 맞벌이를 해서 수입은 두 배이지만 업무가 바쁘고, 서로 시간이 없어 소비를 못하는 신세대 맞벌이 부부를 지칭하는 신조어다.

21 다음의 예시 사례는 어떤 현상에 대한 해결방법인가?

• 해방촌 신흥시장 - 소유주·상인 자율협약 체결, 향후 6년간 임대료 동결
• 성수동 - 구청, 리모델링 인센티브로 임대료 인상 억제 추진
• 서촌 - 프랜차이즈 개업 금지

---

① 스프롤 현상   ② 젠트리피케이션
③ 스테이케이션   ④ 투어리스티피케이션

해설
젠트리피케이션은 도심 변두리 낙후된 지역에 중산층 이상 계층이 유입됨으로써 지가나 임대료가 상승하고, 기존 주민들은 비용을 감당하지 못하여 살던 곳에서 쫓겨나면서 지역 전체의 구성과 성격이 변하는 것이다. 지역공동체 붕괴나 영세상인의 몰락을 가져온다는 문제가 제기되면서 젠트리피케이션에 대한 대책 마련이 시급한 상황이다.

22 만 10세 ~ 14세 미만으로 형벌에 처할 범법행위를 한 미성년자를 뜻하는 말은?

① 위법소년
② 소년범
③ 촉법소년
④ 우범소년

> **해설**
>
> 촉법소년은 형법에 저촉되는 행위를 한 만 10세 이상 만 14세 미만인 소년, 소녀를 말한다.

23 자기에게 손해가 가지 않는다면 사회나 이웃의 일에는 무관심한 개인이기주의 현상은?

① 노비즘
② 루키즘
③ 프리거니즘
④ 맨해트니즘

> **해설**
>
> 노비즘(Nobyism)은 이웃사회에 피해가 가더라도 자기에게 손해가 아니라면 무관심한 현상을 말한다.

24 어른이 마치 아이처럼 젊고 개성 있게 생활하려고 하는 개인적 풍조를 뜻하는 말은?

① 피터팬 신드롬
② 파랑새 신드롬
③ 아도니스 신드롬
④ 네버랜드 신드롬

> **해설**
>
> 네버랜드 신드롬(Neverland Syndrome)은 나이 든 어른이 실제 나이보다 젊고 개성 있게 살아가는 것을 미덕으로 여기는 개인적 풍조를 뜻한다. 성인인데도 아이의 행동양식을 가지려 하는 피터팬 신드롬과는 다르다. 삶이 질 향상과 정보화로 인터넷에서 다양한 유행을 접할 수 있게 되면서, 자신의 개성을 자유롭게 표현하려는 풍조가 만든 현상이라고 볼 수 있다.

25 재활용품에 디자인 또는 활용도를 더해 그 가치를 더 높은 제품으로 만드는 것은?

① 업사이클링(Up-cycling)
② 리사이클링(Recycling)
③ 리뉴얼(Renewal)
④ 리자인(Resign)

> **해설**
>
> 업사이클링(Up-cycling)은 쓸모없어진 것을 재사용하는 리사이클링의 상위 개념이다. 즉 자원을 재이용할 때 디자인 또는 활용도를 더해 전혀 다른 제품으로 생산하는 것을 말한다.

26 대도시 지역에서 나타나는 열섬 현상의 원인으로 적절하지 않은 것은?

① 인구의 도시 집중

② 콘크리트 피복의 증가

③ 인공열의 방출

④ 옥상 녹화

해설

옥상 녹화는 건물의 옥상이나 지붕에 식물을 심는 것으로, 주변 온도를 낮추어 도시의 열섬 현상을 완화시킨다.

27 2007년 환경부가 도입한 제도로서 온실가스를 줄이는 활동에 국민들을 참여시키기 위해 온실가스를 줄이는 활동에 대해 각종 인센티브를 제공하는 제도는?

① 프리덤 푸드

② 탄소발자국

③ 그린워싱

④ 탄소포인트제

해설

① 프리덤 푸드 : 동물학대방지협회가 심사·평가하여 동물복지를 실현하는 농장에서 생산된 축산제품임을 인증하는 제도

② 탄소발자국 : 개인 또는 단체가 직·간접적으로 발생시키는 온실기체의 총량

③ 그린워싱 : 실제로는 환경에 유해한 활동을 하면서 마치 친환경적인 것처럼 광고하는 행위

28 다음 중 바이오에너지에 대한 설명으로 적절하지 않은 것은?

① 직접연소, 메테인 발효, 알코올 발효 등을 통해 얻을 수 있다.

② 산업폐기물도 바이오에너지의 자원이 될 수 있다.

③ 재생 가능한 무한의 자원이다.

④ 브라질이나 캐나다 등의 국가에서 바이오에너지가 도입 단계에 있다.

해설

브라질, 캐나다, 미국 등에서는 알코올을 이용한 바이오에너지 공급량이 이미 원자력에 맞먹는 수준에 도달해 있다.

29 오존층 파괴물질의 규제와 관련된 국제협약은?

① 리우 선언   ② 교토 의정서
③ 몬트리올 의정서   ④ 런던 협약

해설

① 리우 선언 : 환경보전과 개발에 관한 기본원칙을 담은 선언문
② 교토 의정서 : 기후변화협약(UNFCCC)에 따른 온실가스 감축을 이행하기 위한 의정서
④ 런던 협약 : 바다를 오염시킬 수 있는 각종 산업폐기물의 해양투기나 해상 소각을 규제하는 협약

30 다음 중 탄소배출권에 대한 설명으로 옳은 것은?

① 유엔기후변화협약에서 발급한다.
② 상품처럼 시장에서 거래할 수 없다.
③ 일산화탄소, 메탄, 아산화질소 배출권은 제외된다.
④ 온실가스 배출에 대한 영구적 권리를 의미한다.

해설

탄소배출권은 지구온난화를 일으키는 일산화탄소, 메탄, 아산화질소와 3종의 프레온가스, 6개 온실가스를 일정기간 배출할 수 있는 권리를 의미한다. 유엔기후변화협약에서 발급하며, 발급된 탄소배출권은 시장에서 상품처럼 거래할 수 있다. 주로 온실가스 배출을 줄여야 하는 의무를 지는 국가와 기업이 거래한다.

31 다음 〈보기〉에서 설명하는 협약은 무엇인가?

> **보기**
>
> 정식 명칭은 '물새서식지로서 특히 국제적으로 중요한 습지에 관한 협약'으로, 환경올림픽이라고도 불린다. 가맹국은 철새의 번식지가 되는 습지를 보호할 의무가 있으며 국제적으로 중요한 습지를 1개소 이상 보호지로 지정해야 한다.

① 런던 협약   ② 몬트리올 의정서
③ 람사르 협약   ④ 바젤 협약

해설

① 런던 협약 : 선박이나 항공기, 해양시설로부터의 폐기물 해양투기나 해상소각을 규제하는 국제협약
② 몬트리올 의정서 : 지구의 오존층을 보호하기 위해 오존층 파괴물질의 사용을 규제하는 국제협약
④ 바젤 협약 : 유해폐기물의 국가 간 교역을 규제하는 국제협약

32 다음에서 설명하고 있는 것은 무엇인가?

> 이것은 유기물이 분해되어 형성되는 바이오 가스에서 메탄만을 정제하여 추출한 연료로, 천연가스 수요처에서 에너지로 활용할 수 있다.

① 질 소   ② 이산화탄소
③ 바이오-메탄 가스   ④ LNG

해설

생물자원인 쓰레기, 배설물, 식물 등이 분해되면서 만들어지는 바이오 가스에서 메탄을 추출한 바이오-메탄 가스는 발전이나 열에너지원으로 이용할 수 있다.

33 다음 중 온실 효과를 일으키는 물질로만 짝지어진 것은?

① 이산화탄소(CO_2), 메탄(CH_4)
② 질소(N), 아산화질소(N_2O)
③ 프레온(CFC), 산소(O_2)
④ 질소(N), 이산화탄소(CO_2)

해설

질소(N), 산소(O_2) 등의 기체는 가시광선이나 적외선을 모두 통과시키기 때문에 온실 효과를 일으키지 않는다. 교토 의정서에서 정한 대표적 온실가스에는 이산화탄소(CO_2), 메탄(CH_4), 아산화질소(N_2O), 과불화탄소($PFCs$), 수소불화탄소($HFCs$), 육불화유황(SF_6) 등이 있다.

34 핵가족화에 따른 노인들이 고독과 소외로 우울증에 빠지게 되는 것을 무엇이라 하는가?

① LID 증후군   ② 쿠바드 증후군
③ 펫로스 증후군   ④ 빈둥지 증후군

해설

② 쿠바드 증후군 : 아내가 임신했을 경우 남편도 육체적·심리적 증상을 아내와 똑같이 겪는 현상
③ 펫로스 증후군 : 가족처럼 사랑하는 반려동물이 죽은 뒤에 경험하는 상실감과 우울 증상
④ 빈둥지 증후군 : 자녀가 독립하여 집을 떠난 뒤에 부모나 양육자가 경험하는 외로움과 상실감

35 2021년 품귀사태를 빚었던 요소수에 대한 설명으로 옳은 것은?

① 가솔린 차량에서 발생하는 질소산화물을 정화시키기 위한 물질이다.
② 유럽의 배출가스 규제인 유로6의 도입으로 사용이 의무화되었다.
③ 질소산화물을 물과 이산화탄소로 환원시킨다.
④ 요소수가 소모되어도 차량운행에는 문제가 없다.

해설

요소수는 디젤 차량에서 발생하는 질소산화물(NOx)를 정화하기 위한 물질로, 차량에 설치된 정화장치인 SCR에 사용된다. 배기가스가 지나는 통로에 요소수를 뿌리면 질소산화물이 물과 질소로 환원된다. 2015년에 유럽의 배기가스 규제인 유로6가 국내에 도입되면서, 디젤 차량에 반드시 SCR을 탑재하고 요소수 소모 시 보충해야 한다. SCR이 설치된 디젤 차량은 요소수가 없으면 시동이 걸리지 않는 등 운행할 수 없다.

36 호기성 미생물이 일정 기간 동안 물속에 있는 유기물을 분해할 때 사용하는 산소의 양을 말하며, 물의 오염된 정도를 표시하는 지표로 사용되는 것은?

① pH
② DO
③ COD
④ BOD

해설

생화학적 산소요구량(Biochemical Oxygen Demand)은 일반적으로 BOD로 부르며, 생물분해가 가능한 유기물질의 강도를 뜻한다. BOD 값이 클수록 오염 정도가 심한 물이고, BOD 값이 작을수록 깨끗한 물이다.

37 '생물자원에 대한 이익 공유'와 관련된 국제협약은?

① 리우 선언
② 교토 의정서
③ 나고야 의정서
④ 파리 기후협약

해설

나고야 의정서는 다양한 생물자원을 활용해 생기는 이익을 공유하기 위한 지침을 담은 국제협약이다.

38 환경영향평가에 대한 설명으로 옳은 것은?

① 환경보존 운동의 효과를 평가하는 것

② 환경보전법, 해상환경관리법, 공해방지법 등을 총칭하는 것

③ 공해지역 주변에 특별감시반을 설치하여 환경보전에 만전을 기하는 것

④ 건설이나 개발 전에 주변 환경에 미치는 영향을 미리 측정하여 대책을 세우는 것

해설

환경영향평가

건설이나 개발 전에 주변 환경에 미치는 영향을 미리 측정하여 해로운 환경영향을 측정해보는 것이다. 정부나 기업이 환경에 끼칠 영향이 있는 사업을 수행하고자 할 경우 시행하게 되어 있다.

39 핵 폐기물의 국가 간 교역을 규제하는 내용의 국제 환경협약은?

① 람사르 협약   ② 런던 협약

③ CBD   ④ 바젤 협약

해설

① 람사르 협약 : 물새 서식지로서 특히 국제적으로 중요한 습지에 관한 협약
② 런던 협약 : 해양오염 방지를 위한 국제협약
③ 생물다양성협약(CBD) : 지구상의 동·식물을 보호하고 천연자원을 보존하기 위한 국제협약

40 지구상의 동·식물을 보호하고 천연자원을 보존하기 위한 국제협약으로 멸종 위기의 동식물을 보존하려는 것이 목적인 협약은?

① CBD   ② 람사르 협약

③ WWF   ④ 교토 의정서

해설

CBD는 생물다양성협약의 영문 약자이다.
② 람사르 협약 : 물새 서식지로서 특히 국제적으로 중요한 습지에 관한 협약
③ 세계 물포럼(WWF) : 세계 물 문제 해결을 논의하기 위해 3년마다 개최되는 국제회의
④ 교토 의정서 : 기후변화협약(UNFCCC)에 따른 온실가스 감축을 이행하기 위한 의정서

01 다음 중 건조주의보는 실효습도가 몇 % 이하로 지속될 것이 예상될 때 발효되는가?

① 25%   ② 30%

③ 35%   ④ 40%

해설

기상청에서는 산불발생의 가능성을 경고하기 위해 실효습도를 관측·예측하여 건조주의보와 건조경보를 발표하고 있다. 건조주의보는 실효습도 35% 이하가 2일 이상 지속될 것이라 예상될 때, 건조경보는 실효습도 25% 이하가 2일 이상 지속되리라 예상될 때 발효된다.

02 다음 중 방사능과 관련 있는 에너지(량) 단위는?

① Bq   ② J

③ eV   ④ cal

해설

Bq(베크렐)은 방사능 물질이 방사능을 방출하는 능력을 측정하기 위한 방사능의 국제단위이다.

03 석회암이 물속의 탄산가스에 의해 녹거나 침전되어 생성되는 지형은?

① 드럼린 지형   ② 카르스트 지형

③ 모레인 지형   ④ 바르한 지형

해설

카르스트 지형은 석회암이 물속에 함유된 탄산가스에 의해 용해되고 침전되어 만들어지는 지형을 말한다. 석회암 지역에서 나타나는 독특한 지형이다. 석회암 지반에서 빗물에 의해 용식작용이 일어나면서 구멍이 생기는데, 이 구멍으로 빗물이 침투하여 공간이 더욱 확장된다. 이렇게 공간이 확장된 석회암 지대는 석회동굴로 발전한다.

04 다음 중 우주밀도의 약 70%를 차지한다고 알려진 물질은?

① 암흑에너지
② 은하단
③ 중성자
④ 페르미 거품

해설

암흑에너지(Dark Energy)는 우주 공간의 약 70%를 차지하고 있다고 알려진 에너지의 한 형태로, 우주 전체에 고르게 퍼져 있으며 그 실체는 아직 명확히 밝혀지지 않았다. 빅뱅으로 탄생한 우주는 점점 빠르게 팽창하고 있는데 이 팽창의 가속이 이뤄지는 원동력이 암흑에너지라고 추측되고 있다.

05 다음 중 밑줄 친 '이것'이 가리키는 것은?

탄수화물을 섭취하면 혈당이 올라가는데, 우리 몸은 이 혈당을 낮추기 위해 인슐린을 분비하고, 인슐린은 당을 지방으로 만들어 체내에 축적하게 된다. 하지만 모든 탄수화물이 혈당을 동일하게 올리지는 않는다. 칼로리가 같은 식품이어도 이것이 낮은 음식을 먹으면 인슐린이 천천히 분비되어 혈당 수치가 정상적으로 조절되고 포만감 또한 오래 유지할 수 있어 다이어트에 도움이 되는 것으로 알려졌다.

① GMO
② 글루텐
③ GI
④ 젖 산

해설

GI, 즉 혈당지수는 어떤 식품이 혈당을 얼마나 빨리, 많이 올리느냐를 나타내는 수치이다. 예를 들어 혈당지수가 85인 감자는 혈당지수가 40인 사과보다 혈당을 더 빨리 더 많이 올린다. 일반적으로 혈당지수 55 이하는 저혈당지수 식품, 70 이상은 고혈당지수 식품으로 분류한다.

06 다음 중 OLED에 대한 설명으로 옳지 않은 것은?

① 스스로 빛을 내는 현상을 이용한다.
② 휴대전화, PDA 등 전자제품의 액정 소재로 사용된다.
③ 화질 반응속도가 빠르고 높은 화질을 자랑한다.
④ 에너지 소비량이 크고 가격이 비싸다.

해설

OLED(Organic Light-Emitting Diode)는 형광성 유기화합물질에 전류를 흐르게 하면 자체적으로 빛을 내는 발광현상을 이용하는 디스플레이를 말한다. LCD보다 선명하고 보는 방향과 무관하게 잘 보이는 장점을 가진다. 화질의 반응속도 역시 LCD에 비해 1,000배 이상 빠르다. 또한 단순한 제조공정으로 인해 가격 경쟁면에서 유리하다.

07 버스가 갑자기 서면 몸이 앞으로 쏠리는 현상은 무엇과 관련이 있는가?

① 관성의 법칙　　　　　　　　② 작용·반작용의 법칙
③ 가속도의 법칙　　　　　　　④ 원심력

해설
관성의 법칙은 물체가 원래 운동 상태를 유지하고자 하는 법칙이다. 달리던 버스가 갑자기 서면서 몸이 앞으로 쏠리는 것은 관성 때문이다.

08 대기 중에 이산화탄소가 늘어나는 것이 원인이 되어 발생하는 온도상승 효과는?

① 엘니뇨 현상　　　　　　　　② 터널 효과
③ 온실 효과　　　　　　　　　④ 오존층파괴 현상

해설
온실 효과는 대기 중에 탄산가스, 아황산가스 등이 증가하면서 대기의 온도가 상승하는 현상으로 생태계의 균형을 위협한다.

09 다음 중 아폴로 11호를 타고 인류 최초로 달에 첫 발걸음을 내디딘 인물은 누구인가?

① 에드윈 올드린　　　　　　　② 닐 암스트롱
③ 알렉세이 레오노프　　　　　④ 이소연

해설
닐 암스트롱은 1969년 7월 20일 아폴로 11호로 인류 역사상 최초로 달에 착륙했다.

10 다음 중 뉴턴의 운동법칙이 아닌 것은?

① 만유인력의 법칙
② 관성의 법칙
③ 작용·반작용의 법칙
④ 가속도의 법칙

해설
뉴턴의 운동법칙으로는 관성의 법칙, 가속도의 법칙, 작용·반작용의 법칙이 있다. 만유인력은 뉴턴의 운동법칙이 아니다.

11 다음 중 희토류가 아닌 것은?

① 우라늄   ② 망 간
③ 니 켈   ④ 구 리

해설

구리는 금속물질이며, 희토류가 아니다.

12 전 세계의 모든 문자를 다룰 수 있도록 설계된 표준 문자전산처리 방식은?

① 아스키코드   ② 유니코드
③ BCD코드   ④ EBCDIC코드

해설

유니코드(Unicode)는 전 세계 모든 국가의 언어를 모두 표현하기 위한 코드로서, 운영체제나 프로그램과 상관없이 문자마다 고유한 값을 부여함으로써 모든 언어를 16진수로 표현할 수 있다. 각 언어를 통일된 방식으로 컴퓨터상에 나타내며, 1995년 9월에 국제표준으로 지정되었다.

13 다음 중 리튬폴리머 전지에 대한 설명으로 옳지 않은 것은?

① 안정성이 높고, 에너지 효율이 높은 2차 전지이다.
② 외부전원을 이용해 충전하여 반영구적으로 사용한다.
③ 전해질이 액체 또는 젤 형태이므로 안정적이다.
④ 제조 공정이 간단해 대량 생산이 가능하다.

해설

리튬폴리머 전지(Lithium Polymer Battery)
외부 전원을 이용해 충전하여 반영구적으로 사용하는 고체 전해질 전지로, 안정성이 높고 에너지 효율이 높은 2차 전지이다. 전해질이 고체 또는 젤 형태이기 때문에 사고로 인해 전지가 파손되어도 발화하거나 폭발할 위험이 없어 안정적이다. 또한 제조 공정이 간단해 대량 생산이 가능하며 대용량도 만들 수 있다.

14 특허가 만료된 바이오의약품과 비슷한 효능을 내게 만든 복제의약품을 무엇이라 하는가?

① 바이오시밀러   ② 개량신약
③ 바이오베터   ④ 램시마

해설

바이오시밀러란 바이오의약품을 복제한 약을 말한다. 오리지널 바이오의약품과 비슷한 효능을 갖도록 만들지만 바이오의약품의 경우처럼 동물세포나 효모, 대장균 등을 이용해 만든 고분자의 단백질 제품이 아니라 화학 합성으로 만들기 때문에 기존의 특허받은 바이오의약품에 비해 약값이 저렴하다.

15 매우 무질서하고 불규칙적으로 보이는 현상 속에 내재된 일정 규칙이나 법칙을 밝혀내는 이론은?

① 카오스 이론　　　　　　　　　② 빅뱅 이론

③ 엔트로피　　　　　　　　　　　④ 퍼지 이론

해설

카오스 이론은 무질서하고 불규칙적으로 보이는 현상에 숨어 있는 질서와 규칙을 설명하려는 이론이다.

16 방사성 원소란 원자핵이 불안정하여 방사선을 방출하여 붕괴하는 원소이다. 다음 중 방사성 원소가 아닌 것은?

① 헬 륨　　　　　　　　　　　　② 우라늄

③ 라 듐　　　　　　　　　　　　④ 토 륨

해설

방사성 원소는 천연 방사성 원소와 인공 방사성 원소로 나눌 수 있다. 방사선을 방출하고 붕괴하면서 안정한 원소로 변한다. 안정한 원소가 되기 위해 여러 번의 붕괴를 거친다. 천연적인 것으로는 우라늄, 악티늄, 라듐, 토륨 등이 있고, 인공적인 것으로는 넵투늄 등이 있다. 헬륨은 방사성 원소가 아니라 비활성 기체이다.

17 장보고기지에 대한 설명으로 옳지 않은 것은?

① 남극의 미생물, 천연물질을 기반으로 한 의약품 연구 등 다양한 응용 분야 연구가 이뤄진다.

② 대한민국의 두 번째 과학기지이며 한국해양연구원 부설기관인 극지연구소에서 운영한다.

③ 남극 최북단 킹조지섬에 위치한다.

④ 생명과학, 토목공학과 같은 응용 분야 연구에도 확장되고 있다.

해설

세종과학기지가 킹조지섬에 위치해 있다. 장보고기지는 테라노바만에 있다.

18 여러 금융회사에 흩어진 개인의 금융정보를 통합관리하는 산업은?

① 데이터경제 산업　　　　　　　② 오픈뱅킹 산업

③ 빅데이터 산업　　　　　　　　④ 마이데이터 산업

해설

마이데이터(Mydata) 산업은 일명 신용정보관리업으로 금융데이터의 주인을 금융회사가 아니라 개인으로 정의해, 각종 기관과 기업에 산재하는 신용정보 등 개인정보를 직접관리하고 활용할 수 있는 서비스다.

19 기술의 발전으로 인해 제품의 라이프 사이클이 점점 빨라지는 현상을 이르는 법칙은 무엇인가?

① 스마트 법칙 ② 구글 법칙
③ 안드로이드 법칙 ④ 애플 법칙

> **해설**
> 안드로이드 법칙은 구글의 안드로이드 운영체제를 장착한 스마트폰을 중심으로 계속해서 향상된 성능의 스마트폰이 출시돼 출시 주기도 짧아질 수밖에 없다는 법칙이다. 구글이 안드로이드를 무료로 이용할 수 있게 하면서 제품의 출시가 쉬워진 것이 큰 요인이다.

20 다음 중 딥러닝에 대한 설명으로 틀린 것은?

① 인공지능이 스스로 문제를 해결하도록 한다.
② 인공신경망을 기반으로 한다.
③ 머신러닝 이전에 먼저 개발되었다.
④ 인공지능의 획기적 도약을 이끌었다.

> **해설**
> 딥러닝(Deep Learning)은 컴퓨터가 다양한 데이터를 이용해 마치 사람처럼 스스로 학습할 수 있게 하기 위해 만든 인공신경망을 기반으로 하는 기계학습 기술이다. 이는 컴퓨터가 이미지, 소리, 텍스트 등의 방대한 데이터를 이해하고 스스로 학습할 수 있게 돕는다. 딥러닝의 고안으로 인공지능이 획기적으로 도약하게 되었다. 딥러닝은 기존 머신러닝(기계학습)의 한계를 넘어선 것으로 평가된다.

21 다음에 나타난 게임에 적용된 기술은 무엇인가?

> 유저들이 직접 현실세계를 돌아다니며 포켓몬을 잡는 모바일 게임 열풍에 평소 사람들이 찾지 않던 장소들이 붐비는 모습을 보였다.

① MR ② BR
③ AV ④ AR

> **해설**
> 현실에 3차원의 가상물체를 겹쳐서 보여주는 기술을 활용해 현실과 가상환경을 융합하는 복합형 가상현실을 증강현실(AR, Augmented Reality)이라 한다.

22 컴퓨터 전원을 끊어도 데이터가 없어지지 않고 기억되며 정보의 입출력도 자유로운 기억장치는?

① 램 ② 캐시메모리
③ 플래시메모리 ④ CPU

> **해설**
> 플래시메모리는 전원이 끊겨도 저장된 정보가 지워지지 않는 비휘발성 기억장치이다. 내부 방식에 따라 저장용량이 큰 낸드(NAND)형과 처리 속도가 빠른 노어(NOR)형의 2가지로 나뉜다.

23 클라우드를 기반으로 하는 이 서비스는 하나의 콘텐츠를 여러 플랫폼을 통해 이용할 수 있다. 이 서비스는 무엇인가?

① N스크린
② DMB
③ IPTV
④ OTT

> **해설**
> N스크린은 하나의 콘텐츠를 여러 개의 디지털 기기들을 넘나들며 시간과 장소에 구애받지 않고 이용할 수 있도록 해주는 기술이다. 'N'은 수학에서 아직 결정되지 않은 미지수를 뜻하는데, 하나의 콘텐츠를 이용할 수 있는 스크린의 숫자를 한정짓지 않는다는 의미에서 N스크린이라고 부른다.

24 이용자의 특정 콘텐츠에 대한 데이터 비용을 이동통신사가 대신 부담하는 것을 무엇이라 하는가?

① 펌웨어
② 플러그 앤 플레이
③ 제로레이팅
④ 웹2.0

> **해설**
> 제로레이팅은 특정한 콘텐츠에 대한 데이터 비용을 이동통신사가 대신 지불하거나 콘텐츠 사업자가 부담하도록 하여 서비스 이용자는 무료로 이용할 수 있게 하는 것을 말한다.

25 다음은 무엇에 대한 설명인가?

> 악성코드에 감염된 다수의 좀비PC를 이용하여 대량의 트래픽을 특정 시스템에 전송함으로써 장애를 일으키는 사이버공격이다.

① 해 킹
② 스푸핑
③ 크래킹
④ 디도스

> **해설**
> 디도스는 여러 대의 컴퓨터가 일제히 공격해 대량접속이 일어나게 함으로써 해당 컴퓨터의 기능이 마비되게 하는 것이다. 자신도 모르는 사이에 악성코드에 감염돼 특정 사이트를 공격하는 PC로 쓰일 수 있는데, 이러한 컴퓨터를 좀비PC라고 한다.

26 다음 중 RAM에 대한 설명으로 옳은 것은?

① 컴퓨터의 보조기억장치로 이용된다.

② 크게 SRAM, DRAM, ROM으로 분류할 수 있다.

③ 'Read Access Memory'의 약어이다.

④ SRAM이 DRAM보다 성능이 우수하나 고가이다.

해설

SRAM은 DRAM보다 몇 배나 더 빠르긴 하지만 가격이 고가이기 때문에 소량만 사용한다.

① 컴퓨터의 주기억장치로 이용된다.

② 크게 SRAM, DRAM으로 분류할 수 있다.

③ 'Random Access Memory'의 약어이다.

27 악성코드에 감염된 PC를 조작해 이용자를 허위로 만든 가짜 사이트로 유도하여 개인정보를 빼가는 수법은 무엇인가?

① 스미싱   ② 스피어피싱

③ 파 밍   ④ 메모리해킹

해설

파밍은 해커가 특정 사이트의 도메인 자체를 중간에서 탈취해 개인정보를 훔치는 인터넷 사기이다. 진짜 사이트 주소를 입력해도 가짜 사이트로 연결되도록 하기 때문에, 사용자들은 가짜 사이트를 진짜 사이트로 착각하고 자신의 개인정보를 입력하여 피해를 입는다.

① 스미싱은 문자메시지(SMS)와 피싱(Phishing)의 합성어로, 인터넷 접속이 가능한 스마트폰의 문자메시지를 이용한 휴대폰 해킹을 뜻한다.

② 스피어피싱은 대상의 신상을 파악하고 그것에 맞게 낚시성 정보를 흘리는 사기수법으로 주로 회사의 고위 간부들이나 국가에 중요한 업무를 담당하고 있는 사람들이 공격 대상이 된다.

28 넷플릭스를 통해 많은 사람들이 인터넷으로 TV드라마나 영화를 본다. 이렇듯 인터넷으로 TV 프로그램 등을 볼 수 있는 서비스를 무엇이라 하는가?

① NFC   ② OTT

③ MCN   ④ VOD

해설

OTT는 'Top(셋톱박스)를 통해 제공됨'을 의미하는 것으로, 범용 인터넷을 통해 미디어 콘텐츠를 이용할 수 있는 서비스를 말한다. 넷플릭스는 세계적으로 유명한 OTT 서비스 제공업체이다.

29 어떤 문제를 해결하기 위한 절차, 방법, 명령어들의 집합을 뜻하는 말은?

① 프로세스   ② 프로그래밍

③ 코 딩   ④ 알고리즘

해설

알고리즘(Algorithm)은 어떤 문제를 해결하기 위한 명령들로 구성된 일련의 순서화된 절차를 의미한다. 문제를 논리적으로 해결하기 위해 필요한 절차, 방법, 명령어들을 모아놓은 것과 이를 적용해 문제를 해결하는 과정을 모두 알고리즘이라고 한다.

30 인터넷 사용자가 접속한 웹사이트 정보를 저장하는 정보 기록 파일을 의미하며, 웹사이트에서 사용자의 하드디스크에 저장되는 특별한 텍스트 파일을 무엇이라 하는가?

① 쿠 키   ② 피 싱

③ 캐 시   ④ 텔 넷

해설

쿠키에는 PC 사용자의 ID와 비밀번호, 방문한 사이트 정보 등이 담겨 하드디스크에 저장된다. 이용자들의 홈페이지 접속을 도우려는 목적에서 만들어졌기 때문에 해당 사이트를 한 번 방문하고 이후에 다시 방문했을 때에는 별다른 절차를 거치지 않고 빠르게 접속할 수 있다는 장점이 있다.

31 인터넷 주소창에 사용하는 'HTTP'의 의미는?

① 인터넷 네트워크망   ② 인터넷 데이터 통신규약

③ 인터넷 사용경로 규제   ④ 인터넷 포털서비스

해설

HTTP(HyperText Transfer Protocol)는 WWW상에서 클라이언트와 서버 사이에 정보를 주고 받는 요청/응답 프로토콜로 인터넷 데이터 통신규약이다.

32 기업이나 조직의 모든 정보가 컴퓨터에 저장되면서, 컴퓨터의 정보 보안을 위해 외부에서 내부 또는 내부에서 외부의 정보통신망에 불법으로 접근하는 것을 차단하는 시스템은?

① 쿠 키   ② DNS

③ 방화벽   ④ 아이핀

해설

화재가 발생했을 때 불이 번지지 않게 하기 위해서 차단막을 만드는 것처럼, 네트워크 환경에서도 기업의 네트워크를 보호해주는 하드웨어, 소프트웨어 체제를 방화벽이라 한다.

33 하나의 디지털 통신망에서 문자, 동영상, 음성 등 각종 서비스를 일원화해 통신·방송 서비스의 통합, 효율성 극대화, 저렴화를 추구하는 종합 통신 네트워크는 무엇인가?

① VAN
② UTP케이블
③ ISDN
④ RAM

해설
ISDN(Integrated Sevices Digital Network)은 종합 디지털 서비스망이라고도 하며, 각종 서비스를 일원화해 통신·방송 서비스의 통합, 효율성 극대화, 저렴화를 추구하는 종합 통신 네트워크이다.

34 다음 중 증강현실에 대한 설명으로 옳지 않은 것은?

① 현실세계에 3차원 가상물체를 겹쳐 보여준다.
② 스마트폰의 활성화와 함께 주목받기 시작했다.
③ 실제 환경은 볼 수 없다.
④ 위치기반 서비스, 모바일 게임 등으로 활용 범위가 확장되고 있다.

해설
가상현실(VR) 기술은 가상환경에 사용자를 몰입하게 하여 실제 환경은 볼 수 없지만, 증강현실(AR) 기술은 실제 환경을 볼 수 있게 하여 현실감을 제공한다.

35 스마트TV와 인터넷TV 각각의 기기는 서버에 연결되는 방식이 서로 달라 인터넷망 사용의 과부하가 발생할 수밖에 없다. 최근에 이와 관련해 통신사와 기기회사 사이에 갈등이 빚어졌는데 무엇 때문인가?

① 프로그램 편성
② 요금징수 체계
③ 수익모델
④ 망중립성

해설
망중립성은 네트워크 사업자가 관리하는 망이 공익을 위한 목적으로 사용돼야 한다는 원칙이다. 통신 사업자는 막대한 비용을 들여 망설치를 하여 과부하로 인한 망의 다운을 막으려고 하지만, 스마트TV 생산 회사들이나 콘텐츠 제공업체들은 망중립성을 이유로 이에 대한 고려 없이 제품 생산에만 그쳐, 망중립성을 둘러싼 갈등이 불거졌다.

36 다음 인터넷 용어 중 허가된 사용자만 디지털콘텐츠에 접근할 수 있도록 제한해 비용을 지불한 사람만 콘텐츠를 사용할 수 있도록 하는 서비스는?

① DRM(Digital Rights Management)

② WWW(World Wide Web)

③ IRC(Internet Relay Chatting)

④ SNS(Social Networking Service)

> **해설**
> DRM은 우리말로 디지털 저작권 관리라고 부른다. 허가된 사용자만 디지털 콘텐츠에 접근할 수 있도록 제한해 비용을 지불한 사람만 콘텐츠를 사용할 수 있도록 하는 서비스 또는 정보보호 기술을 통틀어 가리킨다.
> ② 인터넷에서 그래픽, 음악, 영화 등 다양한 정보를 통일된 방법으로 찾아볼 수 있는 서비스를 의미한다.
> ③ 인터넷에 접속된 수많은 사용자와 대화하는 서비스이다.
> ④ 온라인 인맥구축 서비스로 1인 미디어, 1인 커뮤니티, 정보 공유 등을 포괄하는 개념이다.

37 다음 내용에서 밑줄 친 이것에 해당하는 용어는?

> • 이것은 웹2.0, SaaS(Software as a Service)와 같이 최근 잘 알려진 기술 경향들과 연관성을 가지는 일반화된 개념이다.
> • 이것은 네트워크에 서버를 두고 데이터를 저장하거나 관리하는 서비스이다.

① 클라우드 컴퓨팅(Cloud Computing)

② 디버깅(Debugging)

③ 스풀(SPOOL)

④ 멀티태스킹(Multitasking)

> **해설**
> ② 디버깅(Debugging) : 원시프로그램에서 목적프로그램으로 번역하는 과정에서 발생하는 오류를 찾아 수정하는 것
> ③ 스풀(SPOOL) : 데이터를 주고받는 과정에서 중앙처리장치와 주변장치의 처리속도가 달라 발생하는 속도 차이를 극복해 지체 현상 없이 프로그램을 처리하는 기술
> ④ 멀티태스킹(Multitasking) : 한 사람의 사용자가 한 대의 컴퓨터로 2가지 이상의 작업을 동시에 처리하거나, 2가지 이상의 프로그램들을 동시에 실행시키는 것

38 우리나라 최초의 인공위성은 무엇인가?

① 무궁화 1호

② 우리별 1호

③ 온누리호

④ 스푸트니크 1호

> **해설**
> 우리나라 최초의 인공위성은 우리별 1호(1992)이고, 세계 최초의 인공위성은 구소련의 스푸트니크 1호(1957)이다.

01 미국 브로드웨이에서 연극과 뮤지컬에 대해 수여하는 상은 무엇인가?

① 토니상 ② 에미상
③ 오스카상 ④ 골든글로브상

해설
토니상은 연극의 아카데미상이라고 불리며 브로드웨이에서 상연된 연극과 뮤지컬 부문에 대해 상을 수여한다.

02 다음 중 판소리 5마당이 아닌 것은?

① 춘향가 ② 수궁가
③ 흥보가 ④ 배비장전

해설
판소리 5마당은 춘향가, 심청가, 흥보가, 적벽가, 수궁가이다.

03 다음 중 유네스코 세계문화유산이 아닌 것은?

① 석굴암 · 불국사 ② 종 묘
③ 경복궁 ④ 수원화성

해설
유네스코 세계문화유산
석굴암 · 불국사, 해인사 장경판전, 종묘, 창덕궁, 수원화성, 경주역사유적지구, 고창 · 화순 · 강화 고인돌 유적, 조선왕릉, 안동하회 · 경주양동마을, 남한산성, 백제역사유적지구, 산사 · 한국의 산지승원, 한국의 서원, 한국의 갯벌, 가야고분군

04 다음 중 성격이 다른 음악 장르는?

① 위령곡

② 광상곡

③ 레퀴엠

④ 진혼곡

해설

레퀴엠(Requiem)과 위령곡, 진혼곡은 모두 같은 의미를 가지고 있으며 가톨릭에서 죽은 이를 기리기 위한 위령 미사에서 사용되는 곡을 뜻한다. 광상곡은 카프리치오(Capriccio)라고도 불리며, 일정한 형식에 구속되지 않는 자유로운 요소가 강한 기악곡을 말한다.

05 다음 중 3대 영화제가 아닌 것은?

① 베니스 영화제

② 베를린 영화제

③ 몬트리올 영화제

④ 칸 영화제

해설

세계 3대 영화제는 베니스, 베를린, 칸 영화제이다.

06 '새로운 물결'이라는 뜻을 지닌 프랑스의 영화운동으로, 기존의 영화 산업의 틀에서 벗어나 개인적 · 창조적인 방식이 담긴 영화를 만드는 것은 무엇인가?

① 네오리얼리즘

② 누벨바그

③ 맥거핀

④ 인디즈

해설

누벨바그는 '새로운 물결'이라는 뜻의 프랑스어로, 1958년경부터 프랑스 영화계에서 젊은 영화인들이 주축이 되어 펼친 영화운동이다. 대표적인 작품으로는 고다르의 〈네 멋대로 해라〉, 트뤼포의 〈어른들은 알아주지 않는다〉 등이 있다.

07 음악의 빠르기에 대한 설명이 잘못된 것은?

① 아다지오(Adagio) : 아주 느리고 침착하게

② 모데라토(Moderato) : 보통 빠르게

③ 알레그레토(Allegretto) : 빠르고 경쾌하게

④ 프레스토(Presto) : 빠르고 성급하게

해설

알레그레토(Allegretto) : 조금 빠르게

08 국보 1호와 주요 무형문화재 1호를 각각 바르게 연결한 것은?

① 숭례문 - 남사당놀이
② 숭례문 - 종묘제례악
③ 흥인지문 - 종묘제례악
④ 흥인지문 - 양주별산대놀이

해설

흥인지문은 보물 1호, 양주별산대놀이와 남사당놀이는 각각 무형문화재 2호와 3호이다.

09 다음 중 유네스코 지정 세계기록유산이 아닌 것은?

① 삼국사기
② 훈민정음
③ 직지심체요절
④ 5 · 18 민주화운동 기록물

해설

유네스코 세계기록유산

훈민정음, 조선왕조실록, 직지심체요절, 승정원일기, 해인사 대장경판 및 제경판, 조선왕조 의궤, 동의보감, 일성록, 5 · 18 민주화운동 기록물, 난중일기, 새마을운동 기록물, 한국의 유교책판, KBS 특별 생방송 〈이산가족을 찾습니다〉 기록물, 조선왕실 어보와 어책, 국채보상운동 기록물, 조선통신사 기록물, 4 · 19 혁명 기록물, 동학농민혁명 기록물

10 2년마다 주기적으로 열리는 국제 미술 전시회를 가리키는 용어는?

① 트리엔날레
② 콰드리엔날레
③ 비엔날레
④ 아르누보

해설

비엔날레는 이탈리아어로 '2년마다'라는 뜻으로, 미술 분야에서 2년마다 열리는 전시 행사를 일컫는다. 가장 역사가 길며 그 권위를 인정받고 있는 것은 베니스 비엔날레이다.

11 다음 중 사물놀이에 쓰이는 악기로 해당하지 않는 것은?

① 꽹과리
② 장 구
③ 징
④ 소 고

해설

사물놀이는 꽹과리, 징, 장구, 북을 연주하는 음악 또는 놀이이다.

12 국악의 빠르기 중 가장 느린 장단은?

① 휘모리   ② 중모리
③ 진양조   ④ 자진모리

해설
국악의 빠르기 : 진양조 → 중모리 → 중중모리 → 자진모리 → 휘모리

13 미국 하버드대학교의 과학잡지사에서 수여하는 상으로 기발한 연구나 업적을 대상으로 하는 상은?

① 이그노벨상   ② 프리츠커상
③ 뉴베리상   ④ 콜더컷상

해설
이그노벨상은 1991년 미국 하버드대학교의 유머과학잡지인 〈기발한 연구 연보(The Annals of Improbable Research)〉
가 제정한 상으로 '흉내 낼 수 없거나 흉내 내면 안 되는 업적'에 수여되며 매년 진짜 노벨상 수상자가 발표되기 1 ~
2주 전에 시상식이 열린다. 이그노벨상은 상금이 주어지지 않으며 실제 논문으로 발표된 과학업적 가운데 재미있거나
기발한 연구에 수여한다.

14 다음 중 르네상스 3대 화가가 아닌 사람은?

① 레오나르도 다빈치   ② 미켈란젤로
③ 피카소   ④ 라파엘로

해설
피카소는 20세기 초 입체파의 대표 화가이다.

15 베른 조약에 따르면 저작권의 보호 기간은 저작자의 사후 몇 년인가?

① 30년   ② 50년
③ 80년   ④ 100년

해설
베른 조약은 1886년 스위스의 수도 베른에서 체결된 조약으로, 외국인의 저작물을 무단 출판하는 것을 막고 다른 가맹국
의 저작물을 자국민의 저작물과 동등하게 대우하도록 한다. 보호 기간은 저작자의 생존 및 사후 50년을 원칙으로 한다.

16 저작권에 반대되는 개념으로 지적 창작물에 대한 권리를 모든 사람이 공유할 수 있도록 하는 것은?

① 베른 조약
② WIPO
③ 실용신안권
④ 카피레프트

> **해설**
> 카피레프트는 저작권(Copyright)에 반대되는 개념이며 정보의 공유를 위한 조치이다.

17 조선시대 국가의 주요 행사를 그림 등으로 상세하게 기록한 책은 무엇인가?

① 외규장각
② 조선왕실의궤
③ 종묘제례
④ 직지심체요절

> **해설**
> 조선왕실의궤는 조선시대 국가나 왕실의 주요 행사를 그림 등으로 상세하게 기록한 책이다. '의궤'는 의식과 궤범을 결합한 말로 '의식의 모범이 되는 책'이라는 뜻이다.
> ① 외규장각은 1782년 정조가 왕실 관련 서적을 보관할 목적으로 강화도에 설치한 규장각의 부속 도서관이다.
> ③ 종묘제례는 조선 역대 군왕의 신위를 모시는 종묘에서 지내는 제사이다.
> ④ 직지심체요절은 고려시대의 것으로, 현존하는 세계에서 가장 오래된 금속활자본이다.

18 오페라 등 극적인 음악에서 나오는 기악 반주의 독창곡은?

① 아리아
② 칸타타
③ 오라토리오
④ 세레나데

> **해설**
> ② 아리아 · 중창 · 합창 등으로 이루어진 대규모 성악곡
> ③ 성경에 나오는 이야기를 극화한 대규모의 종교적 악극
> ④ 17 ~ 18세기 이탈리아에서 발생한 가벼운 연주곡

19 영화의 한 화면 속에 소품 등 모든 시각적 요소를 동원해 주제를 드러내는 방법은?

① 몽타주
② 인디즈
③ 미장센
④ 옴니버스

> **해설**
> ① 미장센과 상대적인 개념으로 따로 촬영된 짧은 장면들을 연결해서 의미를 창조하는 기법
> ② 독립 영화
> ④ 독립된 콩트들이 모여 하나의 주제를 나타내는 것

20 다음 중 올림픽에 관한 설명으로 옳지 않은 것은?

① 한국은 1948년에 최초로 올림픽에 출전했다.
② 국제올림픽위원회 본부는 스위스 로잔에 있다.
③ 한국 대표팀이 최초로 메달을 획득한 구기 종목은 핸드볼이다.
④ 근대 5종 경기 종목은 펜싱, 수영, 승마, 사격, 크로스컨트리 등이다.

> **해설**
> 1976년 몬트리올 올림픽에서 여자 배구가 첫 메달(동메달)을 획득했으며, 1984년 로스앤젤레스 대회에서는 여자 농구와 핸드볼이 은메달을 획득했다. 또한 1988년 서울 대회에서 여자 핸드볼이 단체 구기종목 사상 최초로 올림픽 금메달을 획득했다.

21 독립영화만을 다루는 세계 최고의 권위 있는 국제영화제는?

① 선댄스영화제
② 부산 독립영화제
③ 로테르담 국제영화제
④ 제라르메 국제판타스틱영화제

> **해설**
> 선댄스영화제(The Sundance Film Festival)는 세계 최고의 독립영화제로 독립영화를 다루는 권위 있는 국제영화제이다. 할리우드식 상업주의에 반발해 미국 영화배우 로버트 레드포드가 독립영화제에 후원하면서 시작됐다.

22 내용은 보도해도 되지만 취재원을 밝혀서는 안 되는 것을 뜻하는 취재 용어는?

① 백그라운드브리핑   ② 딥백그라운드
③ 오프더레코드   ④ 엠바고

> **해설**
> 딥백그라운드(Deep Background)는 취재원을 인터뷰한 내용을 쓸 때 특별한 경우를 제외하고 취재원 정보를 보도하지 않거나 익명으로 보도하는 관례이다. 딥백그라운드는 익명의 제보자를 뜻하는 딥스로트(Deep Throat)의 신변보호를 위해 취재원의 정보를 공개하지 않는다.

23 매스커뮤니케이션의 효과 이론 중 지배적인 여론과 일치되면 의사를 적극 표출하지만 그렇지 않으면 침묵하는 경향을 보이는 이론은 무엇인가?

① 탄환 이론
② 미디어 의존 이론
③ 모델링 이론
④ 침묵의 나선 이론

> **해설**
> 침묵의 나선 이론은 지배적인 여론 형성에 큰 영향력을 행사한다.

24 다음 중 미국의 4대 방송사가 아닌 것은?

① CNN
② ABC
③ CBS
④ NBC

> **해설**
> 미국의 4대 방송사는 NBC, CBS, ABC, FOX이다.

25 광고의 종류에 관한 설명이 잘못 연결된 것은?

① 인포머셜 광고 – 상품의 정보를 상세하게 제공하는 것
② 애드버토리얼 광고 – 언뜻 보아서는 무슨 내용인지 알 수 없는 광고
③ 레트로 광고 – 과거에 대한 향수를 느끼게 하는 회고 광고
④ PPL 광고 – 영화나 드라마 등에 특정 제품을 노출시키는 간접 광고

> **해설**
> 애드버토리얼 광고는 신문·잡지에 기사 형태로 실리는 논설식 광고다. 신세대의 취향을 만족시키는 것으로 언뜻 보아서는 무슨 내용인지 알 수 없는 광고는 '키치 광고'이다.

26 언론을 통해 뉴스가 전해지기 전에 뉴스 결정권자가 뉴스를 취사선택하는 것을 무엇이라고 하는가?

① 바이라인   ② 발롱데세

③ 게이트키핑   ④ 방송심의위원회

해설

게이트키핑은 게이트키퍼가 뉴스를 취사선택하여 전달하는 것으로, 게이트키퍼의 가치관이 작용할 수 있다.

27 처음에는 상품명을 감췄다가 서서히 공개하면서 궁금증을 유발하는 광고 전략을 무엇이라 하는가?

① PPL 광고   ② 비넷 광고

③ 트레일러 광고   ④ 티저 광고

해설

① 영화나 드라마의 장면에 상품이나 브랜드 이미지를 노출시키는 광고 기법
② 한 주제에 맞춰 다양한 장면을 짧게 보여주면서 강렬한 이미지를 주는 기법
③ 메인 광고 뒷부분에 다른 제품을 알리는 맛보기 광고. '자매품'이라고도 함

28 오락거리만 있고 정보는 전혀 없는 새로운 유형의 뉴스를 가리키는 용어는?

① 블랙 저널리즘(Black Journalism)

② 옐로 저널리즘(Yellow Journalism)

③ 하이프 저널리즘(Hype Journalism)

④ 팩 저널리즘(Pack Journalism)

해설

① 감추어진 이면적 사실을 드러내는 취재활동
② 독자들의 관심을 유도하기 위해 범죄, 성적 추문 등의 선정적인 사건들 위주로 취재하여 보도하는 것
④ 취재방법이나 취재시각 등이 획일적이어서 개성이나 독창성이 없는 저널리즘

29 선거 보도 형태의 하나로 후보자의 여론조사 결과 및 득표 상황만을 집중적으로 보도하는 저널리즘은 무엇인가?

① 가차 저널리즘(Gotcha Journalism)
② 경마 저널리즘(Horse Race Journalism)
③ 센세이셔널리즘(Sensationalism)
④ 제록스 저널리즘(Xerox Journalism)

해설
① 유명 인사의 사소한 해프닝을 집중 보도
③ 스캔들 기사 등을 보도하여 호기심을 자극
④ 극비 문서를 몰래 복사하여 발표

30 다음 중 IPTV에 관한 설명으로 잘못된 것은 무엇인가?

① 방송·통신 융합 서비스이다.
② 영화·드라마 등 원하는 콘텐츠를 제공받을 수 있다.
③ 양방향 서비스이다.
④ 별도의 셋톱박스를 설치할 필요가 없다.

해설
IPTV의 시청을 위해서는 TV 수상기에 셋톱박스를 설치해야 한다.

31 미국 콜롬비아대 언론대학원에서 선정하는 미국 최고 권위의 보도·문학·음악상은?

① 토니상　　　　　　　　　　② 그래미상
③ 퓰리처상　　　　　　　　　④ 템플턴상

해설
퓰리처상
미국의 언론인 퓰리처의 유산으로 제정된 언론·문학상이다. 1917년에 시작되어 매년 저널리즘 및 문학계의 업적이 우수한 사람을 선정하여 20여 개 부문에 걸쳐 시상한다.

32 언론의 사실적 주장에 관한 보도로 피해를 입었을 때 자신이 작성한 반론문을 보도해줄 것을 요구할 수 있는 권리는 무엇인가?

① 액세스권　　　　　　　　　　② 정정보도청구권

③ 반론보도청구권　　　　　　　　④ 퍼블릭액세스

해설
① 언론 매체에 자유롭게 접근·이용할 수 있는 권리
② 언론에 대해 정정을 요구할 수 있는 권리로 사실 보도에 한정되며 비판·논평은 해당하지 않는다.
④ 일반인이 직접 제작한 영상물을 그대로 반영하는 것

33 다음 뉴스의 종류와 그에 대한 설명이 바르게 연결되지 않은 것은?

① 디스코 뉴스 – 뉴스의 본질에 치중하기보다 스타일을 더 중요시하는 형태

② 스폿 뉴스 – 사건 현장에서 얻어진 생생한 뉴스로, 핫 뉴스라고도 한다.

③ 패스트 뉴스 – 논평·해설 등을 통해 잘 정리되고 오보가 적은 뉴스

④ 스트레이트 뉴스 – 사건·사고의 내용을 객관적 입장에서 보도하는 것

해설
패스트 뉴스는 긴 해설이나 설명 없이 최신 뉴스를 보도하는 형태이다. 자세한 논평과 해설을 통해 잘 정리된 기사를 보도하는 형태의 뉴스는 '슬로 뉴스'이다.

34 숨겨진 사실을 드러내는 것으로 약점을 보도하겠다고 위협하거나 특정 이익을 위해 보도하는 저널리즘은 무엇인가?

① 블랙 저널리즘(Black Journalism)

② 뉴 저널리즘(New Journalism)

③ 팩 저널리즘(Pack Journalism)

④ 하이에나 저널리즘(Hyena Journalism)

해설
② 뉴 저널리즘 : 속보성과 단편성을 거부하고 소설의 기법을 이용해 심층적인 보도 스타일을 보이는 저널리즘
③ 팩 저널리즘 : 취재 방법 및 시각이 획일적인 저널리즘으로, 신문의 신뢰도 하락을 불러온다.
④ 하이에나 저널리즘 : 권력 없고 힘없는 사람에 대해서 집중적인 매도와 공격을 퍼붓는 저널리즘

35 다음 중 미디어렙에 관한 설명으로 옳지 않은 것은?

① Media와 Representative의 합성어이다.
② 방송사의 위탁을 받아 광고주에게 광고를 판매하는 대행사이다.
③ 판매대행시 수수료는 따로 받지 않는다.
④ 광고주가 광고를 빌미로 방송사에 영향을 끼치는 것을 막아준다.

해설
미디어렙은 방송광고 판매대행사로, 판매대행 수수료를 받는 회사이다.

36 매스컴 관련 권익 보호와 자유를 위해 설립된 기구 중 워싱턴에 위치하고 외국 수뇌 인물들의 연설을 듣고 질의·응답하는 것을 주 행사로 삼는 기구는?

① 내셔널프레스클럽   ② 세계신문협회
③ 국제언론인협회   ④ 국제기자연맹

해설
② 1948년 국제신문발행인협회로 발족한 세계 최대의 언론 단체이다.
③ 1951년 결성된 단체로 언론인 상호 간의 교류와 협조를 통해 언론의 자유를 보장하는 것을 목적으로 매년 1회씩 대회가 열린다.
④ 본부는 브뤼셀에 있으며 3년마다 '기자 올림픽'이라 불리는 대규모 총회가 열린다.

37 신제품 또는 기업에 대하여 언론이 일반 보도로 다루도록 함으로써 결과적으로 무료로 광고 효과를 얻게 하는 PR의 한 방법은?

① 콩로머천트(Conglomerchant)
② 애드버커시(Advocacy)
③ 퍼블리시티(Publicity)
④ 멀티스폿(Multispot)

해설
퍼블리시티는 광고주가 회사·제품·서비스 등과 관련된 뉴스를 신문·잡지 등의 기사나 라디오·방송 등에 제공하여 무료로 보도하도록 하는 PR방법이다.

38 다음 중 건물의 외벽에 LED 조명을 이용하여 영상을 표현하는 미술 기법은?

① 데포르마숑　　　　　　　　　　② 미디어 파사드
③ 실크스크린　　　　　　　　　　④ 옵티컬아트

해설

미디어 파사드(Media Facade)에서 파사드는 건물의 외벽을 의미하는 말로, 건물 외벽을 스크린처럼 이용해 영상을 표시하는 미술 기법을 말한다. LED 조명을 건물의 외벽에 설치하여 디스플레이를 구현한다. 옥외 광고로도 이용될 수 있어, 통신망을 통해 실시간으로 광고판에 정보를 전달하는 디지털 사이니지(Digital Signage)의 한 종류로 분류된다.

39 다음 중 국경 없는 기자회에 대한 설명으로 틀린 것은?

① 프랑스 파리에 본부를 두고 있다.
② 중동을 제외한 4개 대륙에 지부를 두고 있다.
③ 살해당하거나 체포된 언론인의 현황을 공개하고 있다.
④ 세계 언론인들의 인권 보호를 위해 설립되었다.

해설

국경 없는 기자회(Reporters sans frontières)는 1985년에 설립된 세계언론 단체로 본부는 프랑스 파리에 있다. 언론인들의 인권 보호와 언론 자유의 신장을 위해 설립되었다. 아프리카·아메리카·아시아·중동·유럽 등 5개 대륙에 9개의 지부를 두고 있다. 부당하게 살해당하거나 체포된 언론인들의 현황을 조사하고, 각국의 언론자유지수를 발표하고 있다.

40 시청자가 원하는 콘텐츠를 양방향으로 제공하는 방송·통신 융합 서비스로 시청자가 편리한 시간에 원하는 프로그램을 선택해 볼 수 있는 방송 서비스는?

① CATV　　　　　　　　　　② Ustream
③ Podcasting　　　　　　　　④ IPTV

해설

① 동축케이블을 이용해 프로그램을 송신하는 유선 TV
② 실시간 동영상 중계 사이트
③ 사용자들이 인터넷을 통해 새로운 방송을 자동으로 구독할 수 있게 하는 미디어

41 스위스에 있는 올림픽 관리 기구는 무엇인가?

① IOC   ② IBF

③ ITF   ④ FINA

해설

IOC(International Olympic Committee) : 국제올림픽위원회
② IBF(International Boxing Federation) : 국제복싱연맹
③ ITF(International Tennis Federation) : 국제테니스연맹
④ FINA(Federation Internationale de Natation) : 국제수영연맹

42 골프의 일반적인 경기 조건에서 각 홀에 정해진 기준 타수를 'Par'라고 한다. 다음 중 Par보다 2타수 적은 스코어로 홀인하는 것을 뜻하는 용어는 무엇인가?

① 버디(Birdie)   ② 이글(Eagle)

③ 보기(Bogey)   ④ 알바트로스(Albatross)

해설

기준 타수보다 2타수 적은 스코어로 홀인하는 것을 이글이라 한다.
① 버디 : 기준 타수보다 1타 적은 타수로 홀인하는 것
③ 보기 : 기준 타수보다 1타수 많은 스코어로 홀인하는 것
④ 알바트로스 : 기준 타수보다 3개가 적은 타수로 홀인하는 것

43 다음 육상 경기 중 필드경기에 해당하지 않는 것은?

① 높이뛰기   ② 창던지기

③ 장애물 경기   ④ 멀리뛰기

해설

필드경기는 크게 도약경기와 투척경기로 나뉜다. 도약경기에는 멀리뛰기, 높이뛰기, 장대높이뛰기, 세단뛰기 등이 있으며, 투척경기에는 창던지기, 원반던지기, 포환던지기, 해머던지기 등의 종목이 있다.

44 다음 중 야구에서 타자가 투스트라이크 이후 아웃이 되는 상황이 아닌 것은?

① 번트파울 　　　　　　　　　　② 헛스윙
③ 파울팁 　　　　　　　　　　　④ 베이스온볼스

해설

투스트라이크 이후 번트는 쓰리번트라고 하여 성공하지 못하고 파울이 되면 아웃이며, 파울팁은 타자가 스윙을 하여 배트에 살짝 스친 뒤 포수에게 잡히는 공이다. 베이스온볼스(Base On Balls)는 볼넷을 의미한다.

45 다음 중 야구를 통계·수학적 방법으로 분석하는 방식을 뜻하는 말은?

① 핫코너 　　　　　　　　　　　② 피타고리안 기대 승률
③ 세이버매트릭스 　　　　　　　④ 머니볼

해설

세이버매트릭스(Sabermetrics)는 야구를 통계적, 수학적인 방법으로 분석하는 방법론을 말한다. 기록의 스포츠인 야구를 객관적으로 분석하기 위한 기법이다. 선수 개개인의 기록과 경기의 통계 수치를 종합해 다음 혹은 향후 선수와 경기흐름에 대해 분석하고 예측하는 것을 말한다.

46 골프의 18홀에서 파 5개, 버디 2개, 보기 4개, 더블보기 4개, 트리플보기 3개를 기록했다면 최종 스코어는 어떻게 되는가?

① 이븐파 　　　　　　　　　　　② 3언더파
③ 9오버파 　　　　　　　　　　④ 19오버파

해설

파 5개(0) + 버디 2개(-2) + 보기 4개(+4) + 더블보기 4개(+8) + 트리플보기 3개(+9) = 19오버파

47 남자부 4대 골프 대회에 속하지 않는 것은?

① 마스터스 　　　　　　　　　　② 브리티시 오픈
③ 맥도널드 오픈 　　　　　　　④ US 오픈

해설

• 남자부 4대 골프 대회 : 마스터스, 브리티시 오픈(영국 오픈), PGA 챔피언십, US 오픈
• 여자부 4대 골프 대회 : AIG 브리티시 여자오픈, US 여자오픈, KPMG 위민스 PGA 챔피언십, ANA 인스퍼레이션

48 농구에서 스타팅 멤버를 제외한 벤치 멤버 중 가장 기량이 뛰어나 언제든지 경기에 투입할 수 있는 투입 1순위 후보는?

① 포스트맨　　　　　　　　　　② 스윙맨
③ 식스맨　　　　　　　　　　　④ 세컨드맨

> **해설**
> 벤치 멤버 중 투입 1순위 후보는 식스맨이라고 한다. 포스트맨은 공을 등지고 골 밑 근처에서 패스를 연결하거나 스스로 공격하는 선수이고, 스윙맨은 가드·포워드 역할을 모두 수행할 수 있는 선수이다.

49 축구 경기에서 해트트릭이란 무엇인가?

① 1경기에서 1명의 선수가 1골을 넣는 것
② 1경기에서 1명의 선수가 2골을 넣는 것
③ 1경기에서 1명의 선수가 3골을 넣는 것
④ 1경기에서 3명의 선수가 1골씩 넣는 것

> **해설**
> 크리켓에서 3명의 타자를 삼진 아웃시킨 투수에게 명예를 기리는 뜻으로 선물한 모자(Hat)에서 유래했으며, 한 팀이 3년 연속 대회 타이틀을 석권했을 때도 해트트릭이라고 한다.

50 다음 중 유럽의 국가와 국가별 프로 축구 리그의 연결로 옳은 것은?

① 스페인 - 세리에 A
② 독일 - 분데스리가
③ 이탈리아 - 프리미어리그
④ 잉글랜드 - 라리가

> **해설**
> ① 스페인 - 라리가
> ③ 이탈리아 - 세리에 A
> ④ 잉글랜드 - 프리미어리그

51 다음 중 골프 용어가 아닌 것은?

① 로진백   ② 이 글

③ 어프로치샷   ④ 언더파

해설

로진백은 야구 경기에서 투수나 타자가 공이 미끄러지지 않게 하기 위해 묻히는 송진 가루나 로진이 들어있는 작은 주머니이다. 손에 묻힐 수는 있어도 배트, 공, 글러브 등에 묻히는 것은 금지되어 있다. 그밖에 역도나 체조 선수들도 사용한다.

52 월드컵 본선에서 골을 넣은 뒤 파울로 퇴장당한 선수들을 일컫는 용어는?

① 가린샤 클럽   ② 블랙슈즈 클럽

③ 170 클럽   ④ 벤치맙 클럽

해설

가린샤 클럽은 1962년 칠레 월드컵에서 브라질의 공격수 가린샤가 골을 넣은 뒤 퇴장을 당하면서 생긴 용어이다.

53 세계 5대 모터쇼에 포함되지 않는 모터쇼는?

① 토리노 모터쇼   ② 도쿄 모터쇼

③ 제네바 모터쇼   ④ 북미 국제 오토쇼

해설

세계 5대 모터쇼 : 파리 모터쇼, 프랑크푸르트 모터쇼, 제네바 모터쇼, 북미 국제 오토쇼(디트로이트 모터쇼), 도쿄 모터쇼

54 미국과 유럽을 오가며 2년마다 개최되는 미국과 유럽의 남자 골프 대회는?

① 데이비스컵
② 라이더컵
③ 프레지던츠컵
④ 스탠리컵

해설

라이더컵은 영국인 사업가 새뮤얼 라이더(Samuel Ryder)가 순금제 트로피를 기증함으로써 그 이름을 따서 붙인, 미국과 유럽의 남자 골프 대회이다.
① 데이비스컵은 테니스 월드컵이라고도 불리는 세계 최고 권위의 국가 대항 남자 테니스 대회이다.
③ 프레지던츠컵은 미국과 유럽을 제외한 인터내셔널팀 사이의 남자 프로 골프 대항전이다.
④ 스탠리컵은 북아메리카에서 프로아이스하키 리그의 플레이오프 우승 팀에게 수여되는 트로피를 가리킨다.

55 다음 중 2스트라이크 이후에 추가로 스트라이크 판정을 받았으나 포수가 이 공을 놓칠 경우(잡기 전에 그라운드에 닿은 경우도 포함)를 가리키는 말은 무엇인가?

① 트리플 더블
② 낫아웃
③ 퍼펙트게임
④ 노히트노런

해설

① 트리플 더블 : 한 선수가 득점, 어시스트, 리바운드, 스틸, 블록슛 중 세 부문에서 2자리 수 이상을 기록하는 것을 가리키는 농구 용어
③ 퍼펙트게임 : 야구에서 투수가 상대팀에게 한 개의 진루도 허용하지 않고 승리로 이끈 게임
④ 노히트노런 : 야구에서 투수가 상대팀에게 한 개의 안타도 허용하지 않고 승리로 이끈 게임

56 근대 5종 경기는 기원전 708년에 실시된 고대 5종 경기를 현대에 맞게 발전시킨 것으로 근대 올림픽을 창설한 쿠베르탱의 실시로 시작하게 되었다. 이와 관련된 근대 5종 경기가 아닌 것은?

① 마라톤
② 사 격
③ 펜 싱
④ 승 마

해설

근대 5종 경기는 한 경기자가 사격, 펜싱, 수영, 승마, 크로스컨트리(육상) 5종목을 겨루어 종합 점수로 순위를 매기는 경기이다.

01 다음 유물이 처음 사용된 시대의 생활 모습으로 옳은 것은?

① 거친무늬 거울을 사용하였다.
② 주로 동굴이나 막집에서 살았다.
③ 빗살무늬 토기에 식량을 저장하였다.
④ 철제 농기구를 이용하여 농사를 지었다.

> **해설**
>
> 제시된 유물은 가락바퀴로 신석기시대의 유물이다. 가락바퀴는 실을 뽑는 도구로 신석기시대에 원시적 형태의 수공예가 이루어졌음을 알 수 있는 증거이다. 빗살무늬 토기는 신석기시대를 대표하는 토기로, 서울 암사동 유적지에서 출토된 밑이 뾰족한 모양의 토기가 대표적이다.

02 한서지리지에 다음의 법 조항을 가진 나라로 소개되는 국가는?

> • 사람을 죽인 자는 즉시 사형에 처한다.
> • 남에게 상처를 입힌 자는 곡물로써 배상한다.
> • 남의 재산을 훔친 사람은 노비로 삼고, 용서받으려면 한 사람당 50만 전을 내야 한다.

① 고구려   ② 고조선
③ 발 해   ④ 신 라

> **해설**
>
> 고조선의 '8조법'의 내용이다. 현재 3개의 조목만 전해지는 8조금법을 통해 고조선은 사유재산제의 사회로서 개인의 생명 보호를 중시했으며 계급사회였음을 알 수 있다.

03 다음 자료에 해당하는 나라에 대한 설명으로 옳은 것은?

> 혼인할 때는 말로 미리 정하고, 여자 집에서는 본채 뒤편에 작은 별채를 짓는데, 그 집을 서옥이라
> 부른다. 해가 저물 무렵에 신랑이 신부의 집 문 밖에 도착하여 자기 이름을 밝히고 절하면서, 신부의
> 집에서 머물기를 청한다. … (중략) … 자식을 낳아 장성하면 아내를 데리고 집으로 돌아간다.
>
> — 〈삼국지 동이전〉

① 12월에 영고라는 제천 행사를 열었다.
② 제가회의에서 국가의 중대사를 결정하였다.
③ 특산물로 단궁, 과하마, 반어피 등이 있었다.
④ 제사장인 천군과 신성 지역인 소도가 있었다.

해설

제시된 사료는 고구려의 서옥제라는 혼인풍습에 대한 것이다. 남녀가 혼인을 하면 신부집 뒤꼍에 서옥이라는 집을 짓고
살다가, 자식을 낳아 장성하면 신부를 데리고 자기 집으로 가는 풍습이다. 제가회의는 고구려의 귀족회의로 유력 부족의
우두머리들이 모여 국가의 중대사와 주요 정책을 논의하고 결정하였다.

04 다음 자료와 관련된 설명으로 옳지 않은 것은?

> 진평왕 30년, 왕은 ⊙ 고구려가 빈번하게 강역을 침범하는 것을 근심하다가 수나라에 병사를 청하
> 여 고구려를 정벌하고자 하였다. 이에 ⓒ 원광에게 군사를 청하는 글을 짓도록 명하니, 원광이 "자
> 기가 살려고 남을 죽이도록 하는 것은 승려로서 할 일이 아니나, 제가 대왕의 토지에서 살고 대왕의
> 물과 풀을 먹으면서, 어찌 감히 명령을 좇지 않겠습니까?"라고 하며, 곧 글을 지어 바쳤다. … (중
> 략) … 33년에 왕이 수나라에 사신을 보내어 표문을 바치고 출병을 청하니, ⓒ 수나라 양제가 이를
> 받아들이고 군사를 일으켰다.
>
> — 〈삼국사기〉 신라본기

① 당시 신라는 백제와 동맹을 맺어 고구려의 남진에 대처하고 있었다.
② ⊙ - 고구려는 한강 유역을 되찾기 위해 신라를 자주 공격하였다.
③ ⓒ - 원광은 세속오계를 지어 화랑도의 행동 규범을 제시하였다.
④ ⓒ - 고구려는 살수에서 대승을 거두고, 수나라의 침략을 격퇴하였다.

해설

고구려가 빈번하게 신라를 공격했던 시기는 신라가 진흥왕 이후 한강 하류 지역을 차지하고 팽창한 6세기 후반이다.
이때 고구려의 남하 정책에 대항하여 체결되었던 나제 동맹이 결렬되고 여제 동맹이 체결되었으며 신라는 고립을 피하기
위해 중국의 수·당과 동맹을 체결하였다. 고구려는 7세기에 중국의 혼란을 통일한 수의 침입을 살수 대첩으로 물리쳤고,
신라는 진흥왕 때 화랑도를 국가 차원에서 장려하고 조직을 확대하였으며 원광의 세속 5계를 행동 규범으로 삼았다.
원광이 수에 군사를 청원하는 글을 쓴 것으로 보아 당시 불교는 호국불교적 성격이 강함을 알 수 있다.

05 **(가), (나)에 대한 설명으로 옳지 않은 것은?**

> • 임금과 신하들이 인재를 어떻게 뽑을까 의논하였다. 그래서 여러 사람들을 모아 함께 다니게 하고 그 행실과 뜻을 살펴 등용하였다. 그러므로 김대문이 쓴 책에서 "우리나라의 현명한 재상과 충성스러운 신하, 훌륭한 장수와 용감한 병졸은 모두 [(가)]에서 나왔다."라고 하였다.
> • [(나)]는(은) 예부에 속한다. 경덕왕이 태학으로 이름을 고쳤다. 박사와 조교가 예기·주역·논어·효경을 가르친다. 9년이 되도록 학업에 진척이 없는 자는 퇴학시킨다.

① (가)는 원시 사회의 청소년 집단에서 기원하였다.
② (가)에서는 전통적 사회 규범과 전쟁에 관한 교육을 하였다.
③ (나)는 유학 교육을 위하여 신문왕 때 설치하였다.
④ (나)에는 7품 이상 문무 관리의 자제가 입학하였다.

해설

(가)는 화랑도, (나)는 국학이다. 화랑도는 원시 사회의 청소년 집단 수련에 기원을 두고 있다. 귀족자제 중에서 선발된 화랑을 지도자로 삼고, 낭도는 귀족은 물론 평민까지 망라하였다. 국학은 신문왕 때 설립하였으며 관등이 없는 자부터 대사(12관등) 이하인 자들이 입학할 수 있었고, 논어, 효경 등의 유학을 가르쳤다.

06 **다음 밑줄 친 제도와 같은 성격의 정책은?**

> 고구려의 고국천왕이 을파소 등을 기용하여 왕 16년(194)에 실시한 진대법은 춘궁기에 가난한 백성에게 관곡을 빌려주었다가 추수인 10월에 관(官)에 환납케 하는 제도이다. 이것은 귀족의 고리 대금업으로 인한 폐단을 막고, 양민들의 노비화를 막으려는 목적으로 실시한 제도였다. 이러한 제도는 신라나 백제에도 있었을 것이며 고려의 의창 제도, 조선의 환곡 제도의 선구가 되었다.

① 실업자를 위한 일자리 창출 대책
② 출산율 상승을 위한 출산장려금 정책
③ 생활무능력자를 대상으로 한 공공부조
④ 초등학생을 대상으로 한 무상급식 제도

해설

고구려의 진대법, 고려의 의창 제도, 조선의 환곡 제도는 흉년이나 춘궁기에 곡식을 빈민에게 대여하고 추수기에 이를 환수하던 제도이다. 이와 같은 성격을 지닌 오늘날의 제도는 어려운 사람들의 의식주를 돕기 위한 공공부조라고 할 수 있다.

07 다음 연표에 활동했던 백제의 왕을 소재로 영화를 제작하려고 한다. 등장할 수 있는 장면으로 옳은 것은?

> 346 백제 제13대 왕위 등극
> 369 왜 왕에게 칠지도 하사
>   황해도 치양성 전투에서 태자 근구수의 활약으로 고구려군을 상대하여 승리함
> 371 평양성 전투에서 고구려 고국원왕을 전사시킴

① 중앙집권을 위해 율령을 반포하는 장면
② 동맹국인 신라의 왕에게 배신당하여 고민하고 있는 장면
③ 사상의 통합을 위해 불교를 공인하는 장면
④ 〈서기〉라는 역사책을 편찬하는 고흥

해설

제시된 연표의 칠지도, 고국원왕 전사 등을 통해 연표의 왕이 근초고왕임을 알 수 있다. 근초고왕은 4세기 백제의 왕으로 고구려, 신라보다 앞서 국가를 흥성시켰다. 또 다른 업적으로는 요서·산동·규슈 진출, 왕위 부자 상속, 고흥의 역사서 〈서기〉 편찬 등이 있다.

08 다음 중 발해에 관한 설명으로 옳지 않은 것은?

① 대조영이 고구려 유민과 말갈족을 연합하여 건국했다.
② 당나라의 제도를 받아들여 독자적인 3성 6부 체제를 갖췄다.
③ 독자적인 연호를 사용하고 '해동성국'이라는 칭호를 얻었다.
④ 여진족의 세력 확대로 인해 여진족에게 멸망당하였다.

해설

발해는 거란족의 세력 확대와 내분 때문에 국력이 약해져 926년 거란족(요나라)에 의해 멸망당하였다.

09 다음에서 설명하고 있는 삼국시대의 왕은?

> • 한반도의 한강 이남까지 영토를 늘렸다.
> • 신라의 요청으로 원군을 보내 왜구를 격퇴하였다.
> • 후연과 전쟁에서 승리하여 요동 지역을 확보하였다.

① 미천왕　　　　　　　　　　② 소수림왕
③ 장수왕　　　　　　　　　　④ 광개토대왕

해설
광개토대왕은 후연, 동부여, 백제 등과의 전쟁에서 승리하고 남으로는 한강이남 지역, 북으로는 요동 등으로 영토를 넓혔다.
① 미천왕 : 낙랑군, 대방군 등을 정복하였다.
② 소수림왕 : 율령반포, 불교공인 등 내부체제를 정비하였다.
③ 장수왕 : 도읍을 평양으로 옮기는 등 남하 정책을 펼쳤다.

10 공민왕의 개혁 정치에 대한 설명으로 옳지 않은 것은?

① 친원파와 기씨 일족을 숙청했다.
② 원·명 교체의 상황에서 개혁을 추진했다.
③ 신진사대부를 견제하기 위해 정방을 설치했다.
④ 관제를 복구하고 몽골식 생활 풍습을 금지했다.

해설
정방은 고려 무신집권기 최우가 설치한 인사 담당 기관인데, 공민왕은 정방을 폐지했다.

11 음서 제도와 공음전이 고려 사회에 끼친 영향은?

① 농민층의 몰락을 방지하였다.
② 문벌 귀족 세력을 강화시켰다.
③ 국가 재정의 확보에 공헌하였다.
④ 개방적인 사회 분위기를 가져왔다.

해설
문벌 귀족은 고위 관직을 독점하고 음서의 특권으로 승진하였으며, 공음전 등의 경제적 특권을 누리기도 했다.

12 (가), (나) 역사서에 대한 설명으로 옳지 않은 것은?

(가) 삼국사기   (나) 삼국유사

① (가) – 김부식이 주도하여 편찬하였다.
② (가) – 유교적 합리주의 사관에 기초하였다.
③ (나) – 신라와 발해를 남북국이라 하였다.
④ (나) – 단군의 건국 이야기가 수록되어 있다.

해설
③은 조선 후기 실학자 유득공이 발해에 관해 쓴 역사서인 〈발해고〉의 내용으로 발해의 역사·문화·풍습 등을 9부문으로 나누어 서술했고, 신라와 발해를 남북국이라고 칭하였다.

13 다음은 고려 무신집권기의 기구명과 그에 대한 특징이다. (가)에 들어갈 내용으로 옳은 것은?

기구명	특 징
중 방	고위 무신들의 회의 기구
교정도감	국정을 총괄하는 최고 권력 기구
정 방	(가)

① 법률과 소송을 관장한 기구
② 곡식의 출납 및 회계 담당 기구
③ 최우가 설치한 인사 행정 담당 기구
④ 역사서의 편찬과 보관을 담당한 기구

해설
무신정권의 실질적인 권력자였던 최우는 교정도감을 통하여 정치권력을 행사하였고, 독자적인 인사 기구인 정방을 설치하여 인사권을 장악하였다.

14 고려 태조 왕건이 실시한 정책으로 옳지 않은 것은?

① 사심관 제도와 기인 제도 등의 호족 견제 정책을 실시했다.

② 연등회와 팔관회를 중요하게 다룰 것을 강조했다.

③ 과거 제도를 실시하여 신진 세력을 등용했다.

④ '훈요십조'를 통해 후대의 왕들에게 유언을 남겼다.

해설
광종(재위 949~975)은 과거 제도를 시행하여 신진 세력을 등용하고 신·구세력의 교체를 꾀하는 한편 노비안검법 실시, 호족과 귀족세력 견제 등 개혁적인 정치를 단행하여 강력한 왕권을 확립하였다.

15 다음에서 설명하고 있는 고려의 기구는 무엇인가?

> 고려시대 변경의 군사 문제를 의논하던 국방회의 기구로 중서문하성과 중추원의 고위 관료들이 모여 국가의 군기 및 국방상 중요한 일을 의정하던 합의 기관이다. 무신정변 이후에는 군사적 문제뿐 아니라 민사적 문제까지 관장하는 등 권한이 강화되었으며, 왕권을 제한하는 역할도 하였다.

① 도병마사   ② 식목도감
③ 중서문하성   ④ 비변사

해설
고려의 독자적인 기구인 도병마사에 대한 내용이다. 도병마사의 역할은 변경의 군사 문제를 의논해 결정하는 것이었으나 무신정변 이후 도당이라 불리며 국사 전반에 걸쳐 권한이 확대되었다. 원간섭기에는 도평의사사로 개칭되고 국가의 모든 중대사를 회의해 결정하는 기관으로 변질되었다.

16 다음 중 고려시대에 '정혜쌍수(定慧雙修)', '돈오점수(頓悟漸修)'를 주장하고, 수선사 결사 운동을 주도한 승려는?

① 지 눌   ② 원 효
③ 의 천   ④ 도 선

해설
보조국사 지눌대사는 조계종을 중심으로 한 선종과 교종의 통합운동을 전개하였으며 수선사 결사 제창, 정혜쌍수·돈오점수를 통해 선교일치 사상의 완성을 이루었다.

17 다음 시의 내용에 나타난 폐단을 개혁하기 위해 실시했던 제도에 대한 설명으로 가장 적절한 것은?

> 우리라고 좋아서 이 짓 하나요?
> 간밤에도 관가에서 문서가 날아 왔죠.
> 내일 아침 높은 손님 맞아서 연희를 성대히 벌인다고
> 물고기 회치고 굽고 모두 다 이 강에서 나갑니다.
> 자가사비 문절망둑 쏘가리 잉어 어느 것 없이 거둬 가지요.
> 물고기 잡아다 바치라 한 달에도 너덧 차례
> 한 번 바치는데 적기나 한가요. 걸핏하면 스무 마리 서른 마리
> 정해진 마릿수 채우지 못하면 장터에 나가 사다가 바치고
> 혹시 잡다가 남으면 팔아서 양식에 보태지요.
>
> — 〈작살질〉, 송명흠

① 군적의 문란이 심해지면서 농민의 부담이 다시 가중되었다.
② 지주는 결작이라고 하여 토지 1결당 미곡 2두를 납부하게 되었다.
③ 농민은 1년에 베 1필씩만 부담하면 과중한 납부량에서 벗어날 수 있었다.
④ 토지가 없거나 적은 농민에게 과중하게 부과되었던 부담이 다소 경감되었다.

해설

①·②·③은 균역법과 관련된 내용이다. 제시된 시의 내용은 공납의 폐단에 관한 것으로, 관가에서 공납을 바치라면 양과 내용에 관계없이 따라야 하는 어민들의 어려움을 얘기하고 있다. 공납은 정해진 양을 채우지 못하면 시장에서 사서 납부해야 하는 등 백성들에게 많은 부담을 주었다. 이러한 공납의 폐단을 개선하기 위해 특산물을 현물로 내는 대신 쌀이나 돈으로 납부하게 하고, 공납을 토지에 부과하도록 하는 대동법을 시행하였다. 대동법은 토지가 없거나 적은 농민들의 부담을 다소 경감시키는 효과가 있었다.

18 다음 그림과 관련하여 당시 대외 관계에 대해 옳게 설명한 것은?

① 이종무의 쓰시마 섬 정벌로 인하여 우리나라 사신을 맞는 일본의 태도가 정중하였다.
② 왜구의 소란으로 조선에서는 3포 개항을 불허하고 일본 사신의 파견만을 허용하였다.
③ 왜란 이후 끌려간 도공과 백성들을 돌려받기 위하여 조선 정부는 매년 통신사를 파견하였다.
④ 일본은 조선의 문화를 받아들이고 에도 막부의 권위를 인정받기 위해 통신사 파견을 요청하였다.

19 다음 중 조선시대의 신분 제도에 대한 설명으로 옳은 것은?

① 서얼은 양반으로 진출하는 데 제한을 받지 않았다.

② 노비의 신분은 세습되지 않았다.

③ 서리, 향리, 기술관은 직역 세습이 불가능했다.

④ 양인 이상이면 과거에 응시할 수 있었다.

20 조선시대 기본법전인 '경국대전'에 관한 설명으로 옳지 않은 것은?

① 세조가 편찬을 시작하여 성종 대에 완성되었다.

② 조선 초의 법전인 '경제육전'의 원전과 속전 및 그 뒤의 법령을 종합해 만들었다.

③ '형전'을 완성한 뒤, 재정·경제의 기본이 되는 '호전'을 완성했다.

④ 이전·호전·예전·병전·형전·공전 등 6전으로 이루어졌다.

21 조선시대 4대 사화를 시대 순으로 바르게 연결한 것은?

① 무오사화 → 기묘사화 → 갑자사화 → 을사사화

② 무오사화 → 갑자사화 → 기묘사화 → 을사사화

③ 갑자사화 → 무오사화 → 을사사화 → 기묘사화

④ 갑자사화 → 기묘사화 → 갑자사화 → 을사사화

해설

무오사화	1498년 (연산군)	• 훈구파와 사림파의 대립 • 연산군의 실정, 세조의 왕위 찬탈을 비판한 김종직의 조의제문 • 유자광, 이극돈
갑자사화	1504년 (연산군)	• 폐비 윤씨 사건이 배경 • 무오사화 때 피해를 면한 일부 훈구 세력까지 피해
기묘사화	1519년 (중종)	• 조광조의 개혁 정치 • 위훈 삭제로 인한 훈구 세력의 반발 • 주초위왕 사건
을사사화	1545년 (명종)	• 인종의 외척 윤임(대윤파)과 명종의 외척 윤원형(소윤파)의 대립 • 명종의 즉위로 문정왕후 수렴청정 • 집권한 소윤파가 대윤파를 공격

22 다음의 설명에 해당하는 조선 후기의 실학자는 누구인가?

- 농민을 위한 제도 개혁을 주장한 중농학파
- 목민심서, 경세유표 편찬
- 과학 기술의 발전을 주장하고 실학을 집대성

① 유형원   ② 이 익

③ 정약용   ④ 박지원

해설

• 목민심서 : 정약용이 관리들의 폭정을 비판하며 수령이 지켜야 할 지침을 밝힌 책
• 경세유표 : 정약용이 행정기구의 개편과 토지 제도와 조세 제도 등 제도의 개혁 원리를 제시한 책

23 조선 후기에 발생한 사건들을 시대 순으로 바르게 나열한 것은?

① 임오군란 → 갑신정변 → 동학농민운동 → 아관파천

② 임오군란 → 아관파천 → 동학농민운동 → 갑신정변

③ 갑신정변 → 임오군란 → 아관파천 → 동학농민운동

④ 갑신정변 → 아관파천 → 임오군란 → 동학농민운동

임오군란(1882년)	별기군 창설에 대한 구식 군인의 반발, 청의 내정간섭 초래
갑신정변(1884년)	급진적 개혁 추진, 청의 내정간섭 강화
동학농민운동(1894년)	반봉건 · 반침략적 민족운동, 우금치 전투에서 패배
아관파천(1896년)	명성황후가 시해당한 뒤 고종과 왕세자가 러시아 공관으로 대피

24 다음과 같은 내용이 발표된 배경으로 가장 적절한 것은?

> 옛날에는 군대를 가지고 나라를 멸망시켰으나 지금은 빚으로 나라를 멸망시킨다. 옛날에 나라를 멸망케 하면 그 명호를 지우고 그 종사와 정부를 폐지하고, 나아가 그 인민으로 하여금 새로운 변화를 받아들여 복종케 할 따름이다. 지금 나라를 멸망케 하면 그 종교를 없애고 그 종족을 끊어버린다. 옛날에 나라를 잃은 백성들은 나라가 없을 뿐이었으나, 지금 나라를 잃은 백성은 아울러 그 집안도 잃게 된다. … 국채는 나라를 멸망케 하는 원본이며, 그 결과 망국에 이르게 되어 모든 사람이 화를 입지 않을 수 없게 된다.

① 우리나라 최초의 은행인 조선은행이 설립되면서 자금 조달이 어려워졌다.
② 외국 상인의 활동 범위가 넓어지면서 서울을 비롯한 전국의 상권을 차지하였다.
③ 정부의 상공업 진흥 정책으로 회사 설립이 늘어나면서 차관 도입이 확대되었다.
④ 일제는 화폐 정리와 시설 개선 등의 명목으로 거액의 차관을 대한제국에 제공하였다.

자료는 국채보상운동에 관한 내용이다. 국채보상운동은 일본이 조선에 빌려준 국채를 갚아 경제적으로 독립하자는 운동으로 1907년 2월 서상돈 등에 의해 대구에서 시작되었다. 대한매일신보, 황성신문 등 언론기관이 자금 모집에 적극 참여했으며, 남자들은 금연운동을 하였고 부녀자들은 비녀와 가락지를 팔아서 이에 호응하였다. 일제는 친일단체인 일진회를 내세워 국채보상운동을 방해하였고, 통감부에서 국채보상회의 간사인 양기탁을 횡령이라는 누명을 씌워 구속하는 등 적극적으로 탄압했다. 결국 양기탁은 무죄로 석방되었지만 국채보상운동은 좌절되고 말았다.

25 다음 개화기 언론에 대한 설명으로 옳지 않은 것은?

① 황성신문은 국 · 한문 혼용으로 발간되었고, '시일야방성대곡'을 게재하였다.
② 순한글로 간행된 제국신문은 창간 이듬해 이인직이 인수하여 친일지로 개편되었다.
③ 독립신문은 한글과 영문을 사용하였으며, 근대적 지식 보급과 국권 · 민권 사상을 고취하였다.
④ 우리나라 최초의 신문인 한성순보는 관보의 성격을 띠고 10일에 한 번 한문으로 발행되었다.

제국신문은 1898년부터 1910년까지 순한글로 발행한 신문으로 여성과 일반 대중을 독자로 언론 활동을 전개하였다. 이인직이 인수하여 친일지로 개편한 신문은 천도교계의 만세보로서 1907년부터 '대한신문'으로 제호를 바꾸어 발간하였다.

26 다음과 같은 활동을 한 '이 단체'는 어디인가?

> '이 단체'의 깃발 밑에 공고한 단결을 이루기가 뼈저리게 힘들다고 고민할망정 결국 분산을 재촉한 것은 중대한 과오가 아닌가. 계급운동을 무시한 민족 당일당 운동이 문제가 있는 것과 같이 민족을 도외시하고 계급운동만 추구하며 민족주의 진영을 철폐하자는 것도 중대한 과오이다. … (중략) … 조선의 운동은 두 진영의 협동을 지속적으로 추구해야 할 정세에 놓여 있고, 서로 대립할 때가 아니다. 두 진영의 본질적 차이를 발견하기 어려운 만큼 긴밀히 동지적 관계를 기할 수 있는 것이다.

① 신민회   ② 정우회
③ 신간회   ④ 근우회

해설

신간회는 좌우익 세력이 합작하여 결성된 대표적 항일단체로, 민족적·정치적·경제적 예속을 탈피하고, 언론 및 출판의 자유를 쟁취하였으며, 동양척식회사 반대, 근검절약운동 전개 등을 활동목표로 전국에 지회와 분회를 조직하여 활동하였다.

---

27 3·1 운동 이후 1920년대 일제의 식민통치 내용으로 옳지 않은 것은?

① 회사령 폐지   ② 산미증식계획
③ 경성제국대학 설립   ④ 헌병경찰제 실시

해설

1910년대에 무단 통치(헌병경찰통치)를 하던 일제는 3·1 운동(1919) 이후 1920년대부터 통치방법을 변화해 문화통치(보통 경찰통치)를 실시했다. 경성제국대학은 1924년에 설립됐으며, 회사령은 1910년 12월에 조선총독부가 공포했다가 1920년에 폐지했다.

---

28 다음 중 홍범 14조에 관한 설명으로 옳지 않은 것은?

① 갑오개혁 이후 정치적 근대화와 개혁을 위해 제정된 국가기본법이다.
② 왜에 의존하는 생각을 끊고 자주독립의 기초를 세울 것을 선포했다.
③ 납세를 법으로 정하고 함부로 세금을 거두어 들이지 못하도록 했다.
④ 종실·외척의 정치관여를 용납하지 않음으로써 대원군과 명성황후의 정치개입을 배제했다.

해설

홍범 14조는 갑오개혁 후 선포된 우리나라 최초의 근대적 헌법으로 청에 의존하는 것을 끊음으로써 청에 대한 종주권을 부인했고, 종실·외척의 정치개입 배제 및 조세법정주의 등의 내용을 담고 있다.

29 시일야방성대곡이 최초로 실린 신문은 무엇인가?

① 한성순보   ② 황성신문

③ 독립신문   ④ 대한매일신보

해설

시일야방성대곡은 을사늑약의 부당함을 알리고 을사오적을 규탄하기 위해 장지연이 쓴 논설로, 황성신문에 게재되었다. 이 논설로 황성신문은 일제에 의해 정간이 되기도 했다.

30 다음 중 3·1 운동에 대한 설명으로 옳지 않은 것은?

① 33인의 민족대표가 탑골공원에서 독립선언서를 발표하는 것으로 시작됐다.

② 비폭력 투쟁에서 점차 폭력 투쟁으로 발전하였다.

③ 기미독립운동이라고도 불린다.

④ 대한민국 임시정부 수립의 영향을 받아 일어났다.

해설

3·1 운동을 계기로 1919년 4월 11일 중국 상해에서 대한민국 임시정부가 수립됐다.

31 다음 법이 공포된 이후 나타난 일제의 지배 정책에 대한 설명으로 옳지 않은 것은?

> 제4조 정부는 전시에 국가총동원상 필요할 때는 칙령이 정하는 바에 따라 제국 신민을 징용하여 총동원 업무에 종사하게 할 수 있다.

① 마을에 애국반을 편성하여 일상생활을 통제하였다.

② 일본식 성과 이름으로 고치는 창씨개명을 시행하였다.

③ 여성에게 작업복인 '몸뻬'라는 바지의 착용을 강요하였다.

④ 토지 현황 파악을 위해 전국적으로 토지 소유권을 조사하였다.

해설

제시된 자료는 국가총동원법(1938)이다. ④는 1910년대 토지조사 사업에 대한 설명이다.

32 다음이 설명하는 운동에 대한 내용을 〈보기〉에서 고른 것은?

> • 광화문 광장 : 경무대와 국회의사당, 중앙청 등 국가 주요 기관이 광장 주변에 몰려있어 가장 격렬한 시위가 벌어졌다.
> • 마로니에 공원(옛 서울대학교 교수회관 터) : 대학 교수단이 시국 선언을 한 뒤 '학생의 피에 보답하라'는 현수막을 들고 가두 시위에 나섰다.
> • 이화장 : 대통령이 하야 성명을 발표하고 경무대를 떠나 사저인 이화장에 도착하였다.

> **보기**
> ㄱ. 4·13 호헌 조치의 철폐를 요구하였다.
> ㄴ. 신군부 세력의 집권이 배경이 되었다.
> ㄷ. 3·15 부정선거에 항의하는 시위에서 시작되었다.
> ㄹ. 대통령 중심제에서 의원 내각제로 변화되는 계기가 되었다.

① ㄱ, ㄴ   ② ㄱ, ㄷ
③ ㄴ, ㄷ   ④ ㄷ, ㄹ

해설
4·19 혁명에 대한 설명이다.
ㄱ. 전두환 정부의 4·13 호헌 조치에 반대하여 1987년 6월 민주항쟁이 전개되었다.
ㄴ. 1980년 신군부가 비상계엄을 전국으로 확대하였고, 이에 반대하여 5·18 광주 민주화운동이 전개되었다.

33 (가) ~ (라)를 일어난 순서대로 옳게 나열한 것은?

> (가) 경부고속도로 준공
> (나) 100억 달러 수출 달성
> (다) IMF 구제 금융 지원 요청
> (라) 고속 철도 개통

① (가) – (나) – (다) – (라)
② (가) – (나) – (라) – (다)
③ (나) – (가) – (다) – (라)
④ (나) – (가) – (라) – (다)

해설
(가) 경부고속도로 준공(1970년, 박정희 정부)
(나) 수출 100억 달러 달성(1977년, 박정희 정부)
(다) IMF 구제 금융 요청(1997년, 김영삼 정부)
(라) 고속 철도 개통(2004년, 노무현 정부)

34 (가)에 들어갈 내용으로 옳은 것은?

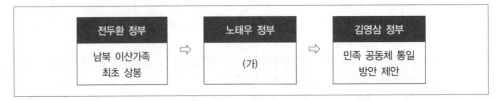

① 남북 조절 위원회 구성
② 경의선 복구 사업 시작
③ 남북 기본 합의서 채택
④ 7·4 남북 공동 성명 발표

해설

1991년 노태우 정부는 남북 기본 합의서를 채택하였다.
• 남북한 당국자 간의 통일 논의의 재개를 추진함으로써 남북 이산가족 고향 방문단 및 예술 공연단의 교환방문이 전두환 정부 때 성사되었다(1985).
• 민족 공동체 통일 방안(1994)은 한민족 공동체 통일 방안(1989)과 3단계 3대 기조 통일 정책(1993)의 내용을 종합한 것으로 공동체 통일 방안이라고도 한다. 김영삼 정부가 이를 북한에 제안하였고, 자주, 평화, 민주의 3대 원칙과 화해 협력, 남북 연합, 통일 국가 완성의 3단계 통일 방안을 발표하였다.

35 청동기 문화를 배경으로 기원전 3000년을 전후해 큰 강 유역에서 발생한 4대 문명에 해당하지 않는 것은?

① 메소포타미아 문명
② 잉카 문명
③ 황하 문명
④ 인더스 문명

해설

메소포타미아 문명(기원전 3500년)	티그리스강, 유프라테스강
이집트 문명(기원전 3000년)	나일강
황하 문명(기원전 3000년)	황하강
인더스 문명(기원전 2500년)	인더스강

36 세계 4대 문명 발상지 중 다음에서 설명하는 것과 관계가 깊은 것은?

> 쐐기문자, 60진법, 태음력 제정

① 황하 문명　　　　　　　　　　② 마야 문명
③ 이집트 문명　　　　　　　　　　④ 메소포타미아 문명

해설

티그리스강, 유프라테스강 유역을 중심으로 발전한 메소포타미아 문명은 기원전 3500년경에 발전하였다. 쐐기문자와 60진법을 사용하였고 함무라비 법전을 편찬하였으며 태음력을 제정하였다.

37 다음 중 헬레니즘 문화에 대한 설명으로 옳지 않은 것은?

① 실용적인 자연과학이 발전하였다.
② 알렉산드리아 지방을 중심으로 크게 융성하였다.
③ 신 중심의 기독교적 사고방식을 사상적 기초로 하였다.
④ 인도의 간다라 미술에 상당한 영향을 미쳤다.

해설

헬레니즘 문화는 그리스 문화가 오리엔트 문명과 융합되어 형성한 유럽 문화의 2대 조류로, 로마 문화를 일으키고 인도의 간다라 미술을 탄생시켰던 인간 중심의 문화였다.

38 십자군 원정의 결과로 옳지 않은 것은?

① 교황권과 영주의 세력이 강화되었다.
② 동방 무역이 활발해지며 동양에 대한 관심이 높아졌다.
③ 상공업도시가 성장하면서 장원이 해체되었다.
④ 이슬람 문화가 유입되면서 유럽인들의 시야가 확대되었다.

해설

십자군 원정의 결과 교황권이 쇠퇴하였고, 영주의 세력이 약화된 반면 국왕의 권위가 강화되었다.

39 다음 〈보기〉의 전쟁들을 시대 순으로 바르게 나열한 것은?

> **보기**
> ㉠ 크림 전쟁 　　　　　　　　　　 ㉡ 십자군 전쟁
> ㉢ 장미 전쟁 　　　　　　　　　　 ㉣ 종교 전쟁
> ㉤ 백년 전쟁

① ㉠ - ㉡ - ㉢ - ㉣ - ㉤ 　　　　　　② ㉡ - ㉤ - ㉢ - ㉣ - ㉠
③ ㉢ - ㉣ - ㉤ - ㉡ - ㉠ 　　　　　　④ ㉣ - ㉠ - ㉡ - ㉢ - ㉤

해설

㉡ 십자군 전쟁 : 11 ~ 13세기 중세 서유럽의 그리스도교 국가들이 이슬람교도들로부터 성지를 탈환하기 위해 벌인 전쟁이다.

㉤ 백년 전쟁 : 1337 ~ 1453년 영국과 프랑스 사이에 벌어진 전쟁으로 봉건제후와 귀족들이 몰락하고 중앙집권적 국가로 발전하는 계기가 되었다.

㉢ 장미 전쟁 : 1455 ~ 1485년 영국의 왕위 계승을 둘러싸고 요크 가문과 랭커스터 가문이 대립하며 발생한 내란이다.

㉣ 종교 전쟁 : 종교개혁(16 ~ 17세기) 이후 낭트칙령으로 신앙의 자유를 얻기 전까지 구교와 신교 간의 대립으로 일어난 전쟁이다.

㉠ 크림 전쟁 : 1853~1856년 러시아와 오스만투르크, 영국, 프랑스, 프로이센, 사르데냐 연합군이 크림반도와 흑해를 둘러싸고 벌인 전쟁이다.

40 다음 밑줄 친 사상의 영향으로 일어난 사건은?

> 몽테스키외, 볼테르, 루소, 디드로 등에 의해 약 반세기에 걸쳐 배양되었고 특히 루소의 문명에 대한 격렬한 비판과 인민주권론이 <u>혁명사상</u>의 기초가 되었다. 기독교의 전통적인 권위와 낡은 사상을 비판하고 합리적인 이성의 계발로 인간생활의 진보와 개선을 꾀하였다.

① 영국에서 권리장전이 승인되었다.
② 칼뱅을 중심으로 종교개혁이 진행되었다.
③ 레닌이 소비에트 정권을 무너뜨렸다.
④ 시민들이 혁명을 통해 새로운 헌법을 정하고 프랑스 공화정이 성립되었다.

해설

이성과 진보를 강조하는 계몽주의는 프랑스 혁명의 사상적 배경이 되었다. 1789 ~ 1794년 프랑스에서 일어난 프랑스 혁명은 정치권력이 왕족과 귀족에서 시민으로 옮겨진 역사적 전환점이 되었다.

41 종교개혁의 발생 배경으로 적절하지 않은 것은?

① 왕권의 약화
② 교황권의 쇠퇴
③ 교회의 지나친 세속화와 극심한 타락
④ 개인의 신앙과 이성을 중시하는 사상의 확대

해설

종교개혁은 16세기 교회의 세속화와 타락에 반발하여 출현한 그리스도교 개혁운동으로 1517년 독일의 마틴 루터가 이를 비판하는 95개조의 반박문을 발표한 것을 시작으로 이후 스위스의 츠빙글리, 프랑스의 칼뱅 등에 의해 전 유럽에 퍼졌고 그 결과 가톨릭으로부터 이탈한 프로테스탄트라는 신교가 성립되었다.

42 미국의 독립혁명에 대한 설명으로 옳지 않은 것은?

① 보스턴 차 사건을 계기로 시작되었다.
② 프랑스 · 스페인 · 네덜란드 등의 지원을 받아 요크타운 전투에서 승리했다.
③ 1783년 파리 조약으로 평화 협정을 맺고 영국이 독립을 인정했다.
④ 프랑스 혁명과 달리 영국으로부터 독립하는 것만을 목적으로 하였다.

해설

미국의 독립혁명(1775년)은 영국으로부터 독립하는 것이 주된 목적이었으나 절대군주제에 대항하며 자연적 평등과 권리를 주장했고, 민주적인 정치형태를 수립하고자 한 점에서 프랑스 혁명과 유사하다.

43 다음 중 청 말기 서양 기술의 도입으로 부국강병을 이루고자 한 근대화 운동은 무엇인가?

① 양무운동
② 태평천국운동
③ 의화단 운동
④ 인클로저 운동

해설

양무운동은 당시 아편 전쟁과 애로호 사건을 겪으며 서양의 군사적 위력을 알게 된 청조는 서양 문물을 도입하고 군사 · 과학 · 통신 등을 개혁함으로써 부국강병을 이루고자 했으나 1894년 청일 전쟁의 패배로 좌절되었다.

44 다음 중 시기적으로 가장 먼저 일어난 사건은 무엇인가?

① 청교도 혁명　　　　　　　　　② 갑오개혁
③ 프랑스 혁명　　　　　　　　　④ 신해혁명

해설
① 청교도 혁명(1640 ~ 1660년)
③ 프랑스 혁명(1789 ~ 1794년)
② 갑오개혁(1894 ~ 1896년)
④ 신해혁명(1911년)

45 다음의 사상을 바탕으로 전개된 중국의 민족운동으로 옳은 것은?

- 만주족을 몰아내고 우리 한족 국가를 회복한다.
- 이제는 평민혁명에 의해 국민 정부를 세운다. 무릇 국민은 평등하게 참정권을 갖는다.
- 사회·경제 조직을 개량하고 천하의 땅값을 조사하여 결정해야 한다.

① 양무운동　　　　　　　　　　② 신해혁명
③ 의화단운동　　　　　　　　　④ 태평천국운동

해설
쑨원이 제창하였던 민족주의, 민권주의, 민생주의의 삼민주의를 설명한 것이다. 이 사상을 바탕으로 한 신해혁명은 1911년에 청나라를 멸망시키고 중화민국을 세운 민주주의 혁명이다.

46 다음 중 제1차 세계대전 이후의 세계 정세에 대한 설명으로 옳지 않은 것은?

① 얄타 회담에서 전후 국제기구 설립에 합의하였다.
② 독일과 연합국 사이의 강화 조약으로 베르사유 조약이 체결되었다.
③ 세계 평화를 유지하기 위한 최초의 국제평화기구인 국제연맹이 만들어졌다.
④ 전후 문제 처리를 위하여 파리 강화 회의가 개최되었다.

해설
제2차 세계대전 이후 얄타 회담에서 전후 국제기구 설립에 합의하면서 국제연합이 창설되었다.

47 제2차 세계대전과 관련된 다음의 사건들 중 가장 먼저 일어난 것은?

① 얄타 회담　　　　　　　　　② 나가사키 원폭 투하
③ UN 창설　　　　　　　　　　④ 카이로 회담

> **해설**
> 카이로 회담은 제2차 세계대전 때 이집트의 카이로에서 개최된 것으로 1943년 11월에 제1차 카이로 회담이, 그해 12월에 제2차 카이로 회담이 열렸다.
> ① 얄타 회담 : 1945년 2월 4 ~ 11일
> ② 나가사키 원폭 투하 : 1945년 8월 9일
> ③ UN 창설 : 1945년 10월 24일

48 국제연합에 대한 설명으로 옳지 않은 것은?

① 미국과 영국의 대서양 헌장을 기초로 결성되었다.
② 안전보장이사회의 상임이사국은 거부권을 행사할 수 있다.
③ 소련과 미국이 참여함으로써 세계 중심 기구로 자리 잡았다.
④ 독일과 일본은 제2차 세계대전을 일으킨 국가로서 가입하지 못하였다.

> **해설**
> 국제연합은 미국의 루스벨트와 영국의 처칠이 발표한 대서양 헌장(1941년)을 기초로 결성되었다. 제1차 세계대전 후 결성된 국제연맹에 소련과 미국이 불참한 것과 달리 국제연합에는 소련과 미국이 참여함으로써 현재까지 세계 중심 기구로 활동하고 있다. 독일, 일본은 제2차 세계대전을 일으킨 국가였지만 국제연합에 가입되어 있다.

49 제1·2차 세계대전과 관련하여 열린 국제회담을 순서대로 바르게 나열한 것은?

① 베르사유 조약 – 카이로 회담 – 얄타 회담 – 포츠담 선언
② 카이로 회담 – 얄타 회담 – 포츠담 선언 – 베르사유 조약
③ 얄타 회담 – 포츠담 선언 – 베르사유 조약 – 카이로 회담
④ 포츠담 선언 – 베르사유 조약 – 카이로 회담 – 얄타 회담

> **해설**
> 베르사유 조약(1919) → 카이로 회담(1943) → 얄타 회담(1945.2) → 포츠담 선언(1945.7)

01 '앵두꽃이 핀 울타리 밑에서 삽살개가 졸고 있다.'의 문장은 몇 개의 단어로 구성되어 있는가?

① 10   ② 8

③ 15   ④ 7

해설

앵두꽃/이/핀/울타리/밑/에서/삽살개/가/졸고/있다.

02 단어는 갈래로 보아 단일어, 파생어, 합성어의 세 가지 종류가 있다. 다음 중 파생어로만 짝지어진 것은?

① 숫눈, 늙다리, 맨손

② 맨손, 부삽, 치솟다

③ 갓스물, 초하루, 부삽

④ 덧신, 애당초, 돌아가다

해설

• 파생어 : 숫눈, 늙다리, 맨손, 치솟다, 덧신, 애당초

• 합성어 : 들꽃, 부삽, 돌아가다

03 다음 중 독립성이 강한 품사는?

① 명 사   ② 대명사

③ 감탄사   ④ 동 사

해설

감탄사는 독립적으로 쓰이며 다른 성분과의 관계가 적다. 각 품사의 자립성의 정도는 감탄사＞체언＞부사＞관형사의 순이다.

04 다음 중 이어진 문장이 아닌 것은?

① 영희가 예쁜 꽃 한 송이를 주었다.

② 그가 물어보기에 그냥 대답했을 뿐입니다.

③ 눈은 내리지만 갈 길을 가야 해.

④ 이번 대회는 서울과 인천에서 열린다.

> **해설**
>
> 이어진 문장 : 두 개 이상의 홑문장이 연결어미에 의해 결합된 것으로 대등하게 이어진 것과 종속적으로 이어진 것이 있다.
> 예 철수는 서울로 갔고, 철호는 부산으로 갔다. (대등적)
>   서리가 내리면 나뭇잎이 빨갛게 물든다. (종속적)
> • 문장의 이어짐 : 두 문장으로 분리할 수 있다.
> 예 서울과 부산은 인구가 많다. – 서울은 인구가 많다. 부산은 인구가 많다.
> • 단어의 이어짐 : 두 문장으로 분리할 수 없다.
> 예 철수와 영철이는 닮았다.

05 다음 중 '안긴문장'에 해당하지 않는 것은?

① 누군가가 부르짖는 소리가 들린다.

② 아무도 그가 사장임을 믿지 않는다.

③ 저 차는 소리도 없이 굴러가는구나.

④ 서울과 부산에서 사람들이 왔습니다.

> **해설**
>
> 안긴문장의 유형
> • 명사절로 안긴문장 → 철수가 축구에 소질이 있음이 밝혀졌다.
> • 관형절로 안긴문장 → 그 분이 노벨상을 타게 되었다는 소문이 있다.
> • 서술절로 안긴문장 → 이 책은 글씨가 너무 잘다.
> • 부사절로 안긴문장 → 산 그림자가 소리도 없이 다가온다.
> • 인용절로 안긴문장 → 나는 철수의 말이 옳다고 생각했다.

06 다음에서 '안'부정문만이 이룰 수 있는 용언은?

① 견디다　　　　　　　　② 보다

③ 알다　　　　　　　　　④ 슬프다

> **해설**
>
> ②는 동사로서 '안'부정문과 '못'부정문 모두 가능하며 ①·③은 '못'부정문만 가능하다.
> ④는 형용사로서 '못'부정문에 쓰이지 않는다.

07 음운에 대한 설명으로 올바른 것은?

① 말의 뜻을 구별해 주는 소리
② 실제로 발음되는 구체적인 소리
③ 물리적 · 개별적인 소리
④ 문자로 일일이 기록할 수 없을 만큼 그 수가 다양한 소리

> **해설**
> 음운은 말의 뜻을 구별해 주는 소리의 단위로서 심리적, 관념적, 추상적이며 변별적인 말소리이다.
> ② · ③ · ④는 음성에 대한 설명이다.

08 다음 중 구개음화에 대해 잘못 설명한 것은?

① 동화를 일으키는 것은 'ㅣ'나 반모음 'ㅣ'다.
② 모음의 영향을 받아 자음이 변한다.
③ 역행동화이며 불완전동화이다.
④ 맞춤법으로는 음운 변화 후의 형태를 적는다.

> **해설**
> 구개음화(口蓋音化) : 끝소리가 'ㄷ, ㅌ'인 형태소가 'ㅣ'나 반모음 'ㅣ'로 시작되는 형식 형태소와 만나서 구개음 'ㅈ, ㅊ'으로 발음되는 현상
> **표준 발음으로 인정되는 구개음화**
> ㄷ, ㅌ + 이 → ㅈ, ㅊ ⇒ 해돋이[해도지], 같이[가치]
> **방언에서의 구개음화**
> • ㄱ → ㅈ : 길 → 질
> • ㄲ → ㅉ : 끼다 → 찌다
> • ㅋ → ㅊ : 키 → 치
> • ㅎ → ㅅ : 힘 → 심, 형님 → 셩님 → 성님

09 다음 중 사이시옷 표기가 틀린 것은?

① 곳간(庫間) ② 셋방(貰房)
③ 찻간(車間) ④ 갓법(加法)

> **해설**
> 현행 맞춤법 규정상, 두 음절로 된 한자어 중에서는 다음 6개의 단어에만 사잇소리를 인정한다. → 곳간(庫間), 찻간(車間), 셋방(貰房), 툇간(退間), 숫자(數字), 횟수(回數)

10 다음 괄호 안에 들어갈 알맞은 단어는?

> 용기 : 투사 = 지혜 : (   )

① 철학자   ② 소설가
③ 조련사   ④ 점술가

> **해설**
> ② 상상력 – 소설가
> ③ 기술 – 조련사
> ④ 예언 – 점술가

11 다음 중 '반박하다'의 반의어는?

① 부정하다   ② 수긍하다
③ 거부하다   ④ 비판하다

> **해설**
> • 반박하다 : 어떤 의견, 주장, 논설 따위에 반대하여 말하다.
> • 수긍하다 : 옳다고 인정하다.

12 다음 중 어문 규정에 관한 내용으로 바르지 않은 것은?

① 표준어는 교양 있는 사람들이 두루 쓰는 현대 서울말로 정함을 원칙으로 한다.
② 표준 발음법은 표준어의 실제 발음을 따른다.
③ 외래어 표기의 받침은 'ㄱ, ㄴ, ㄹ, ㅁ, ㅂ, ㅅ, ㅇ'만을 쓴다.
④ 국어의 로마자 표기는 한글 맞춤법에 따라 적는다.

> **해설**
> ④ 국어의 로마자 표기는 국어의 표준 발음법에 따라 적는 것이 원칙이다.

13 다음 중 한글 맞춤법 규정에 맞는 것은?

① 한글 맞춤법은 서울 지역어를 소리대로 적되 어순에 맞도록 함을 원칙으로 한다.

② 한글 맞춤법은 표준어를 소리대로 적되 실용성에 맞도록 함을 원칙으로 한다.

③ 한글 맞춤법은 서울 지역어를 소리대로 적되 어법에 맞도록 함을 원칙으로 한다.

④ 한글 맞춤법은 표준어를 소리대로 적되 어법에 맞도록 함을 원칙으로 한다.

해설

한글 맞춤법 제1장 총칙
제1항 한글 맞춤법은 표준어를 소리대로 적되, 어법에 맞도록 함을 원칙으로 한다.
제2항 문장의 각 단어는 띄어 씀을 원칙으로 한다.
제3항 외래어는 '외래어 표기법'에 따라 적는다.

14 다음 중 어문 규정에 맞게 쓰인 것은?

① 맞춤법 – 얼룩이, 뻐꾸기

② 표준 발음 – 결단력[결딴력]

③ 띄어쓰기 – 그녀는 이제 스물일곱 살을 막 넘겼다.

④ 외래어 표기 – flash → 플래쉬

해설

수를 적을 때에는 '만(萬)'단위로 띄어 쓰므로[한글 맞춤법 제44항] '스물일곱'은 붙여 쓰고, 단위를 나타내는 명사 '살'은 띄어 쓴다[제43항]. 따라서 '스물일곱 살'로 쓰는 것이 옳다.

① '하다'나 '-거리다'가 붙을 수 없는 어근에 '-이'나 또는 다른 모음으로 시작되는 접미사가 붙어서 명사가 된 것은 그 원형을 밝히어 적지 않으므로, '얼루기'가 옳은 표기이다. → 한글 맞춤법 제23항

② 결단력[결딴녁]이 옳은 발음이다. 'ㄴ'은 'ㄹ'의 앞이나 뒤에서 [ㄹ]로 발음하지만, 다음과 같은 단어들은 'ㄹ'을 [ㄴ]으로 발음한다. → 표준 발음법 제20항

　　[예] 결단력[결딴녁], 의견란[의견난], 임진란[임진난], 생산량[생산냥], 상견례[상견녜], 입원료[이붠뇨] 등

④ 어말의 [ʃ]는 '시'로 적어야 하므로, '플래시'로 적어야 한다. → 외래어 표기법 제3항

15 다음은 한글 맞춤법의 총칙이다. 이 규정에 맞게 사용된 것은?

> 제1항 한글 맞춤법은 표준어를 소리대로 적되 어법에 맞도록 함을 원칙으로 한다.
> 제2항 문장의 각 단어는 띄어 씀을 원칙으로 한다.
> 제3항 외래어는 '외래어 표기법'에 따라 적는다.

① '너 마저'는 '너마저'로 붙여 써야 한다.

② '입원료'는 [이뭔료]로 발음한다.

③ '구경만 할뿐'에서의 '뿐'은 앞말과 붙여 써야 한다.

④ 'Juice'는 '쥬스'로 표기한다.

'마저'는 '이미 어떤 것이 포함되고 그 위에 더함의 뜻을 나타내는, 즉 하나 남은 마지막'이라는 뜻의 보조사이다. 조사는 그 앞말에 붙여 쓰는 것이 원칙이므로 '너마저'로 쓰는 것이 맞다. → 제41항
② 'ㄹ'은 [ㄴ]으로 발음하므로 [이뷴뇨]가 옳은 발음이다. → 표준 발음법 제20항 붙임
③ '뿐'이 의존 명사로 쓰일 때에는 띄어 써야 하므로 '할 뿐'으로 띄어 써야 한다. → 제42항
④ 'ㅈ' 다음에는 이중모음을 쓰지 않는 것이 원칙이므로 '주스'로 표기해야 한다.

16 다음 중 띄어쓰기가 바르게 쓰인 것은?

① 천 원밖에   ② 사과는 커녕
③ 철수 뿐이었다.   ④ 떠난지

단위를 나타내는 의존 명사는 띄어 쓰며 '밖에'는 조사이므로 앞말과 붙여 쓴다.
②·③ '커녕'과 '뿐'은 조사로 쓰였으므로 앞말에 붙여 써야 한다.
④ 의존 명사는 띄어 써야 하므로 '떠난 지'가 옳다.

17 다음 중 혼동하기 쉬운 단어를 구별하여 사용한 예로 잘못된 것은?

① 파도가 뱃전에 부딪쳤다.
　한눈을 팔다가 전봇대에 머리를 부딪혔다.
② 영화를 보면서 시간을 보냈다.
　약속한 시각에 맞추어 모임 장소에 나갔다.
③ 소에 받혀 크게 다쳤다.
　젖국을 밭쳐 놓았다.
④ 이 안은 수차례의 협의 끝에 마련한 것이다.
　예상 밖으로 노사 간의 합의가 쉽게 이루어졌다.

'부딪히다'는 '예상하지 못한 일이나 상황 따위에 직면하다.' 또는 '부딪다'의 피동으로 쓰이는 말이다. '부딪치다'는 '무엇과 무엇이 힘 있게 마주 닿거나 마주 대다'를 의미하는 '부딪다'의 강조형이다. 따라서 '파도가 뱃전에 부딪쳤다.', '한눈을 팔다가 전봇대에 머리를 부딪쳤다.'로 써야 한다.
② • 시간(時間) : 어떤 시각에서 다른 시각까지의 동안, 또는 그 길이
　• 시각(時刻) : 시간의 어느 한 시점, 또는 짧은 시간
③ • 받히다 : '뿔이나 머리 따위로 세차게 부딪치다.'의 의미인 '받다'의 피동
　• 밭치다 : '건더기와 액체가 섞인 것을 체나 거르기 장치에 따라서 액체만을 따로 받아 내다.'의 의미인 '밭다'의 강조형
④ • 협의(協議) : 여러 사람이 모여 서로 의논함
　• 합의(合意) : 서로 의견이 일치함, 또는 그 의견

18 다음 중 표준 발음인 것은?

① 밟고[발꼬] 　　　　　　　　② 밟지[발찌]
③ 넓죽하다[널쭈카다] 　　　　　④ 떫다[떨 : 따]

> **해설**
> 겹받침 'ㄼ'은 어말 또는 자음 앞에서 [ㄹ]로 발음하므로 [떨 : 따]는 옳은 발음이다. → 표준 발음법 제10항
> ①·② '밟-'은 자음 앞에서 [밥]으로 발음하므로 [밥 : 꼬], [밥 : 찌]가 옳은 발음이다. → 표준 발음법 제10항
> ③ [넙쭈카다]가 옳은 발음이다. → 표준 발음법 제10항

19 다음 중 밑줄 친 외래어 표기가 바르게 쓰인 것은?

① 서류가 <u>캐비닛</u>에 들어 있다.
② 그는 노래를 잘 불러 <u>앵콜</u> 신청을 받았다.
③ 북한 사람들은 김일성 <u>뱃지</u>를 달고 다닌다.
④ 그는 <u>닝겔</u>을 맞고 기력을 되찾았다.

> **해설**
> 외래어는 외래어 원음을 최대한 고려하여 본래 발음에 가깝게 표기하므로 '캐비닛(Cabinet)'은 옳은 표기이다.
> ② 앵콜 → 앙코르, ③ 뱃지 → 배지, ④ 닝겔 → 링거

20 다음 중 로마자 표기가 바르게 쓰인 것은?

① 강원도 – Kangwon-do
② 경상북도 – Gyungsangbuk-do
③ 충청남도 – Chungcheongnam-do
④ 전라북도 – Jeonlabuk-do

> **해설**
> ① 첫 음절 'ㄱ'은 모음 앞에서는 'g'로 표기해야 하므로, 'Gangwon-do'가 옳은 표기이다. → 로마자 표기법 제2장 제2항 붙임1
> ② '경'의 'ㅕ'는 'yeo'이므로 'Gyeongsangbuk-do'로 표기해야 한다.
> ④ 로마자는 국어의 표준 발음법에 따라 적어야 하므로 유음화되어 [절라북도]로 발음되는 것을 고려해 'Jeollabuk-do'로 쓴다.

21 '죽은 뒤에도 은혜를 갚는다.'는 뜻의 사자성어는?

① 犬馬之勞   ② 刮目相對
③ 管鮑之交   ④ 結草報恩

해설

결초보은(結草報恩) : 풀을 맺어 은혜를 갚음. 죽어 혼령이 되어서도 은혜를 잊지 않고 갚는다는 뜻이다.
① 자기의 노력을 낮추어 일컫는 말이다(견마지로).
② 남의 학식이나 재주가 갑자기 늘어난 것에 놀라는 것을 일컫는 말이다(괄목상대).
③ 지극히 친밀한 교제 관계를 뜻한다(관포지교).

22 '작은 일에 치중하다가 큰일을 망친다.'는 뜻의 사자성어는?

① 矯角殺牛   ② 牽强附會
③ 緣木求魚   ④ 寸鐵殺人

해설

교각살우(矯角殺牛) : 소뿔 고치려다 소를 잡는다는 뜻으로, 잘못된 점을 고치려가다 그 방법이 지나쳐 오히려 일을 그르침
② 견강부회(牽强附會) : 말을 억지로 끌어다가 이치에 맞추어 댐
③ 연목구어(緣木求魚) : 나무에 올라가 고기를 구하듯 불가능한 일을 하고자 할 때를 비유
④ 촌철살인(寸鐵殺人) : 말 한마디로 어떤 일의 급소를 찔러 사람을 감동시킴

23 망국(亡國)에 대한 한탄을 가리키는 사자성어는?

① 亡羊之歎   ② 風樹之嘆
③ □肉之歎   ④ 麥秀之歎

해설

맥수지탄(麥秀之歎) : 나라의 멸망을 한탄함
① 망양지탄(亡羊之歎) : 학문의 길이 다방면으로 갈려 진리를 얻기 어려움을 한탄함
② 풍수지탄(風樹之嘆) : 부모가 이미 세상을 떠나 효도를 할 수 없음을 한탄함
③ 비육지탄(□肉之歎) : 실력을 발휘하여 공을 세울 기회를 잃고 허송세월 하는 것을 탄식함

24 '금상첨화(錦上添花)'와 상대적 의미로 쓰이는 사자성어는?

① 錦衣還鄉 ② 身言書判
③ 群鷄一鶴 ④ 雪上加霜

> **해설**
> • 금상첨화(錦上添花) : 좋고 아름다운 것에 더 좋고 아름다운 일이 더하여짐 ↔ 설상가상
> • 설상가상(雪上加霜) : 눈 위에 서리가 덮인다는 뜻, 난처한 일이나 불행이 잇달아 일어남
> ① 금의환향(錦衣還鄉) : 벼슬하여 혹은 성공하여 고향에 돌아옴
> ② 신언서판(身言書判) : 인물을 선택하는 표준으로 삼던 네 가지, 신수・말씨・글씨・판단력
> ③ 군계일학(群鷄一鶴) : 닭 무리의 한 마리 학이란 뜻으로 여럿 가운데서 가장 뛰어난 사람

25 새로운 변화에 따를 줄 모르고 옛날 생각만으로 어리석게 행동하는 것은?

① 곡학아세(曲學阿世) ② 각주구검(刻舟求劍)
③ 어부지리(漁父之利) ④ 온고지신(溫故知新)

> **해설**
> 각주구검(刻舟求劍) : 배를 타고 나루를 건너다가 물속에 칼을 떨어뜨리고 배가 움직이고 있는 것은 생각하지도 않고 뱃전에 칼자국을 내어 표시해 두었다가 뒤에 칼을 찾을 정도로 시세의 추이에 융통성이 없음을 비유한 말
> ① 곡학아세(曲學阿世) : 옳지 못한 학문을 하여 세속의 인기(人氣)를 끌려함
> ③ 어부지리(漁父之利) : 황새가 조개를 먹으려다 그 주둥이를 조개껍질에 잡혀 서로 다투는 중 어부가 지나다가 보고 둘 다 잡았다는 이야기에서 나온 말로 양자(兩者)가 다투는 통에 제삼자가 이익을 보게 됨을 이름
> ④ 온고지신(溫故知新) : 옛 것을 익혀 새로운 것을 앎

26 다음 속담 (가)와 사자성어 (나)의 뜻이 잘못 연결된 것은?

	(가)	(나)
①	낫 놓고 기역자 모른다	目不識丁
②	소잃고 외양간 고친다	死後藥方文
③	열 번 찍어 안 넘어가는 나무가 없다	磨斧爲針
④	하룻강아지 범 모른다	養虎遺患

> **해설**
> ④ 양호유환(養虎遺患) : 범을 길러 후환을 남긴다는 뜻으로 화근을 길러 근심을 남김을 비유한 말이다.

27 다음 중 가을을 나타내는 한자표현이 아닌 것은?

① 처서(處暑) ② 경칩(驚蟄)
③ 한로(寒露) ④ 상강(霜降)

> **해설**
> 경칩(驚蟄)은 동물이 겨울잠에서 깨어난다(3월 5일경)는 뜻으로 봄을 나타내는 표현이다. ①·③·④는 가을을 나타내는 표현이다.

28 나이 '77세'를 지칭하는 한자표현은?

① 고희(古稀) ② 산수(傘壽)
③ 희수(喜壽) ④ 미수(米壽)

> **해설**
> 희수(喜壽) : 77세, '喜'자의 초서체가 '七十七'과 비슷한 데서 유래
> ① 고희(古稀) : 70세, 두보의 시에서 유래, 사람의 나이 70세는 예부터 드문 일
> ② 산수(傘壽) : 80세, '傘'자를 풀면 '八十'이 되는 데서 유래
> ④ 미수(米壽) : 88세, '米'자를 풀면 '八十八'이 되는 데서 유래

29 '돌아가신 아버지'를 지칭하는 한자표현이 아닌 것은?

① 선친(先親) ② 선고(先考)
③ 선부군(先父君) ④ 선비(先妣)

> **해설**
> '선비(先妣)'는 돌아가신 어머니를 지칭하는 표현이다. 돌아가신 아버지를 지칭할 때는 '선친(先親)', '선고(先考)', '선부군(先父君)'이라는 표현을 쓴다.

30 다음 중 문학의 4대 갈래에 속하지 않는 것은?

① 시 ② 수 필
③ 소 설 ④ 평 론

> **해설**
> 문학의 4대 갈래는 시, 소설, 희곡, 수필이다.

※ 다음 글을 읽고 물음에 답하시오. [31~34]

장인님이 일어나라고 해도 내가 안 일어나니까 눈에 독이 올라서 저 편으로 힝하게 가더니 지게막대기를 들고 왔다. 그리고 그걸로 내 허리를 마치 들떠 넘기듯이 쿡 찍어서 넘기고 넘기고 했다. 밥을 잔뜩 먹어 딱딱한 배가 그럴 적마다 퉁겨지면서 ⓐ 밸창이 꼿꼿한 것이 여간 켕기지 않았다. 그래도 안 일어나니까 이번에는 배를 지게막대기로 위에서 쿡쿡 찌르고 발길로 옆구리를 차고 했다. 장인님은 원체 ⓑ 심청이 궂어서 그러지만 나도 저만 못하지 않게 배를 채었다. 아픈 것을 눈을 꽉 감고 넌 해라 난 재밌단 듯이 있었으나 볼기짝을 후려갈길 적에는 나도 모르는 결에 벌떡 일어나서 그 수염을 잡아챘다. 마는 내 골이 난 것이 아니라 정말은 아까부터 벽 뒤 울타리 구멍으로 점순이가 우리들의 꼴을 몰래 엿보고 있었기 때문이다. 가뜩이나 말 한 마디 톡톡히 못 한다고 바라보는데 매까지 잠자코 맞는 걸 보면 ⓒ 짱장 바보로 알 게 아닌가. 또 점순이도 미워하는 이까짓 놈의 장인님하곤 아무것도 안 되니까 막 때려도 좋지만 사정 보아서 수염만 채고 (제 원대로 했으니까 이 때 점순이는 퍽 기뻤겠지.) 저기까지 잘 들리도록

"㉠ 이걸 까셀라부다!"

하고 소리를 쳤다.

장인님은 더 약이 바짝 올라서 잡은 참 지게막대기로 내 어깨를 그냥 내려 갈겼다. 정신이 다 아찔하다. 다시 고개를 들었을 때 그때엔 나도 온몸에 약이 올랐다. 이 녀석의 장인님을, 하고 눈에서 불이 퍽 나서 그 아래 밭 있는 ⓓ 넝 알로 그대로 떠밀어 굴려 버렸다.

"부려만 먹구 왜 성례 안 하지유"

나는 이렇게 호령했다.

김유정, 〈봄 · 봄〉

31 다음 중 ㉠에 대한 설명으로 바른 것은?

① 잔뜩 약이 올라서 하는 말이다.
② 혼자서 마음속으로 하는 말이다.
③ 진심과는 달리 억지로 지어내어 하는 말이다.
④ 누군가를 염두에 두고 허세(虛勢)를 부리는 말이다.

해설

'나'는 점순이가 엿보고 있는 것을 알고 있으며, 그래서 사정을 보아 가면서도 짐짓 허세를 부려 소리치고 있음을 알 수 있다.

32 위 글에 나타난 해학성을 뒷받침하는 요소로 적절하지 않은 것은?

① 예상치 못한 행동의 전개
② 상반되는 성격의 인물 등장
③ 간결한 독백체 문장의 사용
④ 희극적이고 과장된 상황 설정

33 다음 중 ⓐ~ⓓ의 의미가 바른 것은?

① ⓐ 창자, 배알
② ⓑ 맑은 마음
③ ⓒ 거짓으로
④ ⓓ 이랑

34 위 글에서 화자의 말투와 거리가 먼 것은?

① 고백체의 어투를 쓰고 있다.
② 주로 문어체를 구사하고 있다.
③ 비속어를 쓰기도 한다.
④ 설명하는 어투로 호흡은 긴 편이다.

유리(琉璃)에 ⓐ 차고 슬픈 것이 어른거린다.
열없이 붙어 서서 입김을 흐리우니
길들은 양 ⓑ 언 날개를 파다거린다.
㉠ 지우고 보고 지우고 보아도
ⓒ 새까만 밤이 밀려 나가고 밀려와 부딪히고,
㉡ 물 먹은 별이, 반짝, 보석(寶石)처럼 백힌다.
밤에 홀로 유리를 닦는 것은
외로운 황홀한 심사이어니,
고흔 폐혈관(肺血管)이 찢어진 채로
아아, 늬는 ⓓ 산(山)ㅅ새처럼 날러갔구나!

정지용, 〈유리창 1〉

35 위 글에서 지시하는 대상이 동일한 것으로 볼 수 없는 것은?

① 차고 슬픈 것   ② 언 날개
③ 물 먹은 별   ④ 유 리

해설

위 글에서 지시하는 시적 대상은 죽은 아들이다. 그러나 '유리(琉璃)'는 죽은 아들과 시적 화자(아버지)를 연결시켜 주는 기능과 단절시키는 이중적 기능을 한다.

36 위 글에 대한 설명으로 옳지 않은 것은?

① 시각적 심상을 효과적으로 사용하고 있다.
② 대화 형식을 통해 극적인 느낌이 들도록 형상화하고 있다.
③ 감상적 정서를 절제하여 표현하고 있다.
④ 모순 어법을 구사하여 시어의 함축성을 높이고 있다.

해설

이 시는 대화적 형식과 관계가 없으며, 자식을 잃은 아버지의 슬픔을 애상적 어조로 담담하게 그리고 있다.

37 밑줄 친 ㉠에 담긴 의미에 대한 설명으로 적절한 것은?

① 화자가 얼른 날이 밝아 어둠이 물러가기를 바라고 있음을 알 수 있다.
② 화자와 아이를 가로막는 존재가 무엇인지를 알 수 있다.
③ 죽은 자식에 대한 그리움이 절실함을 알 수 있다.
④ 죽은 자식의 행동을 따라해 보고 있다.

> **해설**
> 유리창을 닦는 것은 유리창에 어른거리는 아이의 모습을 더 잘 볼 수 있도록 하기 위한 것이다.

38 밑줄 친 ㉡에 대한 설명으로 옳지 않은 것은?

① 화자의 눈에는 눈물이 고여 있다.
② '별, 보석'은 죽은 자식을 가리킨다.
③ 시적 대상과 감정적으로 거리를 두고 매우 객관적인 위치에서 슬픔을 조망하였다.
④ 죽은 아이의 영상을 비유적으로 표현하였다.

> **해설**
> ㉡에는 시적 화자의 감정이 대상에 이입되어 있다.

39 ⓐ~ⓓ 중 시적인 의미가 다른 하나는?

① ⓐ 차고 슬픈 것
② ⓑ 언 날개를 파다거린다
③ ⓒ 새까만 밤
④ ⓓ 산(山)ㅅ새

> **해설**
> ⓒ 죽은 자식과의 단절감을 비유함
> ⓐ·ⓑ·ⓓ 죽은 자식을 비유적으로 표현함

우리가 해야 할 일은 끊임없이 호기심을 갖고
새로운 생각을 시험해보고 새로운 인상을 받는 것이다.

- 월터 페이터 -

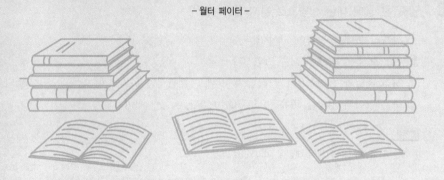

PART4

NCS
직업기초능력 평가

아이들이 답이 있는 질문을 하기 시작하면 그들이 성장하고 있음을 알 수 있다.

– 존 J. 플롬프 –

01 다음 (가) ~ (라) 문단을 논리적 순서대로 바르게 나열한 것은?

> (가) 여기에 반해 동양에서는 보름달에 좋은 이미지를 부여한다. 예를 들어, 우리나라의 처녀귀신이나 도깨비는 달빛이 흐린 그믐 무렵에나 활동하는 것이다. 그런데 최근에는 동서양의 개념이 마구 뒤섞여 보름달을 배경으로 악마의 상징인 늑대가 우는 광경이 동양의 영화에 나오기도 한다.
>
> (나) 동양에서 달은 '음(陰)'의 기운을, 해는 '양(陽)'의 기운을 상징한다는 통념이 자리를 잡았다. 그래서 달을 '태음', 해를 '태양'이라고 불렀다. 동양에서는 해와 달의 크기가 같은 덕에 음과 양도 동등한 자격을 갖춘다. 즉, 음과 양은 어느 하나가 좋고 다른 하나는 나쁜 것이 아니라 서로 보완하는 관계를 이루는 것이다.
>
> (다) 옛날부터 형성된 이러한 동서양 간의 차이는 오늘날까지 영향을 끼치고 있다. 동양에서는 달이 밝으면 달맞이를 하는데, 서양에서는 달맞이를 자살 행위처럼 여기고 있다. 특히 보름달은 서양인들에게 거의 공포의 상징과 같은 존재이다. 예를 들어, 13일의 금요일에 보름달이 뜨게 되면 사람들이 외출조차 꺼린다.
>
> (라) 하지만 서양의 경우는 다르다. 서양에서 낮은 신이, 밤은 악마가 지배한다는 통념이 자리를 잡았다. 따라서 밤의 상징인 달에 좋지 않은 이미지를 부여하게 되었다. 이는 해와 달의 명칭을 보면 알 수 있다. 라틴어로 해를 'Sol', 달을 'Luna'라고 하는데 정신병을 뜻하는 단어 'Lunacy'의 어원이 바로 'Luna'이다.

① (가) – (나) – (라) – (다)

② (나) – (다) – (가) – (라)

③ (나) – (라) – (다) – (가)

④ (다) – (나) – (라) – (가)

02 다음 글의 내용으로 적절하지 않은 것은?

최저임금제도는 정부가 근로자들을 보호하고 일자리의 질을 향상시키기 위해 근로자들이 임금을 일정 수준 이하로 받지 않도록 보장하여 경제적인 안정성을 제공하는 제도이다.

최저임금제도는 일자리의 안정성과 경제의 포용성을 촉진한다. 일정 수준 이상으로 설정된 최저임금은 근로자들에게 최소한의 생계비를 보장하고 근로환경에서의 안정성을 확보할 수 있게 한다. 이는 근로자들의 생활의 질과 근로 만족도를 향상시키는 데 기여한다.

최저임금제도는 불공정한 임금구조를 해소하고 경제적인 격차를 완화하는 데 도움을 준다. 일부 기업에서는 경쟁력 확보나 이윤 극대화를 위해 근로자들에게 낮은 임금을 지불하는 경우가 있다. 최저임금제도는 이런 부당한 임금 지급을 방지하고 사회적인 형평성을 증진시킨다.

또한 최저임금제도는 소비 활성화와 경기 부양에도 기여한다. 근로자들이 안정된 임금을 받게 되면 소비력이 강화되고, 소비 지출이 증가한다. 이는 장기적으로 기업의 생산과 판매를 촉진시켜 경기를 활성화한다.

그러나 최저임금제도는 일부 기업들에게 추가적인 경제적 부담으로 다가올 수 있다. 인건비 인상으로 인한 비용 부담 증가는 일자리의 제약이나 물가 상승으로 이어질 수 있다. 그러므로 정부는 적절한 최저임금 수준을 설정하고 기업의 경쟁력을 고려하여 적절한 대응방안을 모색해야 한다.

이와 같이 최저임금제도는 노동자 보호와 경제적 포용성을 위한 중요한 정책 수단이다. 그러나 최저임금제도만으로는 모든 경제적 문제를 해결할 수 없으며 근로시간, 근로조건 등 다른 노동법과의 조화가 필요하다.

① 최저임금제도는 기업 입장에서 아무런 이득이 없다.
② 최저임금제도는 기업의 경제적 부담을 증가시킬 수 있다.
③ 최저임금제도는 근로자의 소비를 증가시킨다.
④ 최저임금제도는 경제적 양극화를 완화하는 데 도움을 준다.

03 다음 〈보기〉 뒤에 이어질 (가) ~ (라) 문단을 논리적 순서대로 바르게 나열한 것을 고르시오.

> **보기**
>
> 서울교통공사의 무임승차로 인한 손해액이 연간 약 3,000억 원에 달하자, 서울시는 8년 만에 지하철·버스 요금의 약 300원 인상을 추진하였고 이에 노인 무임승차가 다시 논란이 되었다.

> (가) 이에 네티즌들은 요금인상 대신 노인 무임승차 혜택을 중단하거나 축소해야 한다고 주장했지만, 서울시는 그동안 노인 무임승차 중단 이야기를 꺼내지 못했다.
> (나) 우리나라에서 65세 이상 노인에 대한 지하철·버스 무임승차는 전두환 전 대통령의 지시로 시작되어 지난 40년간 유지되었다.
> (다) 이는 서울시장이 선출직인 이유와 더불어 우리나라의 오래된 미덕인 경로사상의 영향 때문이다. 실제로 이로 인해 지하철을 운영하는 각 지자체는 노인 무상승차를 거부할 법적 권한이 있지만 활용하지 못하고 있는 상황이다.
> (라) 하지만 초고령화 시대에 접어들면서 복지혜택을 받는 노인 인구가 급격히 늘어나 무임승차 기준인 65세 이상 인구가 지난 2021년 전체 인구의 16.8%에 달하면서 도시철도의 동반부실도 급격히 심화되었다.

① (가) – (나) – (라) – (다)
② (가) – (다) – (나) – (라)
③ (나) – (가) – (라) – (다)
④ (나) – (라) – (가) – (다)

04 다음 글의 밑줄 친 ㉠~㉣을 고친 내용으로 적절하지 않은 것은?

업무상 자살에 대한 산재 승인율이 지난해부터 급감한 것으로 나타났다. 승인율이 낮아진 이유로는 근로복지공단의 정신질환 산재 조사·판정의 부적절성이 꼽힌다. 공단은 서울업무상질병판정위원회에서 ㉠ 일괄적으로 처리했던 정신질환 사건을 2019년 하반기부터 다른 지역의 질병판정위원회로 ㉡ 결집했고, 이로 인해 질병판정위 별로 승인 여부가 제각각이 된 것이다. 또한 대법원을 포함한 사법부는 자살에 이를 정도의 업무상 사유에 대한 판단 기준을 재해자 기준에 맞추고 있는 것과 달리, 공단은 일반인·평균인 관점에서 판단하는 점도 문제로 제기되고 있다.

공단과 사법부의 판단이 엇갈리는 상황에서 불승인을 받은 유족들은 재판부의 문을 두드리고 있어, 공단의 산재불승인에 불복해 행정소송을 제기한 업무상 자살 건수는 매년 ㉢ 감소하고 있다. 특히 올해 법원에 확정된 사건은 모두 7건인데 이 중 공단이 패소한 경우는 4건(패소율 57.1%)에 다다라 공단의 판단 기준에 대한 문제가 절실히 드러나고 있다.

이는 공단이 대법원보다 소극적인 방식으로 업무상 사망 ㉣ 상관관계 잣대를 적용하는 탓에 자살 산재 승인율이 낮아진 것으로 보인다. 따라서 공단은 신속하고 공정하게 보상한다는 산업재해보상보험법 목적에 맞게 제도를 운용하도록 대법원이 제시한 원칙에 맞게 까다로운 승인 기준을 재정비해야할 것으로 보인다.

① ㉠ : 일괄적으로 → 개별적으로
② ㉡ : 결집했고 → 분산했고
③ ㉢ : 감소 → 증가
④ ㉣ : 상관관계 → 인과관계

05 다음 글의 밑줄 친 ㉠~㉣의 수정 방안으로 적절하지 않은 것을 고르시오.

행동경제학은 기존의 경제학과 ㉠ 다른 시선으로 인간을 바라본다. 기존의 경제학은 인간을 철저하게 합리적이고 이기적인 존재로 상정(想定)하여, 인간은 시간과 공간에 관계없이 일관된 선호를 보이며 효용을 극대화하는 방향으로 선택을 한다고 본다. ㉡ 기존의 경제학자들은 인간의 행동이 예측 가능하다는 것을 전제(前提)로 경제 이론을 발전시켜 왔다. 반면 행동경제학에서는 인간이 제한적으로 합리적이며 감성적인 존재라고 보며, 처한 상황에 따라 선호가 바뀌기 때문에 그 행동을 예측하기 어렵다고 생각한다. 또한 인간은 효용을 ㉢ 극대화하기 보다는 어느 정도 만족하는 선에서 선택을 한다고 본다. 행동경제학은 기존의 경제학이 가정하는 인간관을 지나치게 이상적이고 비현실적이라고 비판한다. ㉣ 그러나 행동경제학은 인간이 때로는 이타적인 행동을 하고 비합리적인 행동을 하는 존재라는 점을 인정하며, 현실에 실제하는 인간을 연구 대상으로 한다.

① ㉠ : 문맥을 고려하여 '같은'으로 고친다.
② ㉡ : 문장을 자연스럽게 연결하기 위해 문장 앞에 '그러므로'를 추가한다.
③ ㉢ : 띄어쓰기가 옳지 않으므로 '극대화하기보다는'으로 고친다.
④ ㉣ : 앞 문장과의 내용을 고려하여 '그래서'로 고친다.

06 G씨는 성장기인 아들의 수면습관을 바로잡기 위해 수면습관에 관련된 글을 찾아보았다. 다음 글을 읽고 이해한 내용으로 적절하지 않은 것은?

> 수면은 비렘(Non – REM)수면과 렘수면으로 이뤄진 사이클이 반복되면서 이뤄지는 복잡한 신경계의 상호작용이며, 좋은 수면이란 이 사이클이 끊어지지 않고 충분한 시간 동안 유지되도록 하는 것이다. 수면 패턴은 일정한 것이 좋으며, 깨는 시간을 지키는 것이 중요하다. 그리고 수면 패턴은 휴일과 평일 모두 일정하게 지키는 것이 성장하는 아이들의 수면 리듬을 유지하는 데 좋다. 수면 상태에서 깨어날 때 영향을 주는 자극들은 '빛, 식사 시간, 운동, 사회 활동' 등이 있으며, 이 중 가장 강한 자극은 '빛'이다. 침실을 밝게 하는 것은 적절한 수면 자극을 방해하는 것이다. 반대로 깨어날 때 강한 빛 자극을 주면 수면 상태에서 빠르게 벗어날 수 있다. 이는 뇌의 신경 전달 물질인 멜라토닌의 농도와 연관되어 나타나는 현상이다. 수면 중 최대치로 올라간 멜라토닌은 시신경이 강한 빛에 노출되면 빠르게 줄어들게 되는데, 이때 수면 상태에서 벗어나게 된다. 아침 일찍 일어나 커튼을 젖히고 밝은 빛이 침실 안으로 들어오게 하는 것은 매우 효과적인 각성 방법인 것이다.

① 잠에서 깨는 데 가장 강력한 자극을 주는 것은 빛이었구나.
② 멜라토닌의 농도에 따라 수면과 각성이 영향을 받는군.
③ 평일에 잠이 모자란 우리 아들은 잠을 보충해 줘야 하니까 휴일에 늦게까지 자도록 둬야겠다.
④ 좋은 수면은 비렘수면과 렘수면의 사이클이 충분한 시간 동안 유지되도록 하는 것이구나.

07 다음 글의 제목으로 가장 적절한 것은?

> 요한 제바스티안 바흐는 '경건한 종교음악가'로서 천직을 다하기 위한 이상적인 장소를 라이프치히라고 생각하여 27년 동안 그곳에서 열심히 칸타타를 써 나갔다고 알려졌다. 그러나 실은 7년째에 라이프치히의 칸토르(교회의 음악감독)직으로는 가정을 꾸리기에 수입이 충분치 못해서 다른 일을 하기도 했고 다른 궁정에 자리를 알아보기도 했다. 또 그것이 계기가 되어 칸타타를 쓰지 않게 되었다는 사실이 최근의 연구에서 밝혀졌다. 볼프강 아마데우스 모차르트의 경우에는 비극적으로 막을 내린 35년이라는 짧은 생애에 걸맞게 '하늘이 이 위대한 작곡가의 죽음을 비통해 하듯' 천둥이 치고 진눈깨비 흩날리는 가운데 장례식이 행해졌고 그 때문에 그의 묘지는 행방을 알 수 없게 되었다고 하는데, 이러한 이야기는 빈의 기상대에 남아 있는 기상자료와 일치하지 않는다는 사실이 그 후 밝혀졌다. 게다가 만년에 엄습해 온 빈곤에도 불구하고 다수의 걸작을 남기고 세상을 떠난 모차르트가 실제로는 그 정도로 수입이 적지는 않았다는 사실도 드러나 최근에는 도박벽으로 인한 빈곤설을 주장하는 학자까지 등장하게 되었다.

① 음악가들의 쓸쓸한 최후
② 미화된 음악가들의 이야기와 그 진실
③ 음악가들을 괴롭힌 근거 없는 소문들
④ 음악가들의 명성에 가려진 빈곤한 생활

08 다음 글을 통해 추론할 수 없는 것은?

제약 연구원이란 제약 회사에서 약을 만드는 과정에 참여하는 사람을 말한다. 제약 연구원은 이러한 모든 단계에 참여하지만, 특히 신약 개발 단계와 임상 시험 단계에서 가장 중점적인 역할을 한다. 일반적으로 약을 만드는 과정은 새로운 약품을 개발하는 신약 개발 단계, 임상 시험을 통해 개발된 신약의 약효를 확인하는 임상 시험 단계, 식약처에 신약이 판매될 수 있도록 허가를 요청하는 약품 허가 요청 단계, 마지막으로 의료진과 환자를 대상으로 신약에 대해 홍보하는 영업 및 마케팅의 단계로 나눈다.

제약 연구원이 되기 위해서는 일반적으로 약학을 전공해야 한다고 생각하기 쉽지만, 약학 전공자 이외에도 생명 공학, 화학 공학, 유전 공학 전공자들이 제약 연구원으로 활발하게 참여하고 있다. 만일 신약 개발의 전문가가 되고 싶다면 해당 분야에서 오랫동안 연구한 경험이 필요하기 때문에 대학원에서 석사나 박사 학위를 취득하는 것이 유리하다.

제약 연구원이 되기 위해서는 전문적인 지식도 중요하지만, 사람의 생명과 관련된 일인 만큼, 무엇보다도 꼼꼼함과 신중함, 책임 의식이 필요하다. 또한 제약 회사라는 공동체 안에서 일을 하는 것이므로 원만한 일의 진행을 위해서 의사소통 능력도 필수적으로 요구된다. 오늘날 제약 분야가 빠르게 성장하고 있다는 점을 고려할 때, 일에 대한 도전 의식, 호기심과 탐구심 등도 제약 연구원에게 필요한 능력으로 꼽을 수 있다.

① 제약 연구원은 약품 허가 요청 단계에 참여한다.
② 오늘날 제약 연구원에게 요구되는 능력이 많아졌다.
③ 생명이나 유전 공학 전공자도 제약 연구원으로 일할 수 있다.
④ 신약 개발 전문가가 되려면 반드시 석사나 박사를 취득해야 한다.

09 다음 글을 토대로 〈보기〉를 바르게 해석한 내용으로 적절하지 않은 것은?

가스는 통상적으로 연료로 사용되는 기체를 의미하며, 우리 생활에는 도시가스 등이 밀접해 있다. 우리나라는 천연가스 중 LNG를 도시가스로 많이 사용한다. 천연가스는 가솔린이나 LPG에 비해 열량이 높은 청정에너지를 가지고 있지만 기체 상태이기 때문에 부피가 커서 충전과 운반, 보관 등이 어렵다는 이유로 가솔린이나 디젤보다 자원으로 사용이 늦어졌으나, 20세기에 LNG를 만드는 기술이 개발되면서 상용화되었다.

천연가스는 어떻게 변환했는지에 따라, 또 공급 방식에 따라 종류가 달라진다. 먼저 PNG(Pipeline Natural Gas)는 천연가스 채굴 지역에서 소비 지역까지 배관을 통해 가스를 기체 상태로 이동시켜 사용하는 것으로 CNG나 LNG보다 경제성이 좋으나 배관을 직접 연결할 수 없는 지정학적 위치상 우리나라에서는 사용되지 않고 있다.

LNG(Liquefied Natural Gas)는 천연가스의 주성분인 메탄을 영하 162℃로 냉각해 액체 상태로 만드는 것으로 부피가 약 600배로 압축된 상태이다. 무색의 투명한 액체로 공해물질이 거의 없고 열량이 높아 우수한 연료이다. 초저온 탱크가 필요하기 때문에 자동차에서는 운행거리가 긴 시외버스나 대형 화물차에 사용된다.

CNG(Compressed Natural Gas)는 가정이나 공장 등에서 사용되는 LNG를 자동차 연료용으로 변환한 것으로 LNG를 상온에서 기화시킨 후 약 200기압으로 압축해서 만든다. LNG보다 부피가 3배 정도 커서 1회 충전 시 운행거리가 짧기 때문에 장거리 화물차 등에는 잘 사용되지 않는다. 하지만 LNG보다 냉각과 단열 장치에 필요한 비용이 절감되어 더 경제적이다. 주로 시내버스용으로 사용되며 서울의 시내버스는 대부분 CNG 버스이다.

우리가 흔히 사용하는 LPG(Liquefied Petroleum Gas)는 천연가스와는 다른 액화석유가스로 프로판과 부탄을 상온에서 가압하여 액화한 것을 말한다. 차량용, 가정용, 공업용 등 다양하게 활용할 수 있으며, 가스통 형태로 공급되기도 한다. 에너지가 크고 쉽게 액화할 수 있으나 공기보다 무겁고 물보다 가벼워 누출 시 폭발 위험성이 크다.

보기

최근 들어 환경이 중요해지면서 석유가스보다는 천연가스의 사용이 많아지고 있을 뿐 아니라 점점 더 중요해지고 있다. 많은 차들이 CNG 차로 전환되고 있으며, 가정에는 도시가스가 보급되고 있다. 우리나라는 위로 북한이 있어 배관을 연결할 수 없기 때문에 유럽 등의 국가처럼 러시아의 천연가스를 공급받는 것이 어려워 다른 종류를 이용하고 있다. 폭발 위험성이 큰 천연가스는 줄이려고 하고 있지만 아직 다양한 분야에서 사용되고 있다. 천연가스는 변화하는 방법에 따라 여러 종류로 나눠지며, 천연가스를 자원화하기 시작한 역사가 오래된 편은 아니다.

① PNG, CNG, LNG 등은 친환경적이다.
② 남북이 통일된다면 PNG를 활용할 수 있다.
③ CNG는 천연가스보다 부피가 작고, CNG로 전환된 차들 중 시내버스가 대표적이다.
④ 폭발 위험성이 큰 것은 가정용으로 사용하지 않는다.

10 다음 글을 토대로 〈보기〉를 해석한 내용으로 적절하지 않은 것은?

자기 조절은 목표 달성을 위해 자신의 사고, 감정, 욕구, 행동 등을 바꾸려는 시도인데, 목표를 달성한 경우는 자기 조절의 성공을, 반대의 경우는 자기 조절의 실패를 의미한다. 이에 대한 대표적인 이론으로는 앨버트 반두라의 '사회 인지 이론'과 로이 바우마이스터의 '자기 통제 힘 이론'이 있다. 반두라의 사회 인지 이론에서는 인간이 자기 조절 능력을 선천적으로 가지고 있다고 본다. 이런 특징을 가진 인간은 가치 있는 것을 획득하기 위해 행동하거나 두려워하는 것을 피하기 위해 행동한다. 반두라에 따르면, 자기 조절은 세 가지의 하위 기능인 자기 검열, 자기 판단, 자기 반응의 과정을 통해 작동한다. 자기 검열은 자기 조절의 첫 단계로, 선입견이나 감정을 배제하고 자신이 지향하는 목표와 관련하여 자신이 놓여 있는 상황과 현재 자신의 행동을 감독, 관찰하는 것을 말한다. 자기 판단은 목표 성취와 관련된 개인의 내적 기준인 개인적 표준, 현재 자신이 처한 상황, 그리고 자신이 하게 될 행동 이후 느끼게 될 정서 등을 고려하여 자신이 하고자 하는 행동을 결정하는 것을 말한다. 그리고 자기 반응은 자신이 한 행동 이후에 자신에게 부여하는 정서적 현상을 의미하는데, 자신이 지향하는 목표와 관련된 개인적 표준에 부합하는 행동은 만족감이나 긍지라는 자기 반응을 만들어 내고 그렇지 않은 행동은 죄책감이나 수치심이라는 자기 반응을 만들어 낸다.

한편 바우마이스터의 자기 통제 힘 이론은, 사회 인지 이론의 기본적인 틀을 유지하면서도 인간의 심리적 현상에 대해 자연과학적 근거를 찾으려는 경향이 대두되면서 등장하였다. 이 이론에서 말하는 자기 조절은 개인의 목표 성취와 관련된 개인적 표준, 자신의 행동을 관찰하는 모니터링, 개인적 표준에 도달할 수 있게 하는 동기, 자기 조절에 들이는 에너지로 구성된다. 바우마이스터는 그중 에너지의 양이 목표 성취의 여부에 결정적인 영향을 준다고 보기 때문에 자기 조절에서 특히 에너지의 양적인 측면을 중시한다. 바우마이스터에 따르면, 다양한 자기 조절 과업에서 개인은 자신이 가지고 있는 에너지를 사용하는데, 에너지의 양은 제한되어 있어서 지속적으로 자기 조절에 성공하기 위해서는 에너지를 효율적으로 사용해야 한다. 그런데 에너지를 많이 사용한다 하더라도 에너지가 완전히 고갈되는 상황은 벌어지지 않는다. 그 이유는 인간이 긴박한 욕구나 예외적인 상황을 대비하여 에너지의 일부를 남겨 두기 때문이다.

> **보기**
>
> S씨는 건강관리를 자기 삶의 가장 중요한 목표로 삼았다. 우선 그녀는 퇴근하는 시간이 규칙적인 자신의 근무환경을, 그리고 과식을 하고 운동을 하지 않는 자신을 관찰하였다. 그래서 퇴근 후의 시간을 활용하여 일주일에 3번 필라테스를 하고, 균형 잡힌 식단에 따라 식사를 하겠다고 다짐하였다. 한 달 후 S씨는 다짐한 대로 운동을 해서 만족감을 느꼈다. 그러나 균형 잡힌 식단에 따라 식사를 하지는 못했다.

① 반두라에 따르면 S씨는 선천적인 자기 조절 능력을 통한 자기 검열, 자기 판단, 자기 반응의 자기 조절 과정을 거쳤다.

② 반두라에 따르면 S씨는 식단 조절에 실패함으로써 죄책감이나 수치심을 느꼈을 것이다.

③ 바우마이스터에 따르면 S씨는 건강관리라는 개인적 표준에 도달하기 위해 자신의 근무환경과 행동을 모니터링하였다.

④ 바우마이스터에 따르면 S씨는 운동하는 데 모든 에너지를 사용하여 에너지가 고갈됨으로써 식단 조절에 실패하였다.

11 다음 글의 핵심 내용으로 가장 적절한 것은?

지구 내부는 끊임없이 운동하며 막대한 에너지를 지표면으로 방출하고, 이로 인해 지구 표면에서는 지진이나 화산 등의 자연현상이 일어난다. 그런데 이러한 자연현상을 예측하기란 매우 어렵다. 그 이유는 무엇일까?

지구 내부는 지각, 상부 맨틀, 하부 맨틀, 외핵, 내핵이 층상 구조를 이루고 있다. 지구 내부로 들어갈수록 온도가 증가하는데, 이 때문에 외핵은 액체 상태로 존재한다. 고온의 외핵이 하부 맨틀의 특정 지점을 가열하면 이 부분의 중심부 물질은 상승류를 형성하여 움직이기 시작한다. 아주 느린 속도로 맨틀을 통과한 상승류는 지표면 가까이에 있는 판에 부딪치게 된다. 판은 매우 단단한 암석으로 이루어져 있어 거대한 상승류도 쉽게 뚫지 못한다. 그러나 간혹 상승류가 판의 가운데 부분을 뚫고 곧바로 지표면으로 나오기도 하는데, 이곳을 열점이라 한다. 열점에서는 지진과 화산 활동이 활발히 일어난다.

한편 딱딱한 판을 만난 상승류는 꾸준히 판에 힘을 가하여 거대한 길이의 균열을 만들기도 한다. 결국 판이 완전히 갈라지면 이 틈으로 아래의 물질이 주입되어 올라오고, 올라온 물질은 지표면에서 옆으로 확장되면서 새로운 판을 형성한다. 상승류로 인해 판이 갈라지는 이 부분에서도 지진과 화산 활동이 일어난다.

새롭게 생성된 판은 오랜 세월 천천히 이동하는 동안 식으면서 밀도가 높아지는데, 이미 존재하고 있던 다른 판 중 밀도가 낮은 판과 충돌하면 그 아래로 가라앉게 된다. 가라앉는 판이 상부 맨틀의 어느 정도 깊이까지 들어가면 용융 온도가 낮은 일부 물질은 녹는데, 이 물질이 이미 존재하던 판의 지표면으로 상승하면서 지진을 동반한 화산 활동이 일어나기도 한다. 그러나 녹지 않은 대부분의 물질은 위에서 내리누르는 판에 의해 큰 흐름을 만들면서 맨틀을 통과한다. 이 하강류는 핵과 하부 맨틀 경계면까지 내려와 외핵의 한 부분을 누르게 된다. 외핵은 액체로 되어 있으므로 한 부분을 누르면 다른 부분에서 위로 솟아오르는데, 솟아오른 이 지점에서 또 다른 상승류가 시작된다. 그런데 하강류가 규칙적으로 발생하지 않으므로 상승류가 언제 어디서 발생하는지 알기 어렵다.

지금까지 살펴본 바처럼 화산과 지진 등의 자연현상은 맨틀의 상승류와 하강류로 인해 일어난다. 맨틀의 상승류와 하강류는 흘러가는 동안 여러 장애물을 만나게 되고 이로 인해 그 흐름이 불규칙하게 진행된다. 그런데 현대과학 기술로 지구 내부에 있는 이 장애물의 성질과 상태를 모두 밝혀내기는 어렵다. 바로 이것이 지진이나 화산과 같은 자연현상을 쉽게 예측할 수 없는 이유이다.

① 판의 분포
② 지각의 종류
③ 지구 내부의 구조
④ 내핵의 구성 성분

12 다음 (가) ~ (마) 문장을 논리적 순서대로 바르게 나열한 것은?

> (가) 예후가 좋지 못한 암으로 여겨져 왔던 식도암도 정기적 내시경 검사로 조기에 발견하여 수술 등 적절한 치료를 받을 경우 치료 성공률을 높일 수 있는 것으로 밝혀졌다.
>
> (나) 이처럼 조기에 발견해 수술을 받을수록 치료 효과가 높음에도 불구하고 실제로 S병원에서 식도암 수술을 받은 환자 중 초기에 수술을 받은 환자는 25%에 불과했으며, 어느 정도 식도암이 진행된 경우 60%가 수술을 받은 것으로 조사됐다.
>
> (다) 식도암을 치료하기 위해서는 50세 이상의 남자라면 매년 정기적으로 내시경 검사, 식도조영술, CT 촬영 등 검사를 통해 식도암을 조기에 발견하는 것이 중요하다.
>
> (라) 서구화된 식습관으로 인해 식도암은 남성 중 6번째로 많이 발생하고 있으며, 전체 인구 10만 명당 3명이 사망하는 것으로 나타났다.
>
> (마) S병원 교수팀이 식도암 진단 후 수술을 받은 808명을 대상으로 추적 조사한 결과, 발견 당시 초기에 치료할 경우 생존율이 높았지만, 반대로 말기에 치료할 경우 치료 성공률과 생존율 모두 크게 떨어지는 것으로 나타났다고 밝혔다.

① (가) - (나) - (다) - (라) - (마)

② (다) - (라) - (나) - (마) - (가)

③ (다) - (나) - (라) - (마) - (가)

④ (라) - (가) - (마) - (나) - (다)

13 다음 〈보기〉 뒤에 이어질 (가) ~ (라) 문단을 논리적 순서대로 바르게 나열한 것을 고르시오.

> **보기**
>
> 선택적 함묵증(Selective Mutism)은 정상적인 언어발달 과정을 거쳐서 어떤 상황에서는 말을 하면 서도 말을 해야 하는 특정한 사회적 상황에서는 말을 지속적으로 하지 않거나 다른 사람의 말에 언 어적으로 반응하지 않는 것을 말한다. 이렇게 말을 하지 않는 증상이 1개월 이상 지속되고 교육적, 사회적 의사소통을 저해하는 요소로 작용할 때 선택적 함묵증으로 진단할 수 있으며, 이를 불안장애 로 분류하고 있다.

> (가) 이러한 불안을 잠재우기 위해서는 발생 원인에 따라서 적절한 심리치료 방법을 선택해 치료 과정을 관찰하면서 복합적인 치료 방법을 사용하여야 한다.
>
> (나) 아동은 굳이 말을 사용하지 않고서도 자신의 생각을 자연스럽게 표현하는 긍정적인 경험을 갖 게 되어 이는 부정적 정서로 인한 긴장과 위축을 이완시킬 수 있다.
>
> (다) 그중 하나인 미술 치료는 아동의 저항을 줄이고, 언어의 한계성을 벗어나며, 육체적 활동을 통 해 창조성을 생활화하고 미술 표현이 사고와 감정을 객관화한다고 볼 수 있다.
>
> (라) 불안장애의 한 유형인 선택적 함묵증은 불안이 외현화되어 행동으로 나타나는 경우라고 볼 수 있으며, 대체로 심한 부끄러움, 사회적 상황에 대한 두려움, 사회적 위축, 강박적 특성, 거절 증, 반항 등의 행동을 동반한다.

① (가) – (다) – (라) – (나)

② (가) – (라) – (나) – (다)

③ (라) – (가) – (다) – (나)

④ (라) – (가) – (나) – (다)

14 다음 글의 내용으로 가장 적절한 것은?

연료전지는 전해질의 종류에 따라 구분한다. 먼저 알칼리형 연료전지가 있다. 대표적인 강염기인 수산화칼륨을 전해질로 이용하는데, 85% 이상의 진한 농도는 고온용에, 35 ~ 50%의 묽은 농도는 저온용에 사용한다. 촉매로는 은, 금속 화합물, 귀금속 등 다양한 고가의 물질을 쓰지만, 가장 많이 사용하는 것은 니켈이다. 전지가 연료나 촉매에서 발생하는 이산화탄소를 잘 버티지 못한다는 단점이 있는데, 이 때문에 1960년대부터 우주선에 주로 사용해 왔다.

인산형 연료전지는 진한 인산을 전해질로, 백금을 촉매로 사용한다. 인산은 안정도가 높아 연료전지를 장기간 사용할 수 있게 하는데, 원래 효율은 40% 정도이나 열병합발전 시 최대 85%까지 상승하고, 출력 조정이 가능하다. 천연가스 외에도 다양한 에너지를 대체 연료로 사용하는 것도 가능하며 현재 분산형 발전 컨테이너 패키지나 교통수단 부품으로 세계에 많이 보급되어 있다.

세 번째 용융 탄산염형 연료전지는 수소와 일산화탄소를 연료로 쓰고, 리튬·나트륨·칼륨으로 이뤄진 전해질을 사용하며 고온에서 작동한다. 일반적으로 연료전지는 백금이나 귀금속 등의 촉매제가 필요한데, 고온에서는 이런 고가의 촉매제가 필요치 않고, 열병합에도 용이한 덕분에 발전 사업용으로 활용할 수 있다.

다음은 용융 탄산염형과 공통점이 많은 고체 산화물형 연료전지이다. 일단 수소와 함께 일산화탄소를 연료로 이용한다는 점이 같고, 전해질은 용융 탄산염형과 다르게 고체 세라믹을 주로 이용하는데, 대체로 산소에 의한 이온 전도가 일어나는 800 ~ 1,000℃에서 작동한다. 이렇게 고온에서 작동하다 보니, 발전 사업용으로 활용할 수 있다는 공통점도 있다. 원래부터 기존의 발전 시설보다 장점이 있는 연료전지인데, 연료전지의 특징이자 한계인, 전해질 투입과 전지 부식 문제를 보완해서 한 단계 더 나아간 형태라고 볼 수 있다. 이러한 장점들 때문에 소형기기부터 대용량 시설까지 다방면으로 개발하고 있다.

다섯 번째로 고분자 전해질형 연료전지이다. 주로 탄소를 운반체로 사용한 백금을 촉매로 사용하지만, 연료인 수소에 일산화탄소가 조금이라도 들어갈 경우 백금과 루테늄의 합금을 사용한다. 고체 산화물형과 더불어 가정용으로 주로 개발되고 있고, 자동차, 소형 분산 발전 등 휴대성과 이동성이 필요한 장치에 유용하다.

① 알칼리형 연료전지는 이산화탄소를 잘 버텨내기 때문에 우주선에 주로 사용해 왔다.

② 발전용으로 적절한 연료전지는 용융 탄산염형 연료전지와 고체 산화물형 연료전지이다.

③ 안정도가 높은 인산형 연료전지는 진한 인산을 촉매로, 백금을 전해질로 사용한다.

④ 고체 산화물형 연료전지는 전해질을 투입하지 않아 전지 부식 문제를 보완한 형태이다.

※ 다음 글을 읽고 이어지는 질문에 답하시오. [15~16]

〈의료방사선 노출에 대한 오해와 진실〉

병의 치료는 진단에서 시작된다. 이 과정에서 의료방사선 노출은 피할 수 없는 과정이다. 개중에는 방사선 노출의 위험성을 이야기하면서 병을 진단하러 갔다가 오히려 얻어오는 경우도 있다는 소문도 들린다. 과연 진실일까?

방사선 노출에 대한 막연한 불안은 유전자 파괴와 돌연변이의 발견, 암의 발생 등 방사선 노출에 대한 위험성이 알려지면서부터 시작된 것 같다. 이런 공포는 체르노빌이나 일본의 원전사고로 더욱 고조되었다. 그렇다고 무턱대고 엑스레이나, CT, 방사선 치료 등을 피할 수는 없으니 의료방사선의 위험성을 진단해보고 그 허용범위는 어디까지인지 꼼꼼하게 알아보자.

방사선 검사는 진단 의학적 가치가 높아서 대다수 병원에서 사용하고 있다. 특히 건강검진 항목에 포함되면서 대다수 사람은 2년에 한 번씩 혹은 그보다 더 자주 X선에 노출되고 있다. X선 촬영 시 받는 방사선의 양은 흉부 촬영 시 0.1 ~ 0.3mSv로 신체에 유전적 이상을 초래할 가능성이 거의 없다. 이 양은 자연에서 생성되는 방사선의 양에 비해 극히 미미하다. 그러나 불필요한 X선 촬영은 피하는 것이 좋다.

임신 중 방사선 노출은 대부분 태아에게 치명적인 위험을 초래하지 않지만 다른 합병증이 생길 수 있으므로 꼭 필요한 검사만을 해야 한다. 진단이 필요하다면 방사선 노출이 우려되는 유방 촬영, 흉부 촬영, 골밀도, CT, X선 등의 검사를 될 수 있는 한 피하고 초음파나 MRI(임신 1기 제외)를 활용하는 것이 좋다. 임신인줄 모르고 X선에 노출되었다면, 진단용 방사선 검사는 피폭량이 적으므로 단순히 피폭을 이유로 중절시술을 받는 것은 옳지 않다. 태아에 심각한 영향을 미친다고 보는 방사선량은 100mGy 이상으로 일반적인 진단 방사선으로는 그 양에 도달하기 어렵다. 그래도 방사선 노출로 인한 부작용이 걱정된다면 전문의를 찾아가 상담해 볼 것을 권한다.

유방암 검사는 유방 촬영술, 초음파, MRI, 단층 촬영, 세침흡입세포검사 등 다양하다. 이중 유방 X선 촬영이나 단층 촬영은 방사선 때문에 오히려 유방암을 일으키는 원인이 된다고 기피하는 사람들이 있다. 그러나 유방암의 조기 검진을 하지 않았을 때 발생할 수 있는 위험을 생각한다면 피폭량이 한정적인 유방암 검진을 결코 피해서는 안 된다. 이 중 단층 촬영은 암이 다른 부위로 전이되었거나 꼭 필요할 때만 전문의의 진단 요청에 따라 실시되는 것이다. 방사선 진단이 인체에 좋은 것이라고는 할 수 없지만 병의 진단과 치료를 위해서는 적절한 시기에 꼭 필요한 것임을 알아두도록 하자.

㉠ 자연 방사선은 우주 방사선과 ㉡ 지구 방사선, 두 가지로 나뉘며 자연 속에 존재한다. 우리가 숨 쉬고 마시고 먹고 사는 모든 것에 방사성 물질이 포함된 것이다. 조사에 의하면 지역에 따라 다르긴 하지만 대부분 사람은 1년 동안 평균적으로 1mSv ~ 2.4mSv에 노출된다고 한다. 단순 X선 촬영 시 노출되는 방사선량은 이런 자연 방사선량보다 적고 심지어 비행기 여행 시 노출되는 방사선량보다 적다. 그러므로 방사선 노출 걱정 때문에 '필요한' 방사선 진단을 피할 필요는 없다.

15 다음 중 밑줄 친 ㉠과 ㉡의 관계와 유사하지 않은 것은?

① 직업 – 교사
② 기우 – 걱정
③ 계절 – 여름
④ 다각형 – 마름모

16 다음 〈보기〉에 있는 의료방사선에 대한 소문 중 진실과 오해는 각각 몇 개인가?

> **보기**
>
> • 엑스레이를 찍는 것만으로도 위험하다.
> • 임신한 사람은 방사선 노출을 피해야 한다.
> • 유방암 검진이 오히려 유방암을 일으킬 수 있다.
> • 방사선 노출은 자연 상태에서도 이루어진다.

	진 실	오 해
①	2개	2개
②	3개	1개
③	1개	3개
④	0개	4개

※ 다음은 비점오염원에 대한 내용이다. 글을 읽고 이어지는 질문에 답하시오. [17~18]

1. 비점오염원이란?
수질오염원은 도시나 공장에서와 같이 지속해서 항상 발생하는 점오염원(Point Source)과, 주로 비가 올 때 도시 및 농촌 지역에서 쓸려나오는 오염된 빗물유출수와 같이 수시로 임의 장소에서 발생하는 비점오염원(Nonpoint Source)으로 구분할 수 있다. 즉, 비점오염원이란 "공장, 하수 처리장 등과 같이 일정한 지점에서 오염물질을 배출하는 점오염원 이외에 불특정하게 오염물질을 배출하는 도시, 도로, 농지, 산지 등"의 오염물질 발생원을 가리킨다.

2. 비점오염원이 발생하는 곳
비점오염원의 종류를 토지이용 형태별로 도시, 도로, 농업, 산림・하천 지역으로 구분해 볼 수 있다. 도시 지역은 도시 내 건축물, 지표면 및 공업 지역 등의 불투수면 퇴적물, 하수관거월류수가 있고, 도로 지역은 자동차 배출가스 등 대기오염 강하물질이 노면에 축적되는 중금속을 포함한 오염물질, 공사 시 발생하는 토사 등이 있다. 농업 지역은 농지에 살포된 농약, 비료, 퇴・액비, 축사 및 주변의 가축분뇨, 고랭지 토양 침식 및 객토된 토사 등의 유출로 발생한다. 마지막으로 산림・하천 지역은 임도, 절・성토 사면, 산불 및 벌목, 간벌에 따른 토사와 잔재물 등의 유출, 하천변 영농행위, 골재 채취, 호안 정비, 상류 지역의 개발 등에 의한 유출로 기인한다.

3. 비점오염물질의 종류 및 영향
대지・도로・농지・공사장・임야 등의 비점오염원에서 고농도 오염물질이 하천으로 직접 유출되어 하천수질 및 수생태계에 악영향을 끼친다. 주요 비점오염물질로는 토사, 영양물질, 유기물질, 박테리아와 바이러스, 중금속, 농약, 유류, 각종 협잡물 등이 있다. 비점오염원은 토지 표면에 축적된 오염물, 토양의 침식, 대기 중 오염물질, 부유물질, 용존성 오염물질 등이 강우에 의해 유출되어 수생환경에 큰 영향을 미치고 있다. 토사는 대표적인 비점오염물질로 수생생물의 광합성, 호흡, 성장, 생식에 장애를 일으켜 생존에 큰 영향을 미친다. 기름과 그리스는 적은 양으로도 수생생물에 치명적일 수 있다. 납, 카드뮴 등의 중금속은 하천으로 유입되는 총 금속물질량 중 50% 이상이 비점오염원으로 배출된다. 제초제, 살충제, 항곰팡이제와 같은 농약은 플랑크톤과 같은 수생생물에 축적되고, 먹이사슬을 통한 생물농축으로 어류와 조류 등에 치명적인 결과를 초래할 수 있다.

17 다음 〈보기〉 중 점오염원과 비점오염원을 적절하게 짝지은 것은?

> **보기**
>
> (가) 폭우에 C축사에서 흘러나온 오수
> (나) 벌목 현장에서 유입된 토사
> (다) 매주 수요일에 하수 처리장으로 폐수를 보내는 A공장
> (라) 밭에서 장마철 빗물에 섞여 하천으로 유입된 농약

	점오염원	비점오염원
①	(가), (다)	(나), (라)
②	(다)	(가), (나), (라)
③	(나), (다)	(가), (라)
④	(가), (나), (다)	(라)

18 다음은 생활 속 비점오염물질 줄이기에 대한 내용이다. 이를 잘 이행하고 있는 사람은?

〈비 오기 전〉
- 공사장이나 하천 주변, 폐기물 처리장 등에서는 비점오염물질이 비에 휩쓸려 가지 않도록 사전 점검을 합니다.
- 비 오기 전에는 우리 집 앞, 우리 가게 앞 거리를 청소합니다.

〈깨끗한 물을 위한 생활 속 행동요령〉
- 애완동물과 산책 시에는 꼭 비닐봉지를 준비하여 배변을 수거해주세요.
- 포장마차나 노점상에서 나오는 하수는 길거리 빗물받이에 바로 버리시면 안 됩니다.
- 아파트에서 세탁기 설치 시 앞베란다가 아닌 뒤베란다나 다용도실에 설치해주세요.
- 음식물 쓰레기나 약품, 기름찌꺼기, 페인트 등은 땅에 묻지 않으며 물에 흘러들지 않도록 조심합니다.
- 거리변 빗물받이에 담배꽁초, 껌, 휴지 등을 버리지 마세요.

〈야외에서 지켜야 할 행동〉
- 라면이나 찌개국물, 음료수, 술 등을 하천(계곡)에 버리지 마세요.
- 트럭으로 짐 운반 시 덮개가 잘 덮여 있는지 꼼꼼히 확인해 주세요.
- 야외에서 쓰레기는 지정된 장소에만 버려주세요(특히 물가 주변에 버리거나 땅속에 묻기, 태우는 행위를 하시면 안 됩니다).
- 낚시할 때 많은 미끼 사용은 자제해주세요. 그리고 낚시 후에 낚싯줄, 낚싯바늘은 수거해주세요.
- 가꾸는 텃밭이 있다면 과한 비료사용은 자제하고 유기농 퇴비를 사용합니다.

① A는 포장마차를 운영하면서 설거지에 사용한 물을 길거리 빗물받이에 버렸다.
② B는 이사한 아파트의 뒤베란다에 자리가 없어 앞베란다에 세탁기를 설치했다.
③ 캠핑을 간 C는 플라스틱은 분리수거를 하고 불에 타는 쓰레기는 태웠다.
④ 주말농장에서 배추를 키우는 D는 텃밭에 유기농 퇴비를 뿌려주었다.

19 다음 글의 내용으로 가장 적절한 것을 고르시오.

플라톤의 '파이드로스'에는 소크라테스가 파이드로스에게 문자의 발명에 관한 옛 이야기를 하는 대목이 있다. 이 옛 이야기에 따르면 문자뿐 아니라 숫자와 여러 문명의 이기를 고안해 낸 발명의 신(토이트)이 이집트의 왕(타무스)에게 자신이 발명한 문자를 온 백성에게 사용하게 하면 이집트 백성이 더욱더 현명하게 될 것이라는 제안을 한다는 것이다.

그러나 타무스 왕은 문자가 인간을 더욱 이성적이게 하고 인간의 기억을 확장시킬 도구라는 주장에 대해서 강한 거부감을 표현한다. '죽은' 문자는 백성들을 현명하게 만들기는커녕 도리어 생동감 있고 살아있는 기억력을 퇴보시킬 것이고, 문자로 적힌 많은 글들은 다른 여타의 상황해석 없이 그저 글로 적힌 대로만 읽히고 원뜻과는 동떨어지게 오해될 소지가 다분하다는 것이다.

우리 시대의 주요한 화두이기도 한 구어문화(Orality)에 대립되는 문자문화(Literacy)의 비역동성과 수동성에 대한 비판은 이제 막 알파벳이 보급되고 문자문화가 전래의 구술적 신화문화를 대체한 플라톤 시기에 이미 논의된 것이다.

실제의 말과 사고는 본질적으로 언제나 실제 인간끼리 주고받는 콘텍스트하에 존재하는데, 문자와 글쓰기는 이러한 콘텍스트를 떠나 비현실적이고 비자연적인 세계 속에서 수동적으로 이뤄진다. 글쓰기와 마찬가지로 인쇄술과 컴퓨터는 끊임없이 동적인 소리를 정지된 공간으로 환원하고, 말을 그 살아있는 현재로부터 분리시키고 있다.

물론 인류의 문자화가 결코 '폐해'만을 낳았던 것이 아니라는 주장도 만만치 않다. 지난 20년간 컴퓨터공학과 인터넷의 발전이 얼마나 우리의 주변을 변화시켰던가. 고대의 신화적이고 구어문화 중심적인 사회에서 문자사회로의 이행기에 있어서 문자의 사용은 신이나 지배자의 명령하는 목소리에 점령되지 않는 자유공간을 만들어 내기도 했다는 주장에 주목할 필요가 있을 것이다.

이러한 주장의 근저에는 마치 소크라테스의 입을 통해서 플라톤이 주장하는 바와 맥이 닿는 것이 아닐까. 언어 행위의 근간이 되는 변증법적 작용을 무시하는 언술 행위의 문자적 고착화에 대한 비판은 궁극적으로 우리가 살아가는 세상은 결코 어떠한 규정적인 개념화와 그 기계적인 강제로도 담아낼 수 없다는 것이다. 역으로 현실적인 층위에서의 물리적인 강제의 억압에 의해 말살될 위기에 처한 진리의 소리는 기념비적인 언술 행위의 문자화를 통해서 저장되어야 한다는 것이 아닐까.

이러한 문화적 기억력의 여과과정은 결국 삶의 의미에 대한 성찰에 기반하여 문화적 구성원들의 가치 판단에 따라 이뤄질 몫이다. 문화적 기억력에 대한 성찰과 가치 판단이 부재한 시대의 새로운 매체는 단지 댓글 파노라마에 불과할 것이기 때문이다.

① 타무스 왕은 문자를 살아 있고 생동감 있는 것으로, 기억력은 죽은 것으로 생각했다.
② 플라톤 시기는 문자문화가 구술적 신화문화를 대체하기 시작한 시기였다.
③ 문자와 글쓰기는 항상 콘텍스트하에서 이뤄지는 행위이다.
④ 문자문화로 인해 진리의 소리는 물리적인 강제의 억압으로 말살되었다.

20 다음 글을 근거로 판단할 때, 우리나라에서 기단을 표시한 기호로 적절한 것은?

기단(氣團)은 기온, 습도 등의 대기 상태가 거의 일정한 성질을 가진 공기 덩어리이다. 기단은 발생한 지역에 따라 분류할 수 있다. 대륙에서 발생하는 대륙성 기단은 건조한 성질을 가지며, 해양에서 발생하는 해양성 기단은 습한 성질을 갖는다. 또한 기단의 온도에 따라 한대기단, 열대기단, 적도기단, 극기단으로 나뉜다.

기단은 그 성질을 기호로 표시하기도 한다. 해양성 기단은 알파벳 소문자 m을 기호 처음에 표기하고, 대륙성 기단은 알파벳 소문자 c를 기호 처음에 표기한다. 이어서 한대기단은 알파벳 대문자 P로 표기하고, 열대기단은 알파벳 대문자 T로 표기한다. 예를 들어 해양성 한대기단은 mP가 되는 것이다. 또한 기단이 이동하면서 나타나는 열역학적 특성에 따라 알파벳 소문자 w나 k를 마지막에 추가한다. w는 기단이 그 하층의 지표면보다 따뜻할 때 사용하며 k는 기단이 그 하층의 지표면보다 차가울 때 사용한다.

겨울철 우리나라에 영향을 주는 대표적인 기단은 시베리아 기단으로 우리나라 지표면보다 차가운 대륙성 한대기단이다. 북극 기단이 우리나라에 영향을 주기도 하는데, 북극 기단은 극기단의 일종으로 최근 우리나라 겨울철 혹한의 주범으로 지목되고 있다. 여름철에 우리나라에 영향을 주는 대표적 열대기단은 북태평양 기단이다. 북태평양 기단은 해수 온도가 높은 북태평양에서 발생하여 우리나라 지표면보다 덥고 습한 성질을 가져 고온다습한 날씨를 야기한다. 또다른 여름철 기단인 오호츠크해 기단은 해양성 한대기단으로 우리나라 지표면보다 차갑고 습한 성질을 갖는다. 적도 지방에서 발생하여 북상하는 적도 기단도 우리나라 여름철에 영향을 준다.

	시베리아 기단	북태평양 기단	오호츠크해 기단
①	cPk	mTw	mPk
②	cPk	mPk	mTw
③	mPk	mTw	cPk
④	mPk	cPk	mTw

01 대학 서적을 도서관에서 빌리면 10일간 무료이고, 그 이상은 하루에 100원의 연체료가 부과되며 한 달 단위로 연체료는 두 배로 늘어난다. 1학기 동안 대학 서적을 도서관에서 빌려 사용하는 데 얼마의 비용이 드는가?(단, 1학기의 기간은 15주이고, 한 달은 30일로 정한다)

① 18,000원
② 20,000원
③ 23,000원
④ 25,000원

02 가방가게를 운영하는 S씨는 샌들 원가 20,000원에 40%의 이익을 붙여서 정가를 정했지만 판매가 잘 되지 않아 할인을 하고자 한다. 이때 몇 %를 할인해야 원가의 10% 이익을 얻을 수 있는가?(단, 소수점 둘째 자리에서 반올림한다)

① 약 20.5%
② 약 21.4%
③ 약 22.5%
④ 약 23.7%

03 다음 〈보기〉에서 경우의 수가 가장 큰 순서대로 바르게 나열한 것은?

> **보기**
>
> ㄱ. 학급 6개에서 10명의 위원을 뽑는 경우의 수
> ㄴ. P, A, S, S를 일렬로 나열할 수 있는 경우의 수
> ㄷ. 중복을 허락하여 1 ~ 5의 5개 자연수로 네 자리 자연수를 만드는 경우의 수

① ㄱ - ㄴ - ㄷ
② ㄱ - ㄷ - ㄴ
③ ㄴ - ㄱ - ㄷ
④ ㄴ - ㄷ - ㄱ

04 S야구팀의 작년 승률은 40%였고, 올해는 총 120경기 중 65승을 하였다. 작년과 올해의 경기를 합하여 구한 승률이 45%일 때, S야구팀의 총 승리한 횟수는?

① 151회

② 152회

③ 153회

④ 154회

05 수정이는 부서 사람들과 함께 놀이공원을 방문하려고 한다. 이 놀이공원의 입장료는 1인당 16,000원이며 정가에서 25% 할인된 금액에 10인 단체 티켓을 구매할 수 있다고 할 때, 부서원이 몇 명 이상일 때부터 20명분의 단체 티켓 2장을 구매하는 것이 더 유리해지는가?(단, 부서원은 10명보다 많다)

① 15명

② 16명

③ 17명

④ 18명

06 서로 맞물려 돌아가는 톱니바퀴, A와 B가 있다. A톱니바퀴의 톱니 수는 220개이고, A톱니바퀴와 B톱니바퀴가 서로 맞물려 돌아가 처음으로 다시 같은 톱니가 맞물릴 때까지 A톱니바퀴는 10바퀴 회전한다. 이때, B톱니바퀴의 톱니 수는?(단, 톱니 수는 A톱니바퀴가 더 많다)

① 180개

② 190개

③ 200개

④ 210개

07 S고등학교 도서부는 매일 교내 도서관을 정리하고 있다. 부원은 모두 40명이며 각각 1 ~ 40번의 번호를 부여하여 월요일부터 금요일까지 12명씩 돌아가면서 도서관을 정리하기로 하였다. 6월 7일에 1 ~ 12번 학생이 도서관을 정리하였다면 이들이 처음으로 다시 함께 도서관을 정리하는 날은? (단, 주말에는 활동하지 않는다)

① 6월 20일

② 6월 21일

③ 6월 22일

④ 6월 23일

08 양궁 대회에 참여한 진수, 민영, 지율, 보라 네 명은 최고점이 모두 달랐다. 진수의 최고점과 민영의 최고점의 2배를 합한 점수가 10점이었고, 지율의 최고점과 보라의 최고점의 2배를 합한 점수가 35점이었다. 진수의 2배, 민영의 4배와 지율의 5배를 한 총점이 85점이었다면 보라의 최고점은?

① 9점   ② 10점

③ 11점   ④ 12점

09 S자동차 회사에서 새로운 두 모델에 대해 연비 테스트를 하였다. 두 모델 A와 B에 휘발유를 3L와 5L를 주입한 후 동일한 조건에서 주행하였을 때 차가 멈출 때까지 운행한 거리를 측정하였고, 그 결과는 다음 〈조건〉과 같았다. 3L로 시험했을 때 두 자동차의 주행거리의 합은 48km였고, 연비 테스트에서 모델 B가 달린 주행거리의 합은 56km였다면, 두 자동차의 연비의 곱은?

조건

구 분	3L	5L
모델 A	$a$km	$b$km
모델 B	$c$km	$d$km

※ (연비)$=\dfrac{km}{L}$ (단위 주행 거리당 소비하는 연료의 양)

① 63   ② 62

③ 60   ④ 58

10 다음은 사내전화 평균 통화시간을 조사한 자료이다. 평균 통화시간이 6 ~ 9분인 여자의 수는 12분 이상인 남자의 수의 몇 배인가?

〈사내전화 평균 통화시간〉

평균 통화시간	남 자	여 자
3분 이하	33%	26%
3 ~ 6분	25%	21%
6 ~ 9분	18%	18%
9 ~ 12분	14%	16%
12분 이상	10%	19%
대상 인원수	600명	400명

① 1.1배   ② 1.2배
③ 1.3배   ④ 1.4배

11 다음은 2022년 하반기 8개국 수출수지에 관한 국제통계 자료이다. 이에 대한 설명으로 옳지 않은 것은?

〈2022년 하반기 8개국 수출수지〉

(단위 : 백만 USD)

구 분	한 국	그리스	노르웨이	뉴질랜드	대 만	독 일	러시아	미 국
2022. 7	40,882	2,490	7,040	2,825	24,092	106,308	22,462	125,208
2022. 8	40,125	2,145	7,109	2,445	24,629	107,910	23,196	116,218
2022. 9	40,846	2,656	7,067	2,534	22,553	118,736	25,432	122,933
2022. 10	41,983	2,596	8,005	2,809	26,736	111,981	24,904	125,142
2022. 11	45,309	2,409	8,257	2,754	25,330	116,569	26,648	128,722
2022. 12	45,069	2,426	8,472	3,088	25,696	102,742	31,128	123,557

① 한국의 수출수지 중 전월 대비 수출수지 증가량이 가장 많았던 달은 11월이다.
② 뉴질랜드의 수출수지는 8월 이후 지속해서 증가하였다.
③ 그리스의 12월 수출수지 증가율은 전월 대비 약 0.7%이다.
④ 10월부터 12월 사이 한국의 수출수지 변화 추이와 같은 양상을 보이는 나라는 2개국이다.

12 다음은 2022년 1월, 6월, 12월에 20대부터 70대를 대상으로 조사한 정당 A ~ E의 지지율과 응답자에 대한 자료이다. 이에 대한 설명으로 옳지 않은 것은?

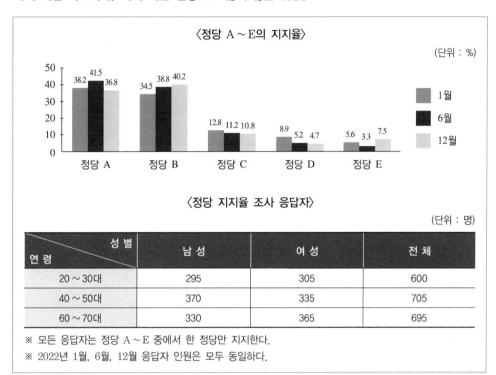

〈정당 A ~ E의 지지율〉

(단위 : %)

〈정당 지지율 조사 응답자〉

(단위 : 명)

연령 \ 성별	남성	여성	전체
20 ~ 30대	295	305	600
40 ~ 50대	370	335	705
60 ~ 70대	330	365	695

※ 모든 응답자는 정당 A ~ E 중에서 한 정당만 지지한다.
※ 2022년 1월, 6월, 12월 응답자 인원은 모두 동일하다.

① 응답기간 중 지지율 증감추이가 동일한 정당은 C와 D이다.
② 응답기간 중 정당 A와 B의 지지율의 합은 항상 70% 이상이다.
③ 지지율이 하위인 두 정당의 지지율 합은 항상 정당 C의 지지율보다 낮다.
④ 모든 연령대가 2022년 6월 조사에서 정당 A와 정당 B를 지지하는 인원수 차이는 54명이다.

13 다음은 A ~ E 5개국의 경제 및 사회 지표 자료이다. 이에 대한 설명으로 옳지 않은 것은?

〈주요 5개국의 경제 및 사회 지표〉

구 분	1인당 GDP(달러)	경제성장률(%)	수출(백만 달러)	수입(백만 달러)	총 인구(백만 명)
A	27,214	2.6	526,757	436,499	50.6
B	32,477	0.5	624,787	648,315	126.6
C	55,837	2.4	1,504,580	2,315,300	321.8
D	25,832	3.2	277,423	304,315	46.1
E	56,328	2.3	188,445	208,414	24.0

※ (총 GDP)＝(1인당 GDP)×(총 인구)

① 경제성장률이 가장 큰 나라가 총 GDP는 가장 작다.

② 총 GDP가 가장 큰 나라의 GDP는 가장 작은 나라의 GDP보다 10배 이상 더 크다.

③ 5개국 중 수출과 수입에 있어서 규모에 따라 나열한 순위는 서로 일치한다.

④ 1인당 GDP에 따른 순위와 총 GDP에 따른 순위는 서로 일치한다.

14 다음은 최근 5개년 동안의 연령대별 평균 데이트폭력 경험 횟수를 나타낸 자료이다. 이에 대한 설명으로 옳지 않은 것은?

〈연도별 각 연령대의 평균 데이트폭력 경험 횟수〉

(단위 : 회)

구 분	2018년	2019년	2020년	2021년	2022년
10대	3.2	3.9	5.7	7.9	10.4
20대	9.1	13.3	15.1	19.2	21.2
30대	8.8	11.88	14.2	17.75	18.4
40대	2.5	5.8	9.2	12.8	18
50대	4.1	3.8	3.5	3.3	2.9

① 2020년 이후 20대와 30대의 평균 데이트폭력 경험 횟수의 합은 전 연령대 평균 데이트폭력 경험 횟수의 절반 이상이다.

② 10대의 평균 데이트폭력 경험 횟수는 매년 증가하고 있지만, 50대는 매년 감소하고 있다.

③ 30대의 2021년 전년 대비 데이트폭력 경험 횟수 증가율은 2019년보다 크다.

④ 2022년 40대의 평균 데이트폭력 경험 횟수는 2018년의 7.2배에 해당한다.

15 다음은 2017년부터 2022년까지 S국의 인구성장률과 합계출산율에 대한 자료이다. 이에 대한 설명으로 옳지 않은 것은?

〈인구성장률〉

(단위 : %)

구 분	2017년	2018년	2019년	2020년	2021년	2022년
인구성장률	0.53	0.46	0.63	0.53	0.45	0.39

〈합계출산율〉

(단위 : 명)

구 분	2017년	2018년	2019년	2020년	2021년	2022년
합계출산율	1.297	1.187	1.205	1.239	1.172	1.052

※ 합계출산율 : 가임여성 1명이 평생 낳을 것으로 예상하는 평균 출생아 수

① S국 인구성장률은 2019년 이후로 계속해서 감소하고 있다.
② 2017년부터 2022년까지의 인구성장률이 가장 낮았던 해는 합계출산율도 가장 낮았다.
③ 2018년부터 2019년까지의 합계출산율과 인구성장률의 전년 대비 증감추세는 동일하다.
④ 2022년의 인구성장률은 2019년 대비 40%p 이상 감소하였다.

16 다음은 2018 ~ 2022년 발굴조사 건수 및 비용에 대한 자료이다. 이에 대한 설명으로 옳은 것은?

〈발굴조사 건수 및 비용〉

(단위 : 건, 억 원)

구 분		2018년	2019년	2020년	2021년	2022년
지표조사	건 수	1,196	1,103	1,263	1,399	1,652
	비 용	82	67	71	77	105
발굴조사	건 수	2,266	2,364	2,388	2,442	2,642
	비 용	2,509	2,378	2,300	2,438	2,735
합 계	건 수	3,462	3,500	3,651	3,841	4,294
	비 용	2,591	2,470	2,371	2,515	2,840

① 전체 조사의 평균 건당 비용은 지속 감소되고 있다.
② 발굴조사의 평균 건당 비용은 매해 1억 원 이상이다.
③ 연도별 비교 시 발굴조사 비용의 비율이 가장 높은 해는 2020년도이다.
④ 연도별 전체 건수에 대한 발굴조사 건수의 비율은 2021년도가 2019보다 높다.

17　다음은 우리나라의 예산분야별 재정지출 추이를 나타낸 자료이다. 이에 대한 설명으로 옳은 것은?

〈우리나라 예산분야별 재정지출 추이〉

(단위 : 조 원, %)

구 분	2018년	2019년	2020년	2021년	2022년	연평균 증가율
예 산	137.3	147.5	153.7	165.5	182.8	7.4
기 금	59.0	61.2	70.4	72.9	74.5	6.0
교 육	24.5	27.6	28.8	31.4	35.7	9.9
사회복지・보건	32.4	49.6	56.0	61.4	67.5	20.1
R&D	7.1	7.8	8.9	9.8	10.9	11.3
SOC	27.1	18.3	18.4	18.4	18.9	−8.6
농림・해양・수산	12.3	14.1	15.5	15.9	16.5	7.6
산업・중소기업	11.4	11.9	12.4	12.6	12.6	2.5
환 경	3.5	3.6	3.8	4.0	4.4	5.9
국방비	18.1	21.1	22.5	24.5	26.7	10.2
통일・외교	1.4	2.0	2.6	2.4	2.6	16.7
문화・관광	2.3	2.6	2.8	2.9	3.1	7.7
공공질서・안전	7.6	9.4	11.0	10.9	11.6	11.2
균형발전	5.0	5.5	6.3	7.2	8.1	12.8
기 타	43.5	35.2	35.1	37.0	38.7	−2.9
총 지출	196.2	208.7	224.1	238.4	257.3	7.0

※ (총 지출)＝(예산)＋(기금)

① 총 지출에 대한 기금의 비중이 가장 컸던 해는 2018년이다.

② 교육 분야의 지출 증가율이 가장 높은 해는 2019년이다.

③ 기타를 제외하고 전년 대비 지출액이 동일한 해가 있는 분야는 2개이다.

④ 사회복지・보건 분야가 차지하고 있는 비율은 언제나 가장 높다.

18 다음은 세계 총 에너지 소비실적 및 수요전망에 대한 자료이다. 이에 대한 내용으로 옳지 않은 것은?

〈세계 총 에너지 소비실적 및 수요전망〉

(단위 : Moe)

구 분	소비실적		수요전망					연평균 증감률(%)
	2000년	2022년	2030년	2035년	2040년	2045년	2050년	2022 ~ 2050년
OECD	4,522	5,251	5,436	5,423	5,392	5,399	5,413	0.1
미 국	1,915	2,136	2,256	2,233	2,197	2,192	2,190	0.1
유 럽	1,630	1,769	1,762	1,738	1,717	1,704	1,697	-0.1
일 본	439	452	447	440	434	429	422	-0.2
비(非)OECD	4,059	7,760	9,151	10,031	10,883	11,656	12,371	1.7
러시아	880	741	730	748	770	798	819	0.4
아시아	1,588	4,551	5,551	6,115	6,653	7,118	7,527	1.8
중 국	879	2,909	3,512	3,802	4,019	4,145	4,185	1.3
인 도	317	788	1,004	1,170	1,364	1,559	1,757	2.9
중 동	211	680	800	899	992	1,070	1,153	1.9
아프리카	391	739	897	994	1,095	1,203	1,322	2.1
중남미	331	611	709	784	857	926	985	1.7
합 계	8,782	13,361	14,978	15,871	16,720	17,529	18,293	1.1

① 2022년 아시아 에너지 소비실적은 2000년의 3배 이상이다.

② 비(非)OECD 국가의 에너지 수요전망은 2022 ~ 2050년 연평균 1.7%p씩 증가한다.

③ 2000년 전체 소비실적에서 중국과 인도의 에너지 소비실적 합의 비중은 13% 이상이다.

④ 중남미의 소비실적과 수요전망은 모두 증가하고 있다.

19 다음은 수송 부문 대기 중 온실가스 배출량에 대한 자료이다. 이에 대한 설명으로 옳지 않은 것은?

〈수송 부문 대기 중 온실가스 배출량〉

(단위 : ppm)

연 도	구 분	합 계	이산화탄소	아산화질소	메 탄
2018년	합 계	83,617.9	82,917.7	197.6	502.6
	산업 부문	58,168.8	57,702.5	138	328.3
	가계 부문	25,449.1	25,215.2	59.6	174.3
2019년	합 계	85,343	84,626.3	202.8	513.9
	산업 부문	59,160.2	58,686.7	141.4	332.1
	가계 부문	26,182.8	25,939.6	61.4	181.8
2020년	합 계	85,014.3	84,306.8	203.1	504.4
	산업 부문	60,030	59,553.9	144.4	331.7
	가계 부문	24,984.3	24,752.9	58.7	172.7
2021년	합 계	86,338.3	85,632.1	205.1	501.1
	산업 부문	64,462.4	63,936.9	151.5	374
	가계 부문	21,875.9	21,695.2	53.6	127.1
2022년	합 계	88,261.37	87,547.49	210.98	502.9
	산업 부문	65,491.52	64,973.29	155.87	362.36
	가계 부문	22,769.85	22,574.2	55.11	140.54

① 이산화탄소의 비중은 어느 시기든 상관없이 가장 크다.

② 연도별 가계와 산업 부문의 합계 배출량 차이 값은 2022년에 가장 크다.

③ 연도별 가계와 산업 부문의 배출량 차이 값은 해가 지날수록 지속적으로 증가한다.

④ 해당기간 동안 온실가스 총량은 지속적으로 증가하고 있다.

20 다음은 주요 국가별 자국 영화 점유율을 나타낸 자료이다. 이에 대한 설명으로 옳지 <u>않은</u> 것은?

〈주요 국가별 자국 영화 점유율〉

(단위 : %)

구 분	2019년	2020년	2021년	2022년
한 국	50.8	42.1	48.8	46.5
일 본	47.7	51.9	58.8	53.6
영 국	28.0	31.1	16.5	24.0
독 일	18.9	21.0	27.4	16.8
프랑스	36.5	45.3	36.8	35.7
스페인	13.5	13.3	16.0	12.7
호 주	4.0	3.8	5.0	4.5
미 국	90.1	91.7	92.1	92.0

① 자국 영화 점유율에서, 프랑스가 한국을 앞지른 해는 한 번도 없다.
② 지난 4년간 자국 영화 점유율이 매년 꾸준히 상승한 국가는 하나도 없다.
③ 2019년 대비 2022년 자국 영화 점유율이 가장 많이 하락한 국가는 한국이다.
④ 2021년 자국 영화 점유율이 해당 국가의 4년간 통계에서 가장 높은 경우가 절반이 넘는다.

01 아마추어 야구 리그에서 활동하는 4개의 팀, A ~ D는 빨간색, 노란색, 파란색, 보라색 중에서 매년 상징하는 색을 바꾸고 있다. 다음 〈조건〉을 참고할 때, 반드시 참인 것은?

조건

- 하나의 팀은 하나의 상징색을 갖는다.
- 이전에 사용했던 상징색을 다시 사용할 수는 없다.
- A와 B는 빨간색을 사용한 적이 있다.
- B와 C는 보라색을 사용한 적이 있다.
- D는 노란색을 사용한 적이 있고, 파란색을 선택하였다.

① A는 파란색을 사용한 적이 있어 다른 색을 골라야 한다.

② A의 상징색은 노란색이 될 것이다.

③ C의 상징색은 빨간색이 될 것이다.

④ D는 보라색을 사용한 적이 있다.

02 S베이커리에서는 식빵을 납품하기로 한 단체 4곳, A ~ D에 우유식빵, 밤식빵, 옥수수식빵, 호밀식빵을 한 종류씩 납품한다. 다음 〈조건〉을 참고할 때, 반드시 참인 것은?

조건

- 한 단체에 납품하는 빵은 종류가 겹치지 않도록 한다.
- 우유식빵과 밤식빵은 A에 납품된 적이 있다.
- 옥수수식빵과 호밀식빵은 C에 납품된 적이 있다.
- 옥수수식빵은 D에 납품된다.

① 호밀식빵은 A에 납품될 것이다.

② 옥수수식빵은 A에도 납품된 적이 있다.

③ 우유식빵은 C에 납품된 적이 있다.

④ 호밀식빵은 D에 납품된 적이 있다.

03 S사의 사내식당에서는 이번 주 식단표를 짤 때, 쌀밥, 콩밥, 보리밥, 조밥, 수수밥의 5가지 종류의 밥을 지난주에 제공된 요일과 겹치지 않게 제공하려고 한다. 다음 〈조건〉을 참고할 때, 반드시 참인 것은?

> **조건**
> • 월요일부터 금요일까지 5가지의 밥은 겹치지 않게 제공된다.
> • 쌀밥과 콩밥은 지난주 월요일과 목요일에 제공된 적이 있다.
> • 보리밥과 수수밥은 지난주 화요일과 금요일에 제공된 적이 있다.
> • 조밥은 이번 주 수요일에 제공된다.
> • 콩밥은 이번 주 화요일에 제공된다.

① 월요일에 제공되는 것은 보리밥 또는 수수밥이다.
② 금요일에 제공되는 것은 보리밥 또는 쌀밥이다.
③ 쌀밥은 지난주 화요일에 제공된 적이 있다.
④ 콩밥은 지난주 수요일에 제공된 적이 있다.

04 S공사의 건물에서는 엘리베이터 여섯 대(1호기 ~ 6호기)를 6시간에 걸쳐 점검하고자 한다. 한 시간에 한 대씩만 검사한다고 할 때, 다음 〈조건〉에 근거하여 바르게 추론한 것은?

> **조건**
> • 제일 먼저 검사하는 것은 5호기이다.
> • 가장 마지막에 검사하는 것은 6호기가 아니다.
> • 2호기는 6호기보다 먼저 검사한다.
> • 3호기는 두 번째로 먼저 검사하며, 그 다음으로 검사하는 것은 1호기이다.

① 6호기는 4호기보다 늦게 검사한다.
② 마지막으로 검사하는 엘리베이터는 4호기가 아니다.
③ 4호기 다음으로 검사할 것은 2호기이다.
④ 6호기는 1호기 다다음에 검사하며, 5번째로 검사하게 된다.

05 S대학교의 기숙사에서는 기숙사에 거주하는 4명, A ~ D는 1층부터 4층에 매년 새롭게 배정하고 있으며, 올해도 배정하려고 한다. 다음 〈조건〉을 참고할 때, 반드시 참인 것은?

조건

- 한 번 거주한 층에는 다시 거주하지 않는다.
- A와 D는 2층에 거주한 적이 있다.
- B와 C는 3층에 거주한 적이 있다.
- A와 B는 1층에 거주한 적이 있다.
- A, B, D는 4층에 거주한 적이 있다.

① C는 4층에 배정될 것이다.
② D는 3층에 거주한 적이 있을 것이다.
③ D는 1층에 거주한 적이 있을 것이다.
④ C는 2층에 거주한 적이 있을 것이다.

06 A ~ D가 키우는 동물의 종류에 대해서 다음과 같은 사실이 알려져 있다. 이에 근거한 추론으로 항상 옳은 것은?

- A는 개, C는 고양이, D는 닭을 키운다.
- B는 토끼를 키우지 않는다.
- A가 키우는 동물은 B도 키운다.
- A와 C는 같은 동물을 키우지 않는다.
- A, B, C, D 각각은 2종류 이상의 동물을 키운다.
- A, B, C, D는 개, 고양이, 토끼, 닭 이외의 동물은 키우지 않는다.

① B는 개를 키우지 않는다.
② B와 C가 공통으로 키우는 동물이 있다.
③ C는 키우지 않지만 D가 키우는 동물이 있다.
④ 3명이 공통으로 키우는 동물은 없다.

07 다음 중 비판적 사고의 개발을 위해 필요한 요소와 이에 대한 설명이 바르게 연결된 것을 〈보기〉에서 모두 고르면?

> **보기**
>
> ㄱ. 지적 호기심 : 육하원칙에 따라 질문을 제기한다.
> ㄴ. 융통성 : 편견이나 선입견에 의해 결정을 내리는 것을 지양한다.
> ㄷ. 체계성 : 결론에 이르기까지 논리적 일관성을 유지한다.
> ㄹ. 개방성 : 고정성, 독단적 태도 혹은 경직성을 배격한다.
> ㅁ. 지적 정직성 : 충분한 근거가 있다면 그 내용을 진실로 받아들인다.

① ㄱ, ㄴ, ㄹ
② ㄱ, ㄴ, ㅁ
③ ㄱ, ㄷ, ㅁ
④ ㄴ, ㄷ, ㄹ

08 다음 중 논리적 사고 개발방법에 대해 바르게 설명한 사람을 〈보기〉에서 모두 고르면?

> **보기**
>
> 하은 : So What 기법과 피라미드 구조는 모두 논리적 사고를 개발하기 위한 방법들이야.
> 성민 : So What 기법은 하위의 사실이나 현상으로부터 사고하여 상위의 주장을 만들어 가는 방법이야.
> 가연 : 피라미드 구조는 보조 메시지들 중 핵심 정보를 선별하여 최종적 메시지를 도출해 내는 방법이야.
> 희원 : So What 기법은 주어진 정보에 대해 자문자답 형식으로 의미 있는 정보를 도출해 나가는 방식이다.

① 하은, 희원
② 하은, 가연
③ 성민, 가연
④ 성민, 희원

09 갑은 다음 규칙을 참고하여 알파벳 단어를 숫자로 변환하고자 한다. 규칙을 적용한 〈보기〉의 ㉠ ~ ㉣ 단어에서 알파벳 Z에 해당하는 자연수들을 모두 더한 값은?

〈규 칙〉

① 알파벳 'A'부터 'Z'까지 순서대로 자연수를 부여한다.
　예 A=2라고 하면 B=3, C=4, D=5이다.
② 단어의 음절에 같은 알파벳이 연속되는 경우 ①에서 부여한 숫자를 알파벳이 연속되는 횟수만큼 거듭제곱한다.
　예 A=2이고 단어가 'AABB'이면 AA는 '2^2'이고, BB는 '3^2'이므로 '49'로 적는다.

보기

㉠ AAABBCC는 10000001020110404로 변환된다.
㉡ CDFE는 3465로 변환된다.
㉢ PJJYZZ는 1712126729로 변환된다.
㉣ QQTSR은 625282726으로 변환된다.

---

① 154
② 176
③ 199
④ 212

10 다음은 도서코드(ISBN)에 대한 자료이다. 주문한 도서에 대한 설명으로 옳은 것은?

〈[예시] 도서코드(ISBN)〉

국제표준도서번호					부가기호		
접두부	국가번호	발행자번호	서명식별번호	체크기호	독자대상	발행형태	내용분류
123	12	1234567		1	1	1	123

※ 국제표준도서번호는 5개의 군으로 나누어지고 군마다 '－'로 구분한다.

〈도서코드(ISBN) 세부사항〉

접두부	국가번호	발행자번호	서명식별번호	체크기호
978 또는 979	한국 89 미국 05 중국 72 일본 40 프랑스 22	발행자번호 － 서명식별번호 7자리 숫자 예 8491－208 : 발행자번호가 8491번인 출판사에서 208번째 발행한 책		0 ～ 9

독자대상	발행형태	내용분류
0 교양 1 실용 2 여성 3 (예비) 4 청소년 5 중고등 학습참고서 6 초등 학습참고서 7 아동 8 (예비) 9 전문	0 문고본 1 사전 2 신서판 3 단행본 4 전집 5 (예비) 6 도감 7 그림책, 만화 8 혼합자료, 점자자료, 전자책, 마이크로자료 9 (예비)	030 백과사전 100 철학 170 심리학 200 종교 360 법학 470 생명과학 680 연극 710 한국어 770 스페인어 740 영미문학 720 유럽사

〈주문도서〉

978 － 05 － 441 － 1011 － 3 14710

① 한국에서 출판한 도서이다.
② 한 권으로만 출판되지는 않았다.
③ 발행자번호는 총 7자리이다.
④ 441번째 발행된 도서이다.

11 조선시대에는 12시진(정시법)과 '초(初)', '정(正)', '한시진(2시간)' 등의 표현을 통해 시간을 나타내었다. 다음 중 조선시대의 시간과 현대의 시간에 대한 비교로 옳지 않은 것은?

<12시진>

조선시대 시간		현대 시간	조선시대 시간		현대 시간
자(子)시	초(初)	23시 1분~60분	오(午)시	초(初)	11시 1분~60분
	정(正)	24시 1분~60분		정(正)	12시 1분~60분
축(丑)시	초(初)	1시 1분~60분	미(未)시	초(初)	13시 1분~60분
	정(正)	2시 1분~60분		정(正)	14시 1분~60분
인(寅)시	초(初)	3시 1분~60분	신(申)시	초(初)	15시 1분~60분
	정(正)	4시 1분~60분		정(正)	16시 1분~60분
묘(卯)시	초(初)	5시 1분~60분	유(酉)시	초(初)	17시 1분~60분
	정(正)	6시 1분~60분		정(正)	18시 1분~60분
진(辰)시	초(初)	7시 1분~60분	술(戌)시	초(初)	19시 1분~60분
	정(正)	8시 1분~60분		정(正)	20시 1분~60분
새(巳)시	초(初)	9시 1분~60분	해(亥)시	초(初)	21시 1분~60분
	정(正)	10시 1분~60분		정(正)	22시 1분~60분

① 한 초등학교의 점심시간이 오후 1시부터 2시까지라면, 조선시대 시간으로 미(未)시에 해당한다.

② 조선시대에 어떤 사건이 인(寅)시에 발생하였다면, 현대 시간으로는 오전 3시와 5시 사이에 발생한 것이다.

③ 현대인이 오후 2시부터 4시 30분까지 운동을 하였다면, 조선시대 시간으로 미(未)시부터 유(酉)시까지 운동을 한 것이다.

④ 축구 경기가 연장 없이 각각 45분의 전반전과 후반전으로 진행되었다면, 조선시대 시간으로 한시진이 채 되지 않은 것이다.

12 S제품을 운송하는 A씨는 업무상 편의를 위해 고객의 주문 내역을 임의의 기호로 기록하고 있다. 다음과 같은 주문 전화가 왔을 때, A씨가 기록한 기호로 옳은 것은?

<〈임의기호〉>

	연 강	고강도강	초고강도강	후열처리강
재 료	MS	HSS	AHSS	PHTS
판매량	낱 개	1묶음	1box	1set
	01	10	11	00
지 역	서 울	경기남부	경기북부	인 천
	E	S	N	W
윤활유 사용	청정작용	냉각작용	윤활작용	밀폐작용
	P	C	I	S
용 도	베어링	스프링	타이어코드	기계구조
	SB	SS	ST	SM

※ A씨는 [재료] - [판매량] - [지역] - [윤활유 사용] - [용도]의 순서로 기호를 기록한다.

〈주문전화〉

B씨 : A씨, 나 인천 지점에서 같이 일했던 B야. 내가 필요한 것이 있어서 전화했어. 일단 서울 지점의 C씨가 스프링으로 사용할 제품이 필요하다고 하는데 한 박스 정도면 될 것 같아. 이전에 주문했던 대로 연강에 윤활용으로 윤활유를 사용한 제품으로 부탁하네. 나는 이번에 경기도 남쪽으로 가는데 거기에 있는 내 사무실 알지? 거기로 초고강도강 타이어코드용으로 1세트 보내 줘. 튼실한 걸로 밀폐용 윤활유 사용해서 부탁해. 저번에 냉각용으로 사용한 제품은 생각보다 좋진 않았어.

① MS11EISB, AHSS00SSST

② MS11EISS, AHSS00SSST

③ MS11EISS, HSS00SSST

④ MS11WISS, AHSS10SSST

13 최근 라면 시장이 3년 만에 마이너스 성장한 것으로 나타남에 따라 S라면회사에 근무하는 A대리는 신제품 개발 이전 라면 시장에 대한 환경 분석과 관련된 보고서를 제출하라는 과제를 받았다. 다음 중 기회(Opportunity) 요인에 작성될 수 있는 내용으로 적절하지 않은 것은?

<SWOT 분석표>

강점(Strength)	약점(Weakness)
• 식품그룹으로서의 시너지 효과 • 그룹 내 위상, 역할 강화 • A제품의 성공적인 개발 경험	• 유통업체의 영향력 확대 • 과도한 신제품 개발 • 신상품의 단명 • 유사상품의 영역침범 • 경쟁사의 공격적인 마케팅 대응 부족 • 원재료의 절대적 수입 비중
기회(Opportunity)	위협(Threat)
	• 저출산, 고령화로 취식인구 감소 • 소득증가 • 언론, 소비단체의 부정적인 이미지 이슈화 • 정보의 관리, 감독 강화

① 1인 가구의 증대(간편식, 편의식)
② 조미료에 대한 부정적인 인식 개선
③ 1인 미디어 라면 먹방의 유행
④ 난공불락의 경쟁사, N사

14 다음은 국내 금융기관에 대한 SWOT 분석 자료이다. 이를 통해 SWOT 전략을 세운다고 할 때, 〈보기〉 중 분석 결과에 대응하는 전략과 그 내용이 바르게 연결된 것을 모두 고르면?

국내 대부분의 예금과 대출을 국내 은행이 차지하고 있을 정도로 국내 금융기관에 대한 우리나라 국민들의 충성도는 높은 편이다. 또한 국내 금융기관은 철저한 신용 리스크 관리로 해외 금융기관과 비교해 자산건전성 지표가 매우 우수한 편이다. 시장 리스크 관리도 해외 선진 금융기관 수준에 도달한 것으로 평가받는다. 국내 금융기관은 외환위기와 글로벌 금융위기 등을 거치며 꾸준히 자산건전성을 강화해 왔기 때문이다.

그러나 은행과 이자 이익에 수익이 편중돼 있다는 점은 국내 금융기관의 가장 큰 약점이 된다. 대부분 예금과 대출 거래 중심의 영업구조로 되어 있기 때문이다. 취약한 해외 비즈니스도 문제로 들 수 있다. 최근 동남아 시장을 중심으로 해외 진출에 박차를 가하고 있지만, 아직은 눈에 띄는 성과가 많지 않은 상황이다.

많은 어려움에도 불구하고 국내 금융기관의 발전 가능성은 아직 무궁무진하다. 우선 해외 시장으로 눈을 돌리면 다양한 기회가 열려 있다. 전 세계 신용·단기 자금 확대, 글로벌 무역 회복세로 국내 금융기관의 해외 진출 여건은 양호한 편이다. 따라서 해외 시장 개척을 통해 어떻게 신규 수익원을 확보하느냐가 성장의 새로운 기회로 작용할 전망이다. IT 기술 발달에 따른 핀테크의 등장도 새로운 기회가 될 수 있다. 국내의 발달된 인터넷과 모바일뱅킹 서비스, IT 인프라를 활용한 새로운 수익 창출 가능성이 열려 있는 것이다.

역설적으로 핀테크의 등장은 오히려 국내 금융기관의 발목을 잡을 수 있다. 블록체인 기술에 기반한 암호화폐, 간편결제와 송금, 로보어드바이저, 인터넷 은행, P2P 대출 등 다양한 핀테크 분야의 새로운 서비스들이 기존 금융 서비스의 대체재로서 출현하고 있기 때문이다. 금융시장 개방에 따른 글로벌 금융기관과의 경쟁 심화도 넘어야 할 산이다. 특히 중국 은행을 비롯한 중국 금융이 급성장하고 있어 이에 대한 대비책 마련이 시급하다.

보기

㉠ SO전략 : 높은 국내 시장점유율을 기반으로 국내 핀테크 사업에 진출한다.
㉡ WO전략 : 위기관리 역량을 강화하여 해외 금융시장에 진출한다.
㉢ ST전략 : 해외 금융기관과 비교해 우수한 자산건전성을 강조하여 글로벌 금융기관과의 경쟁에서 우위를 차지한다.
㉣ WT전략 : 해외 비즈니스 역량을 강화하여 해외 금융시장에 진출한다.

① ㉠, ㉡
② ㉠, ㉢
③ ㉡, ㉢
④ ㉡, ㉣

15 투자정보팀에서는 문제기업을 미리 알아볼 수 있는 이상 징후로 다섯 개의 조건을 마련해, 이를 바탕으로 투자 여부를 판단한다. 투자 여부 판단 대상기업은 A ~ E이다. 다음과 같은 〈조건〉이 주어질 때, 투자 부적격 기업은?

〈투자 여부 판단 조건〉
㉮ 기업문화의 종교화
㉯ 정책에 대한 지나친 의존
㉰ 인수 합병 의존도의 증가
㉱ 견제 기능의 부재
㉲ CEO의 법정 출입

이 5개의 징후는 다음과 같은 관계가 성립한다.

〈각 이상 징후별 인과 및 상관관계〉
1) '기업문화의 종교화'(㉮)와 '인수 합병 의존도의 증가'(㉰)는 동시에 나타난다.
2) '견제 기능의 부재'(㉱)가 나타나면 '정책에 대한 지나친 의존'(㉯)이 나타난다.
3) 'CEO의 법정 출입'(㉲)이 나타나면 '정책에 대한 지나친 의존'(㉯)과 '인수 합병의존도의 증가'(㉰)가 나타난다.

투자정보팀은 ㉮ ~ ㉲ 중 4개 이상의 이상 징후가 발견될 경우 투자를 하지 않기로 결정한다.

> **조건**
> 1. ㉮는 A, B, C기업에서만 나타났다.
> 2. ㉯는 D기업에서 나타났고, C와 E기업에서는 나타나지 않았다.
> 3. ㉱는 B기업에서 나타났고, A기업에서는 나타나지 않았다.
> 4. ㉲는 A기업에서 나타나지 않았다.
> 5. 각각의 이상 징후 ㉮ ~ ㉲ 중 모든 기업에서 동시에 나타나는 이상 징후는 없었다.

① A, E
② B, C
③ B
④ D, E

16 S회사에서는 직원들에게 다양한 혜택이 있는 복지카드를 제공한다. 복지카드의 혜택 사항과 B사원의 하루 일과가 다음과 같을 때, ⓐ~ⓔ 중에서 복지카드로 혜택을 볼 수 없는 행동을 모두 고르면?

〈복지카드 혜택사항〉

구 분	세부내용
교 통	대중교통(지하철, 버스) 3~7% 할인
의 료	병원 5% 할인(동물병원 포함, 약국 제외)
쇼 핑	의류, 가구, 도서 구입 시 5% 할인
영 화	영화관 최대 6천 원 할인

〈B사원의 하루 일과〉

B는 오늘 친구와 백화점에서 만나 쇼핑을 하기로 약속을 했다. 집에서 ⓐ 지하철을 타고 약 20분이 걸려 백화점에 도착한 B는 어머니 생신 선물로 ⓑ 화장품과 옷을 산 후, 동생의 이사 선물로 줄 ⓒ 침구류도 구매하였다. 쇼핑이 끝난 후 B는 ⓓ 버스를 타고 집에 돌아와 자신이 키우는 애완견의 예방접종을 위해 ⓔ 병원에 가서 진료를 받았다.

① ⓐ, ⓑ, ⓓ

② ⓑ, ⓒ

③ ⓐ, ⓑ, ⓒ

④ ⓒ, ⓔ

17 다음 대화 내용과 원/100엔 환율 정보를 참고하였을 때, 빈칸에 들어갈 A사원의 대답으로 가장 적절한 것은?

A사원 : 팀장님, 한 달 뒤에 2박 3일간 일본에서 해외교육연수가 있다는 것을 알고 있으시죠? 그런데 숙박요금이 어떻게 될지….

팀 장 : 무엇이 문제지? 예전에 1박당 13,000엔으로 숙박 당일에 현찰로 지불한다고 예약해두지 않았나?

A사원 : 네, 맞습니다. 그런데 그 곳에 다시 전화해보니 오늘까지 전액을 송금하면 10% 할인을 해 준다고 합니다. 하지만 문제는 환율입니다. 오늘 뉴스에서 원/100엔 환율이 하락하는 추세로 향후 지속된다고 합니다.

팀 장 : 그럼 서로 비교해보면 되지 않은가? 어떤 방안이 얼마나 더 절약할 수 있지?

A사원 : [   ]

〈원/100엔 환율 정보〉

구 분	매매기준율(원)	현찰(원)		송금(원)	
		살 때	팔 때	보낼 때	받을 때
오 늘	1,110	1,130	1,090	1,120	1,100
한 달 뒤	990	1,010	970	1,000	980

※ 환전 시 금액의 소수점은 절사함

---

① 비교해 보니 오늘 결제하는 것이 260원 더 저렴합니다.
② 비교해 보니 오늘 결제하는 것이 520원 더 저렴합니다.
③ 비교해 보니 한 달 뒤에 결제하는 것이 260원 더 저렴합니다.
④ 비교해 보니 한 달 뒤에 결제하는 것이 520원 더 저렴합니다.

18 S공사에 전자파와 관련된 고객의 문의전화가 걸려왔다. 가전제품 전자파 절감 가이드라인에 기반한 다음 질문의 응답으로 옳지 않은 것끼리 짝지은 것은?

〈가전제품 전자파 절감 가이드라인〉

1. 생활가전제품 사용 시에는 가급적 30cm 이상 거리를 유지하세요.
   - 가전제품의 전자파는 30cm 거리를 유지하면 밀착하여 사용할 때보다 1/10로 줄어듭니다.
2. 전기장판은 담요를 깔고, 온도는 낮게, 온도 조절기는 멀리 하세요.
   - 전기장판의 자기장은 3 ~ 5cm 두께의 담요나 이불을 깔고 사용하면 밀착 시에 비해 50% 정도 줄어듭니다.
   - 전기장판의 자기장은 저온(취침모드)으로 낮추면 고온으로 사용할 때에 비해 50% 줄어듭니다.
   - 온도조절기와 전원접속부는 전기장판보다 전자파가 많이 발생하니 가급적 멀리 두고 사용하세요.
3. 전자레인지 동작 중에는 가까운 거리에서 들여다보지 마세요.
   - 사람의 눈은 민감하고 약한 부위에 해당되므로 전자레인지 동작 중에는 가까운 거리에서 내부를 들여다보는 것을 삼가는 것이 좋습니다.
4. 헤어드라이기를 사용할 때에는 커버를 분리하지 마세요.
   - 커버가 없을 경우 사용부위(머리)와 가까워져 전자파에 2배 정도 더 노출됩니다.
5. 가전제품은 필요한 시간만 사용하고 사용 후에는 항상 전원을 뽑으세요.
   - 가전제품을 사용한 후 전원을 뽑으면 불필요한 전자파를 줄일 수 있습니다.
6. 시중에서 판매되고 있는 전자파 차단 필터는 효과가 없습니다.
7. 숯, 선인장 등은 전자파를 줄이거나 차단하는 효과가 없습니다.

상담원 : 안녕하십니까, 고객상담팀 김○○입니다.

고 객 : 안녕하세요, 문의할 게 있어서 전화했습니다. 이번에 전기장판을 사용하는데 윙윙거리는 전자파 소리가 들려서 도저히 불안해서 사용할 수가 없네요. 전기장판에서 발생하는 전자파는 어느 정도인가요?

상담원 : ㉠ 일상생활에서 사용하는 모든 가전제품에서는 전자파가 나오지만 그 세기는 매우 미약하고 안전하니 걱정하지 않으셔도 됩니다.

고 객 : 하지만 괜히 몸도 피곤하고 전기장판에서 자면 개운하지 않은 것 같아서요.

상담원 : ㉡ 혹시 온도조절기가 몸과 가까이 있지 않나요? 온도조절기와 전원접속부는 전기장판보다 전자파가 더 많이 발생하니 멀리 두고 사용하면 전자파를 줄일 수 있습니다.

고 객 : 네, 온도조절기가 머리 가까이 있었는데 위치를 바꿔야겠네요.

상담원 : ㉢ 또한 전기장판은 저온으로 장시간 이용하는 것보다 고온으로 온도를 올리고 있다가 저온으로 낮춰 사용하는 것이 전자파 절감에 더 효과가 있습니다.

고 객 : 그럼 혹시 핸드폰에서 발생하는 전자파를 절감할 수 있는 방법도 있나요?

상담원 : ㉣ 핸드폰의 경우 시중에 판매하는 전차파 차단 필터를 사용하시면 50% 이상의 차단 효과를 보실 수 있습니다.

① ㉠, ㉡

② ㉠, ㉢

③ ㉡, ㉣

④ ㉢, ㉣

※ 다음은 S공사의 전기요금 할인제도 중 복지할인에 대한 종류를 명시한 표이다. 이어지는 질문에 답하시오. [19~20]

〈전기요금 할인제도〉

[복지할인 종류]

구 분	계약종별	적용대상	할인율
독립유공자	주택용	독립유공자 예우에 관한 법률에 의한 독립유공자 또는 독립유공자의 권리를 이전받은 유족 1인	정액감면(월 8천 원 한도)
국가유공자	주택용	국가유공자 등 예우 및 지원에 관한 법률에 의한 1~3급 상이자	
5·18 민주유공자	주택용	5.18 민주유공자 예우에 관한 법률에 의한 1~3급 상이자	
장애인	주택용	장애인복지법에 의한 1~3급 장애인	
사회복지시설	주택용	사회복지사업법에 의한 사회복지시설 ※ 노인복지주택, 유료양로시설, 유료노인요양시설 등 호화 사회복지시설은 감면대상에서 제외	21.6%
	일반용		20%
	심야(갑)		31.4%
	심야(을)		20%
기초생활수급자	주택용	국민기초생활보장법에 정한 수급자	정액감면(월 8천 원 한도)
	심야(갑)	주거용 심야전력 사용 기초생활수급자	31.4%
	심야(을)	주거용 심야전력 사용 기초생활수급자	20%
차상위계층	주택용	국민기초생활보장법에 의한 차상위계층 법령에 의해 지원받는 자	정액감면(월 2천 원 한도)
	심야(갑)	주거용 심야전력 사용 차상위계층	29.7%
	심야(을)	주거용 심야전력 사용 차상위계층	18%
3자녀 이상 가구	주택용	가구원 중 자녀가 3인 이상인 가구	20%(월 1만 2천 원 한도)

※ 단, 중복할인은 3개까지 가능함

19 다음 대화를 바탕으로 할머니가 받을 수 있는 복지할인의 종류를 적절하게 나열한 것은?

> 사회복지사 : 할머니 안녕하세요, A사회복지관 김○○입니다. 잘 지내셨어요?
> 할머니 : 네, 잘 지냈어요.
> 사회복지사 : 이제 여름도 다가오는데 전기요금 걱정 많으시죠? 할머니, 혹시 전기요금에서 복지
> 할인을 받으실 수 있는 항목이 있는지 여쭤보려고 전화 드렸어요.
> 할머니 : 복지할인? 우리 남편이 예전에 독립운동을 해서 독립유공자인데 일찍 돌아가셨어.
> 이것도 할인을 받을 수 있나? 내가 혜택을 받을 수 있는지 계속 나한테 연락이 오긴
> 하더라고.
> 사회복지사 : 그렇군요, 아 그러고보니 자녀분도 세 분 있는 걸로 알고 있는데요.
> 할머니 : 셋 다 결혼해서 큰아들이랑 둘째 아들은 서울에 살고 막내딸은 대구에 있어.
> 사회복지사 : 그러시군요. 할머니, 혹시 가지고 계신 장애등급은 없으세요?
> 할머니 : 예전에 몸이 안 좋아서 큰 수술을 한 번 했었는데, 심장 이식을 받았어. 그때 장애등
> 급 5급을 받았었는데, 등록증이 어디 있나 모르겠네.
> 사회복지사 : 네, 알겠습니다. 제가 해당사항 검토 후에 다시 연락드릴게요. 감사합니다.

① 독립유공자
② 독립유공자, 국가유공자
③ 기초생활수급자, 3자녀 이상 가구
④ 3자녀 이상 가구, 장애인

20 미성년자인 3남매를 둔 A씨 가족의 한 달 전기요금이 67,000원이라면, 복지요금으로 얼마를 할인
받을 수 있는가?

① 10,000원
② 11,200원
③ 12,000원
④ 13,400원

01 다음은 기획안을 제출하기 위한 정보수집 전에 어떠한 정보를 어떻게 수집할지에 대한 '정보의 전략적 기획'의 사례이다. S사원에게 필요한 정보로 적절하지 않은 것은?

> A전자의 S사원은 상사로부터 세탁기 신상품에 대한 기획안을 제출하라는 업무를 받았다. 먼저 S사원은 기획안을 작성하기 위해 자신에게 어떠한 정보가 필요한지를 생각해 보았다. 개발하려는 세탁기 신상품의 콘셉트는 중년층을 대상으로 한 실용적이고 경제적이며 조작하기 쉬운 것을 대표적인 특징으로 삼고 있다.

① 기존에 세탁기를 구매한 고객들의 데이터베이스로부터 정보가 필요할 수 있을 것이다.
② 현재 세탁기를 사용하면서 불편한 점은 무엇인지에 대한 정보가 필요할 것이다.
③ 데이터베이스로부터 남녀별 세탁기 선호 디자인에 대한 정보가 필요할 것이다.
④ 고객들의 세탁기에 대한 부담 가능한 금액은 얼마인지에 대한 정보도 필요할 것이다.

02 다음 글에 나타나는 S대학교의 문제 해결을 위한 대안으로 가장 적절한 것은?

> S대학교는 현재 학생 관리 프로그램, 교수 관리 프로그램, 성적 관리 프로그램의 3개의 응용 프로그램을 갖추고 있다. 학생 관리 프로그램은 학생 정보를 저장하고 있는 파일을 이용하고, 교수 관리 프로그램은 교수 정보 파일 그리고 성적 관리 프로그램은 성적 정보 파일을 이용한다. 즉, 다음과 같이 각각의 응용 프로그램들은 개별적인 파일을 이용한다.
> 이런 경우의 파일에는 많은 정보가 중복 저장되어 있다. 그렇기 때문에 중복된 정보가 수정되면 관련된 모든 파일을 수정해야 하는 불편함이 있다. 예를 들어, 한 학생이 자퇴하게 되면 학생 정보 파일뿐만 아니라 교수 정보 파일, 성적 정보 파일도 수정해야 하는 것이다.

① 데이터베이스 구축　　　　　② 유비쿼터스 구축
③ RFID 구축　　　　　　　　④ NFC 구축

03 다음 중 정보처리 절차에 대한 설명으로 옳지 않은 것은?

① 정보의 기획은 정보의 입수대상, 주제, 목적 등을 고려하여 전략적으로 이루어져야 한다.

② 정보처리는 기획 – 수집 – 활용 – 관리의 순서로 이루어진다.

③ 다양한 정보원으로부터 목적에 적합한 정보를 수집해야 한다.

④ 정보 관리 시에 고려하여야 할 3요소는 목적성, 용이성, 유용성이다.

04 다음 시트의 [A2:A4] 영역의 데이터를 이용하여 [C2:C4] 영역처럼 표시하려고 할 때, [C2] 셀에 작성해야 할 수식으로 옳은 것은?

	A	B	C
1	주소	사원 수	출신지
2	서귀포시	10	서귀포
3	여의도동	90	여의도
4	김포시	50	김포

① $=LEFT(A2, LEN(A2)-1)$

② $=RIGHT(A2, LENGTH(A2))-1$

③ $=MID(A2, 1, VALUE(A2))$

④ $=LEFT(A2, TRIM(A2))-1$

05 다음 시트에서 [D2:D7]처럼 생년월일만 따로 구하려고 할 때 [D2] 셀에 작성해야 할 수식으로 옳은 것은?

	A	B	C	D
1	순번	이름	주민등록번호	생년월일
2	1	김현진	880821-2949324	880821
3	2	이혜지	900214-2928342	900214
4	3	김지언	880104-2124321	880104
5	4	이유미	921011-2152345	921011
6	5	박슬기	911218-2123423	911218
7	6	김혜원	920324-2143426	920324

① $=RIGHT(A2, 6)$

② $=RIGHT(A2, C2)$

③ $=LEFT(C2, 6)$

④ $=LEFT(C2, 2)$

06 다음 시트의 [B9] 셀에 「＝DSUM(A1:C7,C1,A9:A10)」 함수를 입력했을 때 결괏값으로 옳은 것은?

▲	A	B	C
1	이름	직급	상여금
2	장기동	과장	1,200,000
3	이승연	대리	900,000
4	김영신	차장	1,300,000
5	공경호	대리	850,000
6	표나리	사원	750,000
7	한미연	과장	950,000
8			
9	상여금		
10	〉=1,000,000		

① 5,950,000
② 2,500,000
③ 1,000,000
④ 3,450,000

07 다음은 정보화 사회에서 필수적으로 해야 할 일에 대한 글이다. 이에 대한 사례로 적절하지 않은 것은?

첫째, 정보검색이다. 인터넷에는 수많은 사이트가 있으며, 여기서 내가 원하는 정보를 찾는 것을 정보검색, 즉 인터넷 서핑이라 할 수 있다. 현재 인터넷에는 수많은 사이트가 있으며, 그 많은 사이트에서 내가 원하는 정보를 찾기란 그렇게 만만치 않다. 지금은 다행히도 검색방법이 발전하여 문장 검색용 검색엔진과 자연어 검색방법도 나와 네티즌들로부터 대환영을 받고 있다. 검색이 그만큼 쉬워졌다는 것이다. 이러한 발전에 맞추어 정보화 사회에서는 궁극적으로 타인의 힘을 빌리지 않고 내가 원하는 정보는 무엇이든지 다 찾을 수 있어야 한다. 즉, 자신이 가고 싶은 곳의 정보라든지 궁금한 사항을 스스로 해결할 정도는 되어야 한다는 것이다.
둘째, 정보관리이다. 인터넷에서 어렵게 검색하여 찾아낸 결과를 관리하지 못하여 머리 속에만 입력하고, 컴퓨터를 끄고 나면 잊어버리는 것은 정보관리를 못하는 것이다. 자기가 검색한 내용에 대하여 파일로 만들어 보관하든 프린터로 출력하여 인쇄물로 보관하든, 언제든지 필요할 때 다시 볼 수 있을 정도가 되어야 한다.
셋째, 정보전파이다. 정보관리를 못한 사람은 정보전파가 어렵다. 오로지 입을 이용해서만 전파가 가능하기 때문이다. 요즘은 전자우편과 SNS를 이용해서 정보를 전달하기 때문에 정보전파가 매우 쉽다. 참으로 편리한 세상이 아닐 수 없다. 인터넷만 이용하면 편안히 서울에 앉아서 미국에도 논문을 보낼 수 있는 것이다.

① A씨는 축구에서 승리하는 국가를 맞추기 위해 인터넷으로 선발 선수들의 특징을 검색했다.
② B씨는 라면을 맛있게 조리할 수 있는 비법을 SNS에 올렸다.
③ C씨는 다음 주 제주도 여행을 위해서 다음 주 날씨를 요일별로 잘 파악해서 기억하고자 했다.
④ D씨는 가진 금액에 맞는 의자를 사기 위해 가격 비교 사이트를 이용했다.

08 다음 중 Windows 작업 표시줄에 대한 설명으로 옳지 않은 것은?

① 작업 표시줄을 숨길 경우 마우스를 작업 표시줄 위치로 가져가면 표시된다.

② 화면에서 작업 표시줄의 위치는 상하좌우 모두 가능하다.

③ 작업 표시줄을 잠그지 않을 경우 화면의 70%까지 크기 조절이 가능하다.

④ 작업 표시줄의 계단식 창 배열을 통해 프로그램 창들을 정리할 수 있다.

09 다음 〈보기〉 중 Windows 환경에서 키 조합과 해당 조합의 기능을 바르게 짝지은 것은?

> **보기**
>
> ㄱ. 〈Windows 로고 키〉＋〈E〉 : 활성창을 새로 고친다.
> ㄴ. 〈Windows 로고 키〉＋〈K〉 : 연결 바로가기를 연다.
> ㄷ. 〈Ctrl〉＋〈A〉 : 문서나 창에 있는 모든 항목을 선택한다.
> ㄹ. 〈Ctrl〉＋〈Y〉 : 선택한 항목을 잘라 낸다.

① ㄱ, ㄴ

② ㄱ, ㄹ

③ ㄴ, ㄷ

④ ㄷ, ㄹ

10 다음 대화에서 S사원이 답변할 내용으로 적절하지 않은 것은?

> P과장 : 자네, 마우스도 거의 만지지 않고 윈도우를 사용하다니, 신기하군. 방금 윈도우 바탕화면에 있는 창들이 모두 사라졌는데 어떤 단축키를 눌렀나?
> S사원 : 네, 과장님. [윈도우] 키와 [D]를 함께 누르면 바탕화면에 펼쳐진 모든 창들이 최소화됩니다. 이렇게 주요한 단축키를 알아두면 업무에 많은 도움이 됩니다.
> P과장 : 그렇군. 나도 자네에게 몇 가지를 배워서 활용해 봐야겠어.
> S사원 : 우선 윈도우에서 자주 사용하는 단축키를 알려드리겠습니다.
> 　　　　첫 번째로 ┌──────────────────────────┐

① [윈도우]+[E]를 누르면 윈도우 탐색기를 열 수 있습니다.

② [윈도우]+[Home]을 누르면 현재 보고 있는 창을 제외한 나머지 창들이 최소화됩니다.

③ 잠시 자리를 비울 때 [윈도우]+[L]을 누르면 잠금화면으로 전환시킬 수 있습니다.

④ [Alt]+[W]를 누르면 현재 사용하고 있는 창을 닫을 수 있습니다.

05 대인관계능력

01 다음 중 효과적인 팀의 특성으로 가장 적절한 것은?

① 주관적인 결정이 이루어진다.
② 결과에 초점을 맞춘다.
③ 구성원 간의 의존도가 높지 않다.
④ 갈등의 존재를 개방적으로 다루지 않는다.

02 S사에 근무하는 A부장은 현재 자신의 부서에 부족한 팀워크를 해결하기 위해 아침회의 전에 부서 사원들에게 훌륭한 팀워크를 위해 조언을 해 주고자 한다. 다음 중 A부장이 부서 사원들에게 해 줄 조언 내용으로 가장 적절한 것은?

① 자기중심적인 개인주의가 필요하다.
② 사원들 간의 사고방식 차이는 있을 수 없다.
③ 강한 자신감보다는 신중함이 필요하다.
④ 솔직한 대화로 서로를 이해해야 한다.

03 S부서에서는 브레인스토밍 방법으로 티셔츠 디자인의 테마를 정하는 회의를 하고 있다. 다음 중 이에 대한 내용으로 적절하지 않은 것은?

① 회의에서 이사원이 치즈라면에 대해서 이야기하자 최과장은 노란색과 붉은색의 조화가 떠올랐다고 말했다.
② 최과장이 노란색과 붉은색의 타원을 이용한 디자인 아이디어를 제시하자, 이사원은 거기에 파란색을 넣어서 신호등처럼 만드는 것은 어떻겠냐며 웃음 섞인 제안을 했다.
③ 김부장은 회의의 효율성을 위하여 자꾸 엉뚱한 이야기만 하는 이사원에게 조심스럽게 자제를 부탁했다.
④ 김부장은 최과장의 아이디어에 아주 작은 수정만을 가하여 삼각형을 이용한 디자인 아이디어를 제시했다.

04 다음 중 높은 성과를 내는 임파워먼트 환경의 특징으로 적절하지 않은 것은?

① 학습과 성장의 기회
② 현상 유지와 순응
③ 개인들이 공헌하며 만족한다는 느낌
④ 도전적이고 흥미 있는 일

05 S사의 관리팀 팀장으로 근무하는 A과장은 최근 팀장 회의에서 '관리자가 현상을 유지한다면, 리더는 세상을 바꾼다.'는 리더와 관리자의 차이에 대한 설명을 듣게 되었다. 이와 관련하여 관리자가 아닌 진정한 리더가 되기 위한 A과장의 다짐으로 적절하지 않은 것은?

① 위험을 회피하기보다는 계산된 위험을 취하도록 해야 한다.
② 사람을 관리하기보다는 사람의 마음에 불을 지펴야 한다.
③ 상황에 수동적인 모습보다는 새로운 상황을 창조해야 한다.
④ 내일에 초점을 맞추기보다는 오늘에 초점을 맞추어야 한다.

06 S사에 근무하는 사원 A씨는 최근 자신의 상사인 B대리 때문에 스트레스를 받고 있다. A씨가 공들여 작성한 기획서를 제출하면 B대리가 중간에서 매번 퇴짜를 놓기 때문이다. 이와 동시에 A씨는 자신에 대한 B대리의 감정이 좋지 않은 것 같아 마음이 더 불편하다. A씨가 직장 동료인 C씨에게 이러한 어려움을 토로했을 때, 다음 중 C씨가 A씨에게 해 줄 수 있는 조언으로 적절하지 않은 것은?

① 무엇보다 관계 갈등의 원인을 찾는 것이 중요하다.
② B대리님의 입장을 충분히 고려해 볼 필요가 있다.
③ B대리님과 마음을 열고 대화해 볼 필요가 있다.
④ B대리님과 누가 옳고 그른지 확실히 논쟁해 볼 필요가 있다.

07 다음 중 조직에서 갈등을 증폭시키는 행위로 적절하지 않은 것은?

① 갈등이 발견되면 바로 갈등 문제를 즉각적으로 다루려고 한다.

② 팀의 공동목표 달성보다는 본인의 승진이 더 중요하다고 생각한다.

③ 다른 팀원이 중요한 프로젝트를 맡은 경우에 그 프로젝트에 대해 자신이 알고 있는 노하우를 알려주지 않는다.

④ 팀원 간에 서로 상대보다 더 높은 인사고과를 얻기 위해 경쟁한다.

08 다음 중 '고객만족관리'의 필요성에 대한 설명으로 적절하지 않은 것은?

① 기업의 제품이나 서비스의 불만족은 고객이탈로 이어지지 않으나 기업 이미지에 큰 영향을 미친다.

② 경제성장으로 인해 고객의 욕구는 더욱 진화하였으며, 기대수준 또한 높아졌다.

③ 기업의 제품이나 서비스에 대해 만족한 고객의 구전이 신규고객의 창출로 이어진다.

④ 고객만족은 기업의 단골 증대로 이어지며 공생의 개념과 관계가 있다.

09 S사원은 회사에서 고객 상담 업무를 담당하고 있다. 고객이 찾아와 화를 내며 불만을 말할 때, 다음 중 S사원이 대응해야 할 방법으로 가장 적절한 것은?

① 회사 규정을 말하며 변명을 한다.

② 고객의 불만을 먼저 들은 후에 사과를 한다.

③ 어떠한 비난도 하지 않고 문제를 해결한다.

④ 일단 당장 화를 가라앉히기 위해 터무니없는 약속을 해 둔다.

10 다음 중 영업사원으로서 고객정보 수집 과정에 대한 내용으로 적절하지 않은 것은?

① 고객정보를 수집할 때에는 그 정보가 필요한 이유와 목적을 미리 안내하여야 한다. 그래야 고객도 적극적으로 자신의 정보를 제공해 주기 때문이다.

② 고객정보는 정확해야 하므로 큰 소리로 대화하도록 해야 한다.

③ 고객의 입장에서 우호적인 분위기를 만들되 사무적이거나 심문하는 듯한 말투는 삼가야 한다.

④ 고객과 커뮤니케이션을 할 때에는 고객이 답하기 쉬운 내용과 질문법을 이용하여야 한다. 주로 '예, 아니요' 등의 간단한 답변을 할 수 있는 질문을 많이 활용하는 것이 좋다.

06 정답 및 해설

01 의사소통능력

01	02	03	04	05	06	07	08	09	10	11	12	13	14	15	16	17	18	19	20
③	①	④	①	①	③	②	④	④	④	③	④	③	②	②	①	②	④	②	①

01 정답 ③

제시문은 동양과 서양에서 달에 대해 서로 다른 의미를 부여하고 있는 것을 설명하고 있는 글이다. 따라서 (나) '동양에서 나타나는 해와 달의 의미' → (라) '동양과 상반되는 서양에서의 해와 달의 의미' → (다) '최근까지 지속되고 있는 달에 대한 서양의 부정적 의미' → (가) '동양에서의 변화된 달의 이미지'의 순서대로 나열하는 것이 적절하다.

02 정답 ①

기업은 최저임금제도로 인건비가 높아지면 경제적 부담으로 다가올 수 있다. 그러나 근로자의 소비 지출 증가로 기업의 생산과 판매를 촉진시키므로 기업 입장에서 최저임금제도가 아무런 이득이 없는 것은 아니다.

오답분석

② 인건비 인상으로 인한 기업의 비용 부담 증가는 일자리의 제약이나 물가 상승으로 이어질 수 있다.
③ 근로자들이 안정된 임금을 받게 되면 소비력이 강화되고 소비 지출이 증가한다.
④ 최저임금제도는 불공정한 임금구조를 해소하고 경제적인 격차를 완화하는 데 도움을 준다.

03 정답 ④

보기의 문장은 '노인 무임승차'에 대해 언급하며 마무리된다. 따라서 이어질 내용은 노인 무임승차의 도입 배경을 서술하는 (나) 문단이, 그 다음은 이러한 노인 무임승차의 문제점이 무엇인지 지적하는 (라) 문단이 이어지는 것이 적절하다. (가) 문단과 (다) 문단을 살펴보면, (가) 문단은 (라) 문단에서 지적한 문제점을 해결하기 위한 해결책을 언급하고, (다) 문단은 (가) 문단에서 말한 해결책이 현실적으로 어렵다고 토로한다. 따라서 (가) ~ (라) 문단을 논리적 순서대로 바르게 나열하면 (나) – (라) – (가) – (다)가 된다.

04 정답 ①

오답분석

② 제시문에 따르면 이전에는 서울업무상질병판정위원회에서만 진행했던 산재 조사판정을 이제는 서울 외 지역에서도 각자 진행하고 있다고 하였다. 따라서 ⓒ에서는 각 지역에서 개별적으로 진행하고 있다는 내용의 '분산했고'가 적절하다.
③ 제시문에 따르면 이전에 비해 산재 승인율이 감소하고 있다고 하였다. 따라서 불승인율은 증가한 상황에 불승인에 불복한 행정소송 제기는 더 증가했을 것임을 추론할 수 있다. 따라서 ⓒ에는 '감소'보다는 '증가'가 더 적절하다.
④ 상관관계란 두 대상이 서로 관련성이 있다고 추측되는 넓은 의미의 관계인 반면, 인과관계는 어떤 사실로 인해 어떤 다른 사실이 초래되었다는 원인·결과 성립의 좁은 의미 관계를 말한다. 따라서 문맥상 대법원보다 소극적인 방식으로 업무상 사망을 기준 짓는 공단은 해당 사건을 '인과관계'의 기준으로 적용했다는 보는 것이 더 적절하다.

05 정답 ①

제시문에 따르면 기존의 경제학에서는 인간을 철저하게 합리적이고 이기적인 존재로 보았지만, 행동경제학에서는 인간을 제한적으로 합리적이고 감성적인 존재로 보았다. 따라서 글의 흐름상 ⊙에는 '다른'이 적절하다.

06 정답 ③

수면 패턴은 휴일과 평일 모두 일정하게 지키는 것이 성장하는 아이들의 수면 리듬을 유지하는 데 좋다. 따라서 휴일에 늦잠을 자는 것은 적절하지 않다.

07 정답 ②

제시문에서는 유명 음악가 바흐와 모차르트에 대해 알려진 이야기들과, 이와는 다르게 밝혀진 사실을 대비하여 이야기하고 있다. 또한 사실이 아닌 이야기가 바흐와 모차르트의 삶을 미화하는 경향이 있으므로 제목으로는 '미화된 음악가들의 이야기와 그 진실'이 가장 적절하다.

08 정답 ④

제시문에 따르면 신약 개발의 전문가가 되기 위해서는 해당 분야에서 오랫동안 연구한 경험이 필요하므로 석사나 박사 학위를 취득하는 것이 유리하다고 하였다. 그러나 석사나 박사 학위가 신약 개발 전문가가 되는 데 도움을 준다는 것일 뿐이므로 반드시 필요한 필수 조건인지는 알 수 없다. 따라서 ④는 제시문을 통해 추론할 수 없다.

09 정답 ④

LPG는 폭발 위험성이 크지만 가정용으로 사용되며 대표적인 것으로 가스레인지 등에 사용되는 가스통 형태가 있다.

[오답분석]

① PNG, CNG, LNG 등은 천연가스로 천연가스는 열량이 높은 청정에너지로서 친환경적이다.
② PNG는 생산지에서 배관으로 직접 가스를 공급하는 것으로 북한과 통일된다면 천연가스가 풍부한 나라처럼 생산지에서 배관을 연결하여 PNG를 활용할 수 있을 것이다.
③ CNG는 LNG를 자동차 연료로 변환한 것으로 부피는 LNG(천연가스 약 600배 압축)보다 3배 크지만, 천연가스보다는 부피가 작다. 현재 서울 시내버스는 대부분 CNG를 사용한다.

10 정답 ④

바우마이스터에 따르면 개인은 자신이 가지고 있는 제한된 에너지를 자기 조절 과정에 사용하는데, 이때 에너지를 많이 사용한다고 하더라도 긴박한 상황을 대비하여 에너지의 일부를 남겨 두기 때문에 에너지가 완전히 고갈되는 상황은 벌어지지 않는다. 즉, S씨는 식단 조절 과정에 에너지를 효율적으로 사용하지 못하였을 뿐, 에너지가 고갈되어 식단 조절에 실패한 것은 아니다.

[오답분석]

① 반두라에 따르면 인간은 자기 조절 능력을 선천적으로 가지고 있으며, 자기 조절은 세 가지의 하위 기능인 자기 검열, 자기 판단, 자기 반응의 과정을 통해 작동한다.
② 반두라에 따르면 자기 반응은 자신이 한 행동 이후에 자신에게 부여하는 정서적 현상을 의미하는데, 자신이 지향하는 목표와 관련된 개인적 표준에 부합하지 않은 행동은 죄책감이나 수치심이라는 자기 반응을 만들어 낸다.
③ 바우마이스터에 따르면 자기 조절은 개인적 표준, 모니터링, 동기, 에너지로 구성된다. S씨의 건강관리는 개인의 목표 성취와 관련된 개인적 표준에 해당하며, 이를 위해 S씨는 자신의 행동을 관찰하는 모니터링 과정을 거쳤다.

11 정답 ③

두 번째 문단에서 지구의 내부가 지각, 상부 맨틀, 하부 맨틀, 외핵, 내핵으로 이루어진 층상 구조라고 밝힌 것에서, '지구 내부의 구조'라는 글의 핵심 내용을 확인할 수 있다.

12 정답 ④

제시문은 최근 식도암 발병률이 늘고 있는데, S병원의 조사 결과를 근거로 식도암을 조기 발견하여 치료하면 치료 성공률을 높일 수 있다고 말하고 있다. 따라서 (라) '최근 서구화된 식습관으로 식도암이 증가' → (가) '식도암은 조기에 발견하면 치료 성공률을 높일 수 있음' → (마) 'S병원이 조사한 결과 초기에 치료할 경우 생존율이 높게 나옴' → (나) '식도암은 조기에 발견할수록 치료 효과가 높았지만 실제로 초기에 치료받는 환자의 수는 적음' → (다) '식도암을 조기에 발견하기 위해서 50대 이상 남성은 정기적으로 검사를 받을 것을 강조' 순으로 나열되어야 한다.

13 정답 ③

주어진 보기에서는 '선택적 함묵증'을 불안장애로 분류하고 있다. 따라서 불안장애에 대한 구체적인 설명 및 동반 행동을 제시하는 (라) 문단이 보기의 문장 뒤에 이어지는 것이 논리적으로 타당하다. 다음에는 이러한 불안장애 중 하나인 선택적 함묵증을 치료하기 위한 방안인 (가) 문단이 이어지고, (가) 문단에서 제시한 치료 방법의 구체적 방안 중 하나인 '미술 치료'를 언급한 (다) 문단이 이어지는 것이 적절하다. 마지막으로 (다) 문단에서 언급한 '미술 치료'가 선택적 함묵증의 증상을 나타내는 아동에게 어떠한 영향을 미치는지 언급한 (나) 문단이 이어질 것이다.

14 정답 ②

용융 탄산염형 연료전지는 고온에서 고가의 촉매제가 필요하지 않고, 열병합에 용이한 덕분에 발전 사업용으로 활용할 수 있다. 또한 고체 산화물형 연료전지는 $800 \sim 1,000℃$의 고온에서 작동하여 발전 시설로서 가치가 크다. 따라서 발전용으로 적절한 연료전지는 용융 탄산염형 연료전지와 고체 산화물형 연료전지이다.

[오답분석]

① 알칼리형 연료전지는 연료나 촉매에서 발생하는 이산화탄소를 잘 버티지 못한다는 단점 때문에 1960년대부터 우주선에 주로 사용해 왔다.
③ 인산형 연료전지는 진한 인산을 전해질로, 백금을 촉매로 사용한다.
④ 고체 산화물형 연료전지는 전해질을 투입하지 않는 것을 통해서가 아니라, 전해질로 고체 세라믹을 주로 이용함으로써 전지의 부식 문제를 보완한 형태이다.

15 정답 ②

㉠과 ㉡의 관계는 상위와 하위 관계이다. 반면, '기우'와 '걱정'은 동의관계이므로 의미관계가 유사하지 않다.

16 정답 ①

• 엑스레이를 찍는 것만으로도 위험하다(오해). → 3번째 문단
• 임신한 사람은 방사선 노출을 피해야 한다(진실). → 4번째 문단
• 유방암 검진이 오히려 유방암을 일으킬 수 있다(오해). → 5번째 문단
• 방사선 노출은 자연 상태에서도 이루어진다(진실). → 6번째 문단

17 정답 ②

점오염원은 공장, 하수 처리장 등과 같이 일정한 지점에서 오염물질을 배출하는 것을 말하므로 (다)가 적절하다. 비점오염원은 점오염원을 제외하고 불특정하게 오염물질을 배출하는 도시, 도로, 농지, 산지 등의 오염물질 발생원을 뜻하므로 토사, 오수, 농약 등을 말한다.

18 정답 ④

[오답분석]

① 포장마차나 노점상에서 나오는 하수는 길거리 빗물받이에 버릴 수 없다.
② 아파트에서 세탁기 설치 시, 앞베란다가 아닌 뒤베란다나 다용도실에 설치해야 한다.
③ 야외에서 쓰레기는 지정된 장소에만 버려야 하며 땅속에 묻거나 태우는 행위를 해서는 안 된다.

19 정답 ②

플라톤 시기에는 이제 막 알파벳이 보급되고, 문자문화가 전래의 구술적 신화문화를 대체하기 시작한 시기였다.

[오답분석]

① 타무스 왕은 문자를 죽였다고 표현하며, 생동감 있고 살아있는 기억력을 퇴보시킬 것이라 보았다.
③ 문자와 글쓰기는 콘텍스트를 떠나 비현실적이고 비자연적인 세계 속에서 수동적으로 이뤄진다.
④ 물리적이고 강제적인 억압에 의해 말살될 위기에 처한 진리의 소리는 기념비적인 언술 행위의 문자화를 통해서 저장되어야 한다고 보는 입장이 있다.

20 정답 ①

기단의 성질을 기호로 표시할 때의 순서는 습도 → 기단의 온도 → 열역학적 특성이다. 마지막 문단에 설명된 시베리아 기단의 성질은 지표면보다 차가운 대륙성 한대기단이므로 기호는 cPk가 된다. 북태평양 기단의 성질은 지표면보다 더운 해양성 열대기단이므로 mTw이며 지표면보다 차가운 해양성 한대기단인 오호츠크해 기단은 mPk로 표기한다.

02 수리능력

01	02	03	04	05	06	07	08	09	10	11	12	13	14	15	16	17	18	19	20
④	②	②	③	④	③	②	③	①	②	②	③	④	③	④	③	③	①	④	①

01 정답 ④

- 1학기의 기간 : $15 \times 7 = 105$일
- 연체료가 부과되는 기간 : $105 - 10 = 95$일
- 연체료가 부과되는 시점에서부터 한 달 동안의 연체료 : $30 \times 100 = 3,000$원
- 첫 번째 달부터 두 번째 달까지의 연체료 : $30 \times 100 \times 2 = 6,000$원
- 두 번째 달부터 세 번째 달까지의 연체료 : $30 \times 100 \times 2 \times 2 = 12,000$원
- 95일(3개월 5일) 연체료 : $3,000 + 6,000 + 12,000 + 5 \times (100 \times 2 \times 2 \times 2) = 25,000$원

따라서 1학기 동안 대학 서적을 도서관에서 빌려 사용한다면 25,000원의 비용이 든다.

02 정답 ②

샌들의 정가는 $20,000 + 20,000 \times 0.4 = 28,000$원이다.

정가를 $x\%$ 할인하였다고 하면

$$(\text{판매가}) = (\text{정가}) - (\text{할인 금액}) = (28,000) - \left(28,000 \times \frac{1}{100}x\right) 원$$

이때 (판매가) $-$ (원가) $=$ (이익)이고, 원가의 10%인 이익이 $20,000 \times 0.1 = 2,000$원이므로

$$\left\{(28,000) - \left(28,000 \times \frac{1}{100}x\right)\right\} - 20,000 = 2,000$$

$28,000 - 280x = 22,000$

$280x = 6,000 \rightarrow x \fallingdotseq 21.4$

따라서 판매가에서 약 21.4%를 할인해야 원가의 10% 이익을 얻을 수 있다.

03 정답 ②

ㄱ. 중복조합을 구한다. $_6H_{10} = {}_{6+10-1}C_{10} = {}_{15}C_5 = \dfrac{15 \times 14 \times 13 \times 12 \times 11}{5 \times 4 \times 3 \times 2 \times 1} = 3,003$가지

ㄴ. 같은 것을 포함한 순열을 구한다. $\dfrac{4!}{2!} = 12$가지

ㄷ. 중복을 포함한 경우의 수를 구한다. $_5\Pi_4 = 5^4 = 625$가지

따라서 경우의 수가 큰 것부터 순서대로 나열하면 ㄱ - ㄷ - ㄴ이다.

04 정답 ③

S야구팀의 작년 경기 횟수를 x회, 작년의 승리 횟수를 $0.4x$회라고 하자.

작년과 올해를 합산한 승률이 45%이므로

$\dfrac{0.4x + 65}{x + 120} = 0.45 \rightarrow 5x = 1,100 \rightarrow x = 220$

작년의 총 경기 횟수는 220회이고, 승률이 40%이므로 이긴 경기는 $220 \times 0.4 = 88$회이다.

따라서 S야구팀이 작년과 올해에 승리한 총 횟수는 $88 + 65 = 153$회이다.

05 정답 ④

10인 단체 티켓 가격은 $10 \times 16{,}000 \times 0.75 = 120{,}000$원이다. 놀이공원에 방문하는 부서원 수를 x명이라 할 때 부서원이 10명 이상이라면 10인 단체 티켓 1장과 개인 티켓을 구매하는 방법이 있고, 10인 단체 티켓 2장을 구매하는 방법이 있다. 이때 두 번째 방법, 즉 단체 티켓 2장을 구매하는 것이 더 유리하기 위해서는 $16{,}000 \times (x-10) > 120{,}000$을 만족해야 하므로, $x > 17.5$이다.

따라서 부서원이 18명 이상일 때, 10인 단체 티켓 2장을 구매하는 것이 더 유리하다.

06 정답 ③

두 톱니의 최소공배수만큼 맞물린 후 처음으로 다시 같은 톱니에서 맞물린다. A톱니바퀴가 10회전을 하므로 맞물린 톱니 수는 2,200개이다. $220 = 2^2 \times 5 \times 11$이고 $2{,}200 = 2^3 \times 5^2 \times 11$이다.

따라서 B톱니바퀴의 톱니 수는 $2^3 \times 5^2 = 200$개이다.

07 정답 ②

$40 = 2^3 \times 5$, $12 = 2^2 \times 3$이므로 최소공배수는 $2^3 \times 3 \times 5 = 120$이다.

12명의 학생이 10일 동안 돌아가면서 정리하면 처음 같이 정리했던 부원과 함께 정리할 수 있다.

따라서 6월 7일에 정리한 학생들이 처음으로 도서관을 정리하는 날이 같아지는 날은 10일에다가 활동하지 않는 주말 4일을 더한 $10 + 4 = 14$일 후인 6월 21일이다.

08 정답 ③

진수, 민영, 지율, 보라 네 명의 최고점을 각각 a, b, c, d점이라고 하자.

$a + 2b = 10 \cdots \text{㉠}$

$c + 2d = 35 \cdots \text{㉡}$

$2a + 4b + 5c = 85 \cdots \text{㉢}$

㉢과 ㉠을 연립하면 $2 \times 10 + 5c = 85 \rightarrow 5c = 65 \rightarrow c = 13$

c의 값을 ㉡에 대입하여 d를 구하면 $13 + 2d = 35 \rightarrow 2d = 22 \rightarrow d = 11$

따라서 보라의 최고점은 11점이다.

09 정답 ①

주어진 조건에 의하여 모델 A의 연비는 $\dfrac{a}{3}$ km/L $= \dfrac{b}{5}$ km/L $\cdots \text{㉠}$,

모델 B의 연비는 $\dfrac{c}{3}$ km/L $= \dfrac{d}{5}$ km/L $\rightarrow d = \dfrac{5}{3}c \cdots \text{㉡}$이다.

3L로 시험했을 때 두 자동차의 주행거리의 합은 48km이므로 $a + c = 48 \cdots \text{㉢}$

모델 B가 달린 주행거리의 합은 56km이므로 $c + d = 56 \cdots \text{㉣}$

㉡과 ㉣을 연립하면 $c + \dfrac{5}{3}c = 56 \rightarrow c = 21$

c를 ㉢에 대입하면 $a + 21 = 48 \rightarrow a = 27$

즉, 모델 A의 연비는 $\dfrac{27}{3} = 9$km/L이고 모델 B의 연비는 $\dfrac{21}{3} = 7$km/L이다. 따라서 두 자동차의 연비의 곱은 $9 \times 7 = 63$이다.

10 정답 ②

• 평균 통화시간이 $6 \sim 9$분인 여자의 수 : $400 \times \dfrac{18}{100} = 72$명

• 평균 통화시간이 12분 이상인 남자의 수 : $600 \times \dfrac{10}{100} = 60$명

$\therefore \dfrac{72}{60} = 1.2$배

11 정답 ②

뉴질랜드의 수출수지는 8월에서 10월까지 증가했다가 11월에 감소한 후 12월에 다시 증가했다.

오답분석

① 한국의 수출수지 중 전월 대비 수출수지가 증가한 달은 9월, 10월, 11월이며 증가량이 가장 많았던 달은 45,309−41,983=3,326 백만 USD인 11월이다.

③ 그리스의 12월 수출수지는 2,426백만 USD이며 11월 수출수지는 2,409백만 USD이므로, 전월 대비 12월의 수출수지 증가율은 $\dfrac{2,426-2,409}{2,409}\times100≒0.7\%$이다.

④ 10월부터 12월 사이 한국의 수출수지는 '증가 → 감소'의 추이이다. 이와 같은 양상을 보이는 나라는 독일과 미국으로 2개국이다.

12 정답 ③

응답기간 중 하위 두 정당은 항상 D, E로 같다. 이 두 정당의 지지율의 합과 정당 C의 지지율은 다음과 같다.

구 분	1월	6월	12월
정당 D·E의 지지율 합	8.9+5.6=14.5%	5.2+3.3=8.5%	4.7+7.5=12.2%
정당 C의 지지율	12.8%	11.2%	10.8%

따라서 하위 두 정당의 지지율의 합이 정당 C의 지지율보다 낮은 때는 2022년 6월뿐이다.

13 정답 ④

1인당 GDP 순위는 E>C>B>A>D이다. 그런데 1인당 GDP가 가장 큰 E국은 1인당 GDP가 2위인 C국보다 1% 정도밖에 높지 않은 반면, 인구는 C국의 $\dfrac{1}{10}$ 이하이므로 총 GDP 역시 C국보다 작다. 따라서 1인당 GDP 순위와 총 GDP 순위는 일치하지 않는다.

14 정답 ③

2021년과 2019년 30대의 전년 대비 데이트폭력 경험 횟수 증가율을 구하면 다음과 같다.

• 2019년 : $\dfrac{11.88-8.8}{8.8}\times100=35\%p$

• 2021년 : $\dfrac{17.75-14.2}{14.2}\times100=25\%p$

따라서 30대의 2021년 전년 대비 데이트폭력 경험 횟수 증가율은 2019년보다 작다.

15 정답 ④

2019년의 인구성장률은 0.63%, 2022년의 인구성장률은 0.39%이다. 2022년의 인구성장률은 2019년의 인구성장률에서 40%p 감소한 값인 0.63×(1−0.4)=0.378%보다 값이 크므로 40%p 미만으로 감소하였다.

오답분석

① 표를 보면 2019년 이후 인구성장률이 매년 감소하고 있으므로 옳은 설명이다.

② 2017년부터 2022년까지의 인구성장률이 가장 낮았던 해는 2022년이며, 합계출산율도 2022년에 가장 낮았다.

③ 인구성장률과 합계출산율은 모두 2018년에는 전년 대비 감소하고, 2019년에는 전년 대비 증가하였으므로 옳은 설명이다.

16 정답 ③

발굴조사 비용의 비율은 아래와 같으며, 2020년도에 가장 높다.

• 2018년 : $\dfrac{2,509}{2,591}\times100≒96.8\%$

• 2019년 : $\dfrac{2,378}{2,470}\times100≒96.3\%$

• 2020년 : $\dfrac{2,300}{2,371}\times100≒97.0\%$

- 2021년 : $\dfrac{2,438}{2,515} \times 100 = 96.9\%$

- 2022년 : $\dfrac{2,735}{2,840} \times 100 = 96.3\%$

17 정답 ③

2021년 SOC, 2022년 산업·중소기업 분야가 해당한다.

오답분석

① 2018년 약 30%, 2020년은 약 31%의 비중을 차지한다.

② 2019년의 전년 대비 증가율은 $\dfrac{27.6 - 24.5}{24.5} \times 100 = 12.7\%p$이고, 2022년의 증가율은 $\dfrac{35.7 - 31.4}{31.4} \times 100 = 13.7\%p$이다.

④ 2018년에는 기타 분야가 차지하고 있는 비율이 더 높았다.

18 정답 ①

아시아의 소비실적이 2000년에 1,588Moe이었으므로 3배 이상이 되려면 4,764Moe 이상이 되어야 한다.

19 정답 ④

온실가스 총량은 2020년에 한 번 감소했다가 다시 증가한다.

오답분석

① 이산화탄소는 2018 ~ 2022년 동안 가장 큰 비중을 차지한다.

② 2022년 가계와 산업 부문의 배출량 차이는 42,721.67ppm으로 가장 큰 값을 가진다.

③ 제시된 자료를 보면 온실가스 배출량 차이는 지속적으로 증가하고 있다.

20 정답 ①

2020년 프랑스의 자국 영화 점유율은 한국보다 높다.

오답분석

② 표를 통해 쉽게 확인할 수 있다.

③ 2019년 대비 2022년 자국 영화 점유율이 하락한 국가는 한국, 영국, 독일, 프랑스, 스페인이고, 이 중 한국이 4.3%p 하락으로, 가장 많이 하락한 국가이다.

④ 일본, 독일, 스페인, 호주, 미국이 해당하므로 절반이 넘는다.

03 문제해결능력

01	02	03	04	05	06	07	08	09	10	11	12	13	14	15	16	17	18	19	20
③	①	①	④	①	③	③	①	④	②	③	②	④	②	③	②	②	④	①	③

01 정답 ③

D는 파란색을 선택하였으므로 보라색을 사용하지 않고, B와 C도 보라색을 사용한 적이 있으므로 A는 보라색을 선택한다. B는 빨간색을 사용한 적이 있고, 파란색과 보라색은 사용할 수 없으므로 노란색을 선택한다. C는 나머지 빨간색을 선택한다.

A	B	C	D
보라색	노란색	빨간색	파란색

따라서 항상 참인 것은 ③이다.

02 정답 ①

주어진 조건을 정리해 보면 다음과 같다.

구 분	A	B	C	D
경우 1	호밀식빵	우유식빵	밤식빵	옥수수식빵
경우 2	호밀식빵	밤식빵	우유식빵	옥수수식빵

따라서 항상 참인 것은 ①이다.

오답분석

②·③·④는 주어진 정보만으로 판단하기 힘들다.

03 정답 ①

주어진 조건을 정리해 보면 다음과 같다.

구 분	월	화	수	목	금
경우 1	보리밥	콩 밥	조 밥	수수밥	쌀 밥
경우 2	수수밥	콩 밥	조 밥	보리밥	쌀 밥

따라서 항상 참인 것은 ①이다.

오답분석

② 금요일에 먹을 수 있는 것은 쌀밥이다.

③·④는 주어진 정보만으로 판단하기 힘들다.

04 정답 ④

주어진 조건에 따라 엘리베이터 검사 순서를 추론해 보면 다음과 같다.

첫 번째	5호기
두 번째	3호기
세 번째	1호기
네 번째	2호기
다섯 번째	6호기
여섯 번째	4호기

따라서 1호기 다음은 2호기, 그 다음이 6호기이고, 6호기는 5번째로 검사한다.

05 정답 ①

한 번 거주했던 층에서는 다시 거주할 수 없기 때문에 A는 3층, B는 2층에 배정될 수 있다. C는 1층 또는 4층에 배정될 수 있지만, D는 1층에만 거주할 수 있기 때문에, C는 4층, D는 1층에 배정된다. 이를 표로 정리하면 다음과 같다.

A	B	C	D
3층	2층	4층	1층

따라서 항상 참인 것은 ①이다.

오답분석

②·③·④ 주어진 정보만으로는 판단하기 힘들다.

06 정답 ③

네 번째, 다섯 번째 명제에 의해, A와 C는 각각 2종류의 동물을 키운다. 또한 첫 번째, 두 번째, 세 번째 명제에 의해, A는 토끼를 키우지 않는다. 따라서 A는 개와 닭, C는 고양이와 토끼를 키운다. 첫 번째 조건에 의해 D는 닭을 키우므로 C는 키우지 않지만 D가 키우는 동물은 닭이다.

① 세 번째 명제에 의해, B가 개를 키운다.
② B가 토끼는 키우지 않지만, 고양이는 키울 수도 있다.
④ A, B, D 또는 B, C, D가 같은 동물을 키울 수 있다.

07 정답 ③
ㄴ. 편견이나 선입견에 의해 결정을 내리는 것을 지양하는 것은 개방성에 대한 설명이다.
ㄹ. 고정성, 독단적 태도, 경직성을 배격하는 것은 융통성에 대한 설명이다.

08 정답 ①
• 성민 : 하위의 사실이나 현상으로부터 사고하여 상위의 주장을 만들어가는 방법은 피라미드 구조에 따른 논리적 사고이다.
• 가연 : 피라미드 구조는 보조 메시지에서 선별이 아닌 종합의 방식으로 메인 메시지를 도출한 후, 메인 메시지를 종합하여 최종적 정보를 도출해내는 방법이다.

09 정답 ④
㉠ A=100, B=101, C=102이다. 따라서 Z=125이다.
㉡ C=3, D=4, E=5, F=6이다. 따라서 Z=26이다.
㉢ P가 17임을 볼 때, J=11, Y=26, Z=27이다.
㉣ Q=25, R=26, S=27, T=28이다. 따라서 Z=34이다.
따라서 해당하는 Z값을 모두 더하면 125+26+27+34=212이다.

10 정답 ②
발행형태가 4로 전집이기 때문에 한 권으로만 출판된 것이 아님을 알 수 있다.
① 국가번호가 05(미국)로 미국에서 출판되었다.
③ 발행자번호는 441로 세 자리로 이루어져 있다.
④ 서명식별번호가 1011로 1011번째 발행되었다. 441은 발행자의 번호로 이 책을 발행한 출판사의 발행자번호가 441이라는 것을 의미한다.

11 정답 ③
조선시대의 미(未)시는 오후 1시~3시를, 유(酉)시는 오후 5시~7시를 나타낸다. 오후 2시부터 4시 30분까지 운동을 하였다면, 조선시대 시간으로 미(未)시 정(正)부터 신(申)시 정(正)까지 운동을 한 것이 되므로 옳지 않다.
① 초등학교의 점심시간이 오후 1시부터 2시까지라면, 조선시대 시간으로 미(未)시(1~3시)에 해당한다.
② 조선시대의 인(寅)시는 현대 시간으로 오전 3~5시를 나타낸다.
④ 축구 경기가 전반전 45분과 후반전 45분으로 총 90분 동안 진행되었으므로 조선시대 시간으로 한 시진(2시간)이 되지 않는다.

12 정답 ②
서울 지점의 C씨에게 배송할 제품과 경기남부 지점의 B씨에게 배송할 제품에 대한 기호를 모두 기록해야 한다.
• C씨 : MS11EISS
 - 재료 : 연강(MS)
 - 판매량 : 1box(11)
 - 지역 : 서울(E)

- 윤활유 사용 : 윤활작용(I)
- 용도 : 스프링(SS)
• B씨 : AHSS00SSST
  - 재료 : 초고강도강(AHSS)
  - 판매량 : 1set(00)
  - 지역 : 경기남부(S)
  - 윤활유 사용 : 밀폐작용(S)
  - 용도 : 타이어코드(ST)

13 정답 ④

기회(Opportunity)는 외부환경 요인 분석에 속하므로 회사 내부를 제외한 외부의 긍정적인 면으로 작용하는 것을 말한다. 따라서 ④는 외부의 부정적인 면으로 위협 요인에 속하며, ①·②·③은 외부환경의 긍정적인 요인으로 볼 수 있어 기회 요인에 속한다.

14 정답 ②

국내 금융기관에 대한 SWOT 분석 결과는 다음과 같다.

강점(Strength)	약점(Weakness)
• 높은 국내 시장 지배력 • 우수한 자산건전성 • 뛰어난 위기관리 역량	• 은행과 이자수익에 편중된 수익구조 • 취약한 해외 비즈니스와 글로벌 경쟁력
기회(Opportunity)	위협(Threat)
• 해외 금융시장 진출 확대 • 기술 발달에 따른 핀테크의 등장 • IT 인프라를 활용한 새로운 수익 창출	• 새로운 금융 서비스의 등장 • 글로벌 금융기관과의 경쟁 심화

ⓒ SO전략은 강점을 살려 기회를 포착하는 전략으로, 강점인 국내 시장 점유율을 기반으로 핀테크 사업에 진출하려는 ⓒ은 적절한 SO전략으로 볼 수 있다.
ⓒ ST전략은 강점을 살려 위협을 회피하는 전략으로, 강점인 우수한 자산건전성을 강조하여 글로벌 금융기관과의 경쟁에서 우위를 차지하려는 ⓒ은 적절한 ST전략으로 볼 수 있다.

15 정답 ③

투자 여부 판단 조건에 대한 관계를 추가로 정리하면 다음과 같다.
2)를 근거로 ㈏가 나타나지 않으면 ㈐는 나타나지 않는다.
3)을 근거로 ㈏ 또는 ㈐가 나타나지 않으면 ㈑는 나타나지 않는다.
1 ~ 5의 조건에 따라 이상 징후 발견 여부를 정리하면 다음과 같다.

구 분	㈎	㈏	㈐	㈑	㈒
A	O	−	O	×	×
B	O	O	O	O	−
C	O	×	O	×	×
D	×	O	×	−	−
E	×	×	×	×	×

따라서 투자 부적격 기업은 4개 이상의 이상 징후가 발견된 B기업이다.

16 정답 ②

ⓑ 화장품은 할인혜택에 포함되지 않는다.
ⓒ 침구류는 가구가 아니므로 할인혜택에 포함되지 않는다.

17 정답 ②

- 오늘 전액을 송금할 경우 원화 기준 숙박비용 : 13,000엔×2박×(1-0.1)×1,120원/100엔=262,080원
- 한 달 뒤 전액을 현찰로 지불할 경우 원화 기준 숙박비용 : 13,000엔×2박×1,010원/100엔=262,600원
따라서 오늘 전액을 송금하는 것이 520원 더 저렴하다.

18 정답 ④

ⓒ 전기장판은 저온모드로 낮춰 사용해야 고온으로 사용할 때보다 자기장이 50% 줄어든다. 고온으로 사용하다가 저온으로 낮춰 사용하는 것이 전자파를 줄일 수 있다는 내용은 가이드라인에서 확인할 수 없으므로 옳지 않다.
ⓔ 시중에 판매하는 전차파 차단 필터는 효과가 없는 것으로 밝혀졌으므로 옳지 않다.

19 정답 ①

독립유공자 예우에 관한 법률에 의한 독립유공자 또는 독립유공자의 권리를 이전받은 유족 1인은 혜택을 받을 수 있다. 남편이 독립유공자이며 일찍 돌아가신 후 할머니에게 혜택과 관련된 연락이 오는 걸 미루어 권리를 이전받았다는 것을 추측할 수 있다. 3자녀 이상 가구는 가구원 중 자녀가 3인 이상이어야 혜택을 받을 수 있다. 할머니의 자녀들은 현재 모두 결혼해 타지역에서 가정을 이루고 있다. 따라서 3자녀 가구는 세대별 주민등록표상 세대주와의 관계가 "자(子)" 3인 이상 또는 "손(孫)" 3인 이상으로 표시된 주거용 고객이 신청할 수 있으므로 옳지 않다. 또한 할머니는 심장 이식으로 인해 장애등급 5등급을 가지고 있지만 복지할인은 1~3등급까지 받을 수 있기 때문에 적절하지 않다.

20 정답 ③

67,000×0.2=13,400원이므로 총 할인금액은 13,400원이지만 월 1만 2천 원의 한도금액이 있으므로 할인받을 수 있는 금액은 12,000원이다.

04 정보능력

01	02	03	04	05	06	07	08	09	10
③	①	②	①	③	②	③	③	③	④

01 정답 ③

세탁기 신상품의 컨셉이 중년층을 대상으로 하기 때문에 성별이 아닌 연령에 따라 자료를 분류하여 중년층의 세탁기 선호 디자인에 대한 정보가 필요함을 알 수 있다.

02 정답 ①

데이터베이스(DB ; Data Base)란 어느 한 조직의 여러 응용 프로그램들이 공유하는 관련 데이터들의 모임이다. 대학 내 서로 관련 있는 데이터들을 하나로 통합하여 데이터베이스로 구축하게 되면, 학생 관리 프로그램, 교수 관리 프로그램, 성적 관리 프로그램은 이 데이터베이스를 공유하며 사용하게 된다. 이처럼 데이터베이스는 여러 사람에 의해 공유될 목적으로 통합하여 관리되는 데이터의 집합을 말하며, 자료항목의 중복을 없애고 자료를 구조화하여 저장함으로써 자료 검색과 갱신의 효율을 높인다.

03 정답 ②

정보처리는 기획 – 수집 – 관리 – 활용 순서로 이루어진다.

04 정답 ①

LEN 함수는 문자열의 문자 수를 구하는 함수이므로 숫자를 반환한다. 「=LEN(A2)」은 '서귀포시'로 문자 수가 4이며 여기서 −1을 하면 [A2] 열의 3번째 문자까지를 지정하는 것이므로 [C2] 셀과 같이 나온다. 텍스트 문자열의 시작지점부터 지정한 수만큼의 문자를 반환하는 LEFT 함수를 사용하면 「=LEFT(A2,LEN(A2)−1)」를 작성하는 것이 옳다.

05 정답 ③

LEFT(데이터가 있는 셀 번호, 왼쪽을 기준으로 가져올 자릿수)이기 때문에 주민등록번호가 있는 [C2] 셀을 선택하고, 왼쪽을 기준으로 생년월일은 6자리이기 때문에 「=LEFT(C2,6)」를 작성하는 것이 옳다.

06 정답 ②

DSUM 함수는 지정한 조건에 맞는 데이터베이스에서 필드 값들의 합을 구하는 함수이다. [A1:C7]에서 상여금이 100만 원 이상인 합계를 구하므로 2,500,000이 도출된다.

07 정답 ③

정보를 관리하지 않고 그저 머릿속에만 기억해 두는 것은 정보관리에 허술한 사례이다.

[오답분석]
①·④ 정보검색의 바람직한 사례이다.
② 정보전파의 바람직한 사례이다.

08 정답 ③

작업 표시줄을 잠그지 않을 경우 화면의 50%까지 크기 조절이 가능하다.

09 정답 ③

ㄴ. 단축키 〈Windows 로고 키〉+〈K〉는 연결 바로가기를 연다.
ㄷ. 단축키 〈Ctrl〉+〈A〉는 문서나 창에 있는 모든 항목을 선택한다.

[오답분석]
ㄱ. 단축키 〈Windows 로고 키〉+〈E〉는 파일 탐색기를 연다.
ㄹ. 단축키 〈Ctrl〉+〈Y〉는 작업을 다시 실행한다.

10 정답 ④

윈도우에서 현재 사용하고 있는 창을 닫을 때는 [Ctrl]+[W]를 눌러야 한다.

05 대인관계능력

01	02	03	04	05	06	07	08	09	10
②	④	③	②	④	④	①	①	③	②

01 정답 ②

효과적인 팀의 핵심적인 특징
• 팀의 사명과 목표를 명확하게 기술한다.
• 창조적으로 운영된다.
• 결과에 초점을 맞춘다.
• 역할과 책임을 명료화시킨다.

- 조직화가 잘 되어 있다.
- 개인의 강점을 활용한다.
- 팀 풍토를 발전시킨다.
- 팀 자체의 효과성을 평가한다.
- 객관적인 결정을 내린다.
- 개방적으로 의사소통한다.
- 의견의 불일치를 건설적으로 해결한다.
- 리더십 역량을 공유하며 구성원 상호 간에 지원을 아끼지 않는다.

02 정답 ④

효과적인 팀의 구성원들은 서로 직접적이고 솔직하게 대화한다. 이를 통해 팀원들은 상대방으로부터 조언을 구하고, 상대방의 말을 충분히 고려하며, 아이디어를 적극적으로 활용하게 된다.

[오답분석]

① 팀워크는 개인주의가 아닌 공동의 목적을 달성하기 위해 상호 관계성을 가지고 서로 협력하는 것이다.
② 어떤 팀에서든 의견의 불일치는 발생하며, 효과적인 팀워크는 이러한 갈등을 개방적으로 다루어 해결한다.
③ 팀워크에서는 강한 자신감을 통해 팀원들 간의 사기를 높일 필요가 있다.

03 정답 ③

브레인스토밍이란 일정한 테마에 관하여 회의형식을 채택하고, 구성원의 자유발언을 통한 아이디어의 제시를 요구하여 발상을 찾아내려는 방법을 말한다. 브레인스토밍에서는 어떠한 내용의 발언이라도 그에 대한 비판을 해서는 안 되며, 오히려 자유분방하고 엉뚱한 의견을 출발점으로 해서 아이디어를 전개시켜 나가도록 하고 있다.

04 정답 ②

현상 유지 및 순응은 반(反) 임파워먼트 환경이 만드는 현상이다.

> 높은 성과를 내는 임파워먼트 환경의 특징
> - 도전적이고 흥미 있는 일
> - 학습과 성장의 기회
> - 높은 성과와 지속적인 개선을 가져오는 요인들에 대한 통제
> - 성과에 대한 지식
> - 긍정적인 인간관계
> - 개인들이 공헌하며 만족한다는 느낌
> - 상부로부터의 지원

05 정답 ④

관리자가 오늘에 초점을 맞춘다면, 리더는 내일에 초점을 맞춰야 한다.

리더와 관리자의 비교

리더(Leader)	관리자(Manager)
- 새로운 상황 창조자	- 상황에 수동적
- 혁신지향적	- 유지지향적
- 내일에 초점	- 오늘에 초점
- 사람의 마음에 불을 지핀다.	- 사람을 관리한다.
- 사람을 중시	- 체제나 기구를 중시
- 정신적	- 기계적
- 계산된 위험을 취한다.	- 위험을 회피한다.
- '무엇을 할까?'를 생각한다.	- '어떻게 할까?'를 생각한다.

06 정답 ④

갈등을 성공적으로 해결하기 위해서는 누가 옳고 그른지 논쟁하는 일은 피하는 것이 좋으며, 상대방의 양 측면을 모두 이해하고 배려하는 것이 중요하다.

07 정답 ①

갈등을 발견하고도 즉각적으로 다루지 않는다면 나중에는 팀 성공을 저해하는 장애물이 될 것이다. 그러나 갈등이 존재한다는 사실을 인정하고 해결을 위한 조치를 취한다면, 갈등을 해결하기 위한 하나의 기회로 전환할 수 있다.

08 정답 ①

기업의 제품이나 서비스의 불만족은 고객이탈로 이어질 수 있다.

09 정답 ③

어떠한 비난도 하지 않고 문제를 해결하는 것은 고객 불만에 대응하는 옳은 방법이다.

오답분석

① 회사 규정을 말하며 변명을 하는 것은 오히려 화를 키울 수 있다.
② 먼저 사과를 하고 이야기를 듣는 것이 더 효과적이다.
④ 실현 가능한 최선의 대안을 제시해야 한다.

10 정답 ②

고객정보는 타인에게 유출되지 않도록 조심하고 소중하게 다루어야 한다. 따라서 고객과의 상담 중에 되도록 큰 소리로 말하지 않도록 주의하는 것이 좋다. 물론 고객정보를 정확하게 수집하는 것도 중요하지만, 큰 소리로 대화하는 것과는 큰 연관성이 없다.

대전광역시 공공기관 통합채용 최신상식 + 일반상식 + NCS

개정2판1쇄 발행	2024년 05월 10일 (인쇄 2024년 04월 23일)
초 판 발 행	2022년 04월 05일 (인쇄 2022년 03월 24일)
발 행 인	박영일
책 임 편 집	이해욱
편 저	SD적성검사연구소
편 집 진 행	김준일 · 이보영 · 김유진
표지디자인	김도연
편집디자인	차성미 · 고현준
발 행 처	(주)시대고시기획
출 판 등 록	제10-1521호
주 소	서울시 마포구 큰우물로 75 [도화동 538 성지 B/D] 9F
전 화	1600-3600
팩 스	02-701-8823
홈 페 이 지	www.sdedu.co.kr
I S B N	979-11-383-7074-5 (13320)
정 가	19,000원